Nelles Verlag

Foto: Christian Heeb

Karibik

Kleine Antillen

Autoren:
Claire Walter, Robin Daniel Frommer,
Eva Ambros, Steven Cohen, Janet Groene,
Laurie Werner, Ute Vladimir, Deborah Williams

KARTENVERZEICHNIS

0 100 km
0 50 100 miles

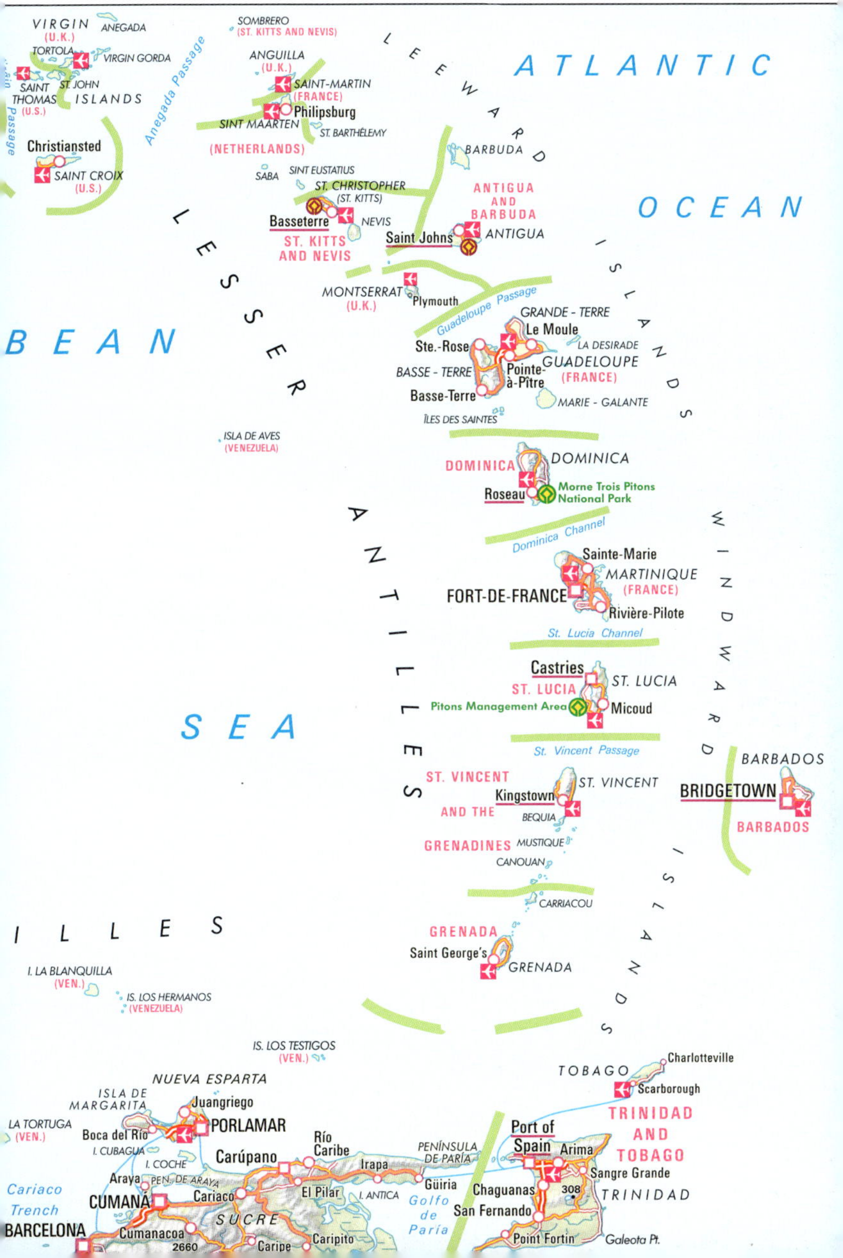
ATLANTIC OCEAN
CARIBBEAN SEA
LESSER ANTILLES
LEEWARD ISLANDS
WINDWARD ISLANDS
VIRGIN (U.K.)
ANEGADA
TORTOLA
VIRGIN GORDA
SAINT THOMAS (U.S.)
ST. JOHN
ISLANDS
Anegada Passage
Christiansted
SAINT CROIX (U.S.)
SOMBRERO (ST. KITTS AND NEVIS)
ANGUILLA (U.K.)
SAINT-MARTIN (FRANCE)
Philipsburg
SINT MAARTEN (NETHERLANDS)
ST. BARTHÉLEMY
BARBUDA
SABA
SINT EUSTATIUS
ST. CHRISTOPHER (ST. KITTS)
NEVIS
Basseterre
ST. KITTS AND NEVIS
ANTIGUA AND BARBUDA
Saint Johns
ANTIGUA
MONTSERRAT (U.K.)
Plymouth
Guadeloupe Passage
GRANDE - TERRE
Le Moule
LA DESIRADE
Ste.-Rose
BASSE - TERRE
Pointe-à-Pître
GUADELOUPE (FRANCE)
Basse-Terre
MARIE - GALANTE
ÎLES DES SAINTES
ISLA DE AVES (VENEZUELA)
DOMINICA
Roseau
Morne Trois Pitons National Park
Dominica Channel
Sainte-Marie
MARTINIQUE (FRANCE)
FORT-DE-FRANCE
Rivière-Pilote
St. Lucia Channel
Castries
ST. LUCIA
Pitons Management Area
Micoud
St. Vincent Passage
ST. VINCENT AND THE GRENADINES
ST. VINCENT
Kingstown
BEQUIA
MUSTIQUE
CANOUAN
CARRIACOU
BARBADOS
BRIDGETOWN
GRENADA
Saint George's
I. LA BLANQUILLA (VEN.)
IS. LOS HERMANOS (VENEZUELA)
IS. LOS TESTIGOS (VEN.)
NUEVA ESPARTA
ISLA DE MARGARITA
Juangriego
LA TORTUGA (VEN.)
Boca del Río
PORLAMAR
I. CUBAGUA
I. COCHE
Río Caribe
Carúpano
PENÍNSULA DE PARÍA
Irapa
Araya
PEN. DE ARAYA
Cariaco Trench
CUMANÁ
Cariaco
El Pilar
I. ANTICA
Güiria
Golfo de París
SUCRE
BARCELONA
Cumanacoa
2660
Caripe
Caripito
TOBAGO
Charlotteville
Scarborough
TRINIDAD AND TOBAGO
Port of Spain
Arima
Sangre Grande
Chaguanas
308
TRINIDAD
San Fernando
Point Fortin
Galeota Pt.

Liebe Leserin, lieber Leser,

AKTUALITÄT wird in der Nelles-Reihe groß geschrieben. Unsere Korrespondenten dokumentieren laufend die Veränderungen der weltweiten Reiseszene, und unsere Kartografen berichtigen ständig die auf den Text abgestimmten Karten.
Wir freuen uns über jeden Korrekturhinweis! Unsere Adresse: Nelles Verlag, Machtlfinger Str. 26 Rgb., D-81379 München, Tel. +49 (0)89 3571940, Fax +49 (0)89 35719430, E-Mail: Info@Nelles.com, Internet: www.Nelles.com
Haftungsbeschränkung: Trotz sorgfältiger Bearbeitung können fehlerhafte Angaben nicht ausgeschlossen werden, der Verlag lehnt jegliche Produkthaftung ab. Alle Angaben ohne Gewähr. Firmen, Produkte und Objekte sind subjektiv ausgewählt und bewertet.

LEGENDE

Symbol	Bedeutung	Symbol	Bedeutung	Symbol	Bedeutung
	Top-Attraktion	Basseterre *(Ort)* Fort Christian *(Sehenswürdigkeit)*	in Karte gelb Unterlegtes wird im Text erwähnt		Staatsgrenze
★★	*(in Karte)*		Internationaler / nationaler Flughafen		gebührenpflichtige Schnellstraße
★★	*(in Text)*		National Park, Naturschutzgebiet		Schnellstraße
	sehr sehenswert		Maritimer Park / Wrack		Fernverkehrsstraße
★	*(in Karte)*		UNESCO Welterbe		Hauptstraße
★	*(in Text)*		Strand / Tauchgebiet		Nebenstraße
	Öffentliches Gebäude, Sehenswürdigkeit	Mt. Qua Qua 702	Berggipfel (Höhe in Fuß)		Nebenstraße, Fahrweg
✡	Synagoge	*Miralamar Pass*	Pass		Weg
	Hinduistischer Tempel		Wasserfall / Quelle		Eisenbahn
	Hotel, Resort / Campingplatz		Ruine, Antike Stätte	(4) [2]	Straßennumerierung
	Kirchen / Kloster		Aussichtspunkt / Höhle		Fähre
	Fort			18	Entfernung in Kilometer
	Windmühle / Leuchtturm				
	Golfplatz / Turm				

IMPRESSUM

KARIBIK – KLEINE ANTILLEN

Druck: Bayerlein, Germany
Einband durch DBGM geschützt

 - R2218 -

6 UNVERFÄLSCHTER KARIBISCHER CHARME

7 EIN STRAND FÜR JEDEN TAG

8 BUCHTEN, WÄLDER, VULKANE

9 DAS MALERISCHE TRIO

10 MUSKATNUSS UND VANILLE

11 CALYPSO, CARNIVAL UND LIMIN'

12 NIEDERLÄNDISCHES ABC

13 REISE-INFORMATIONEN

Kreuzfahrtschiff im Hafen von St. John's, Antigua

Christian Heeb

Judith's
Beauty
&
Nail Salon

J'Ouvert – bei diesem fröhlichen Karnevals-Straßenfest fürs Volk, frühmorgens am Rosenmontag, werden alle mit Farbe bespritzt

Ready to ...

HÖHEPUNKTE

★★Charlotte Amalie (S. 92): Der von Kreuzfahrtschiffen gern besuchte Hafen von Saint Thomas ist einer der schönsten der Karibik.

★★Peter Island (S. 104): Exklusive Resort-Insel der British Virgin Islands, die allen Karibikklischees entspricht.

★★The Baths (S. 105): Im Süden der Jungferninsel Virgin Gorda liegt diese sehenswerte Küstenlandschaft: ein von grauen Granitblöcken umstelltes, verwunschenes Labyrinth mit Schnorchelbassins, lichtdurchfluteten Grotten und begehbaren Höhlen.

★★Wrack der Rhone (S. 105): Der Tauchgrund rings um das 1867 vor den BVI gesunkene Postschiff ist äußerst beliebt, nicht erst seit dem 1977 hier gedrehten Film „The Deep".

★★Brimstone Hill Fortress National Park auf St. Kitts (S. 139): Das gut erhaltene britische Fort (17./18. Jh.) ist UNESCO-Welterbe – auch als Zeugnis der von westafrikanischen Sklaven geleisteten Arbeit.

★★English Harbour (S. 155): Der beliebteste Ankerplatz Antiguas lohnt auch für Nicht-Segler einen Besuch: wegen seines britischen Bollwerks aus der Zeit Admiral Nelsons.

★★Parc National mit **★★Vulkan Soufrière** (S. 166): Großes Naturschutzgebiet im grünen Herzen Guadeloupes mit imposanten Wasserfällen.

★★Botanical Gardens (S. 170): Roseaus botanischer Garten bietet einen Überblick über die Inselflora Dominicas und verfügt über einige Exemplare der raren „Sisserou"-Papageien.

★★Morne Trois Pitons National Park (S. 172): Der Nationalpark im Südosten Dominicas zählt wegen seiner einzigartigen Vulkanlandschaft mit Regenwald, Fumarolen, Wasserfällen und Kraterseen zum UNESCO-Welterbe.

★★Cabrits National Park (S. 172): Die Ruinen des Fort Shirley auf Dominica sind teils von Tropenwald überwuchert. Schöner Blick auf die Prince Rupert Bay; gute Schnorchelriffe.

★★Fort-de-France (S. 177): In der französisch angehauchten Altstadt von Martiniques Kapitale macht das Bummeln Spaß.

★★Marigot Bay (S. 188): Die von Wald und Bergen umgebene Bucht gilt als schönster Hafen auf St. Lucia.

★★Pitons (S. 188): St. Lucias Schutzgebiet Pitons Management Area bei Soufrière zählt zum UNESCO-Welterbe. Es umfasst neben zwei Vulkankegeln auch schwefelhaltige Fumarolen und heiße Quellen sowie ein großes Korallenriff.

★★Tobago Cays (S. 201): Grenadinische Trauminselchen im türkisblauen Meer. Nur die Wenigsten sind bewohnt.

★★Sandy Island (S. 203): Von Palmen gesäumtes Robinsoneiland vor der zu Grenada gehörenden Insel Carriacou.

★★St. George's (S. 204): Der Hafen ist der schönste Ankerplatz Grenadas.

★★Northern Range (S. 217): Der Bergriegel im Norden Trinidads überrascht mit üppiger Tropenvegetation, in der sich auch Kolibris wohlfühlen.

★★Karneval in Port of Spain (S. 220): Die „Mutter des karibischen Narrentreibens" auf Trinidad findet zeitgleich mit dem europäischen Karneval statt. Traumhaft schöne Kostüme!

★★Pigeon Point (S. 221): Tobagos Vorzeigestrand im Südwesten der Insel: weißer Sand, Palmen, blaues Meer und ein vorgelagertes Korallen-Schnorchelriff, an dem man mit etwas Glück Mantas beobachten kann.

★★El Yaque (S. 222): Die weite, seichte Bucht im Süden der venezolanischen Isla Margarita gilt als eines der besten Windsurf- und Kitesurf-Reviere der Welt.

★★Willemstad (S. 235): Farbenfrohe Altstadthäuser im Amsterdamer Stil – auf Curaçao, der „holländischsten" der ABC-Inseln.

Rechts: Stillleben auf Karibisch.

Foto: Boisberranger (Viesti Associates)

EINSTIMMUNG

Weite bis zum Horizont. Zur türkisblauen See geneigte Kokospalmen. Warme Luft, die sanft über die Haut streicht. In bunten Pastellfarben gestrichene Holzhäuschen. Fröhliche, gesellige Menschen, die gerne herzlich lachen. Eine auflandige Brise, die einschmeichelnde Klänge von Steeldrums herüberfächelt. Der Duft exotischer Speisen. – Die von der Sonne verwöhnten Karibikinseln der Kleinen Antillen warten mit einer reichhaltigen Palette an Sinneseindrücken auf, die gerade für Menschen aus kühl-gemäßigten Breiten schlichtweg paradiesisch erscheinen. Sie können jedoch von Insel zu Insel ganz unterschiedlich sein.

Kultur, Religion, Musik und Sprache wurden auf den Kleinen Antillen von den unterschiedlichen Kolonialherren geprägt – anfangs von Spaniern, später von Holländern, Franzosen und Briten; letztere bescherten einigen Inseln den Linksverkehr. Mit den Kolonialisten gelangten afrikanische Sklaven und indische Kontraktarbeiter auf die Kleinen Antillen. So entstand eine bunte ethnische Mischung. Weitere Unterschiede zeigen sich im Klima, das die nördlichen Kleinen Antillen mit üppiger Tropenvegetation verwöhnt, während die unmittelbar vor der Küste Venezuelas gelegenen ABC-Inseln und die Isla Margarita vom Passatwind trocken und heiß gehalten werden.

Entsprechend vielfältig sind die Landschaften: Die Palette reicht von den strahlend weißen Sandstränden des Archipels von Los Roques bis zu den von Palmen gesäumten Bilderbuchbadebuchten von Pigeon Point auf Tobago oder Brewer's Beach auf St. Thomas.

Trotz der – mitunter selbstbewusst betonten – kulturellen Unterschiede gibt es zwischen den häufig nur durch einen schmalen Streifen türkisblauen Wassers getrennten Nachbarn auch viel Verbindendes: den Karneval etwa mit seiner mitreißenden Straßenfeger-Musik, oder die lässige „Soon come"-Mentalität: Alles wird schon irgendwann irgendwie klar gehen.

Ab 100 v. Chr. Vom Orinico ziehen Barrancoid-Indianer über Venezuela und Trinidad bis Barbados.
600-800 Arawak-Indianer besiedeln die Karibischen Inseln.
Um 1250 Kriegerische Carib-Indianer vertreiben die Arawak.
12.10.1492 Kolumbus erreicht auf seiner ersten Expedition die Bahamas-Insel San Salvador.
27.10.1492 Kolumbus landet an der Nordküste Kubas und glaubt, Indien erreicht zu haben.
24.12.1492 Kolumbus' Flaggschiff Santa Maria läuft im Nordwesten Hispaniolas (heute Dominikanische Republik) auf Grund; mit Gründung der Siedlung „La Navidad" beginnt die spanische Besitznahme der Karibik.
1494 Auf seiner zweiten Reise entdeckt Kolumbus Jamaika und Puerto Rico.
1496 Bartolomé Colón, ein Bruder von Kolumbus, gründet Santo Domingo, heute die Hauptstadt der Dominikanischen Republik.
1499 Der spanische Seefahrer Alonso de Hojeda entdeckt auf einem Beutezug die ABC-Inseln, findet dort aber kein Gold.
1503 Der Spanier Juan de Bermúdez entdeckt Bermuda, das 1620 britische Kronkolonie wird.
1511 Diego Velázquez gründet auf Kuba sieben Siedlungen – erste Hauptstadt ist Santiago. Die Indianer werden von den Spaniern fast ausgerottet.
Ab 1524 Schwarzafrikaner werden zunehmend als Arbeitssklaven in die Karibik verschleppt, später v.a. für den Einsatz auf Zuckerplantagen.
1536 Der portugiesische Seefahrer Pedro a Campo entdeckt Barbados. Wohl wegen der Luftwurzeln der Feigenbäume nennt er die östlichste Insel der Windward Islands Os Barbados – „die Bärtigen".
1585-86 Handelsstreit zwischen den führenden Seemächten Spanien (Felipe II.) und England (Elisabeth I.) – Francis Drake überfällt Santo Domingo. Später häufige Plünderungen durch englische und französische Piraten.
1588 Unter Francis Drake vernichten die Engländer die Armada Spaniens und beenden somit auch deren Seevorherrschaft in der Karibik. Weitere europäische Kolonialmächte drängen nach.
1621 In den Niederlanden wird die West Indische Compagnie ins Leben gerufen.
1623 Die Engländer nehmen Saint Kitts ein.
1625 Die Engländer nehmen Barbados ein.
1629 England erhebt Anspruch auf die Bahamas.
1632 Die französische Compagnie des Isles d`Amerique beansprucht Dominica, Guadeloupe (1635), Martinique (1635), St. Lucia (1643), St. Martin (1648), St. Barts (1648), Grenada (1649) und St. Croix (1650).
1634 Der Holländer Johannes van Walbeeck erobert Curacao, später Aruba und Bonaire und wird erster Gouverneur der Niederländischen Antillen.
1636 England nimmt die Insel Antigua ein.
1640 Auf Autonomie bedachte englische Puritaner siedeln sich auf der entvölkerten Bahamas-Insel Eleuthera an.
1652-54 Krieg zwischen den Niederlanden und England um die Vormacht im Seehandel. Im Frieden von Westminster müssen die Niederländer das englische Monopol über den Handel mit den englischen Kolonien anerkennen.

Foto: Sashoiliievski (Dreamstime)

Eine neue Mall im altholländischen Kolonialstil in Oranjestad auf Aruba.

1671 Dänemark besetzt die Jungferninsel St. Thomas.
Ab 1680 Intensivierung des für die Europäer hochprofitablen Dreieckshandels: Sklaven aus Afrika produzieren in der Karibik Zucker und Rum, der in Europa teuer verkauft wird. Mit dem Erlös werden europäische Manufakturwaren (Waffen, Eisenwa-

ren, Glasperlen etc.) erworben und diese in Afrika wieder gegen Sklaven getauscht.

1697 Der Friedensvertrag von Ryswijk beendet den 1688 begonnenen Krieg zwischen Frankreich, England, Niederlande und Spanien, die auch deren überseeische Besitzungen betroffen hatten.

1719 Franzosen nehmen die Insel St. Vincent ein.

1733 Dänemark erwirbt von Frankreich die Jungferninsel St. Croix.

1739-48 Kolonialkrieg zwischen England, Spanien und Frankreich.

Foto: Christian Heeb

Grenada erlebte 1983 eine US-Invasion. Heute empfängt man dort wieder US-Kreuzfahrttouristen.

1756-63 Siebenjähriger Krieg Englands gegen Frankreich: Die Briten erobern 1759 Dominica, 1762 Havanna und 1763 St. Vincent.

1778 Die Engländer nehmen St. Lucia ein.

1782 England besiegt die im 18. Jh. in der Karibik dominant gewordene französische Flotte bei Guadeloupe und beherrscht nun die Karibik.

1793 Frankreich erklärt England und den Niederlanden den Krieg; England nimmt daraufhin Guadeloupe, Martinique und St. Lucia ein.

1797 England erobert das spanische Trinidad.

1804 Die Sklaven auf Haiti befreien sich vom französischen Joch; Haiti wird unabhängig.

1805 Seeschlacht bei Trafalgar.

1807 England verbietet den Sklavenhandel.

1812 Am Ende der Napoleonischen Kriege kommt St. Lucia zu England.

1834 England beendet auf seinen Inseln die Sklaverei.

1848 Frankreich und Dänemark schaffen die Sklaverei ab (Niederlande 1863, Spanien 1886).

1902 Katastrophaler Vulkanausbruch auf Martinique.

1917 Zur Sicherung der Zufahrt zum 1914 eröffneten Panama-Kanal kaufen die USA den Dänen deren Jungferninseln ab.

1919-33 Prohibition (Alkoholverbot) in den USA; die Karibikinseln profitieren als Rumproduzenten und durch Schmuggel.

1946 Guadeloupe und Martinique werden französische Départements.

1958-62 Bildung der Westindischen Föderation.

1958 Revolution auf der Zuckerinsel Kuba, das seit 1898 von den USA abhängig ist. Daraufhin Handelsboykott durch die USA.

1962 Jamaika sowie Trinidad und Tobago werden unabhängig.

1966 Barbados wird unabhängig.

1973 Gründung der Handelsunion Caribbean Common Market (CARICOM) für die Kleinen Antillen.

1974 Grenada wird unabhängig.

1978 Dominica wird unabhängig.

1979 St. Lucia und St. Vincent und die Grenadinen werden unabhängig.

1981 Antigua und Barbuda werden unabhängig.

1983 US-amerikanische Invasion auf der Insel Grenada. St. Kitts und Nevis werden unabhängig.

1986 Aruba erhält die Teilunabhängigkeit.

1989 Muslimischer Umsturzversuch auf Trinidad.

1995-1997 Verheerende Vulkanausbrüche auf Montserrat.

2002 Guadeloupe und Martinique, die den Status französischer Übersee-Départements haben, führen den Euro ein.

2004 Hurrikan Ivan richtet Zerstörungen an.

2010 Die politische Einheit der Niederländischen Antillen wird aufgelöst. Ein schweres Erdbeben in Haiti fordert 300 000 Todesopfer.

2012 Hurrikan Sandy sorgt für Schäden.

2017 Der amerikanische Ex-Präsident Barack Obama geht vor den British Virgin Islands mit Richard Branson Kitesurfen.

Christian Heeb

Angler im Parc National de la Guadeloupe an der Cascade aux Ecrevisses

uracao Dolphin Therapy & Research Center

Vorsichtige Annäherung an einen neuen Spielgefährten

Foto: Christian Heeb

URLAUB AUF DEM MEER

Ein Segeltörn in karibischen Gewässern ist eine Traumreise. Gut organisierte Charterunternehmen gibt es im gesamten Raum der Kleinen Antillen. Für den erfahrenen Segler dürfte das *Bareboat*-Chartern, also das Mieten eines Bootes ohne Mannschaft, die attraktivste Möglichkeit sein.

Wenn Sie gute nautische Kenntnisse nachweisen können, erhalten Sie für Ihr Geld exzellente Boote im Bereich von 9-15 m Länge, bei denen Trinkwasser, Treibstoff, Eis, Beiboot, eine voll eingerichtete Kombüse, Bettwäsche und Handtücher im Preis inbegriffen sind. Für ein 12-Meter-Boot mit sechs Kojen zahlt man – während der Hochsaison im Winter – 5000-7000 Euro pro Woche. Zusätzlich können Sie Proviant nach Wunsch ordern. Empfehlenswert ist ein Arrangement mit Teil-Verpflegung, das es ihnen erlaubt, zum Abendessen an Land zu gehen und sich auf den örtlichen Märkten mit frischem Obst und Gemüse einzudecken. Vor einer vollständigen Selbstversorgung sei gewarnt, denn sie nimmt Ihnen möglicherweise zu viel Zeit von Ihrem Urlaub weg.

Weniger erfahrene Segler und besonders Anfänger sollten unbedingt Boote mit Skipper chartern oder einen Segelkurs-Törn buchen. Für einen Skipper, der das Boot für Sie segelt und Sie auch bei der Wahl der Ankerplätze und des Kurses unterstützt, müssen Sie zusätzlich ungefähr 195 Euro pro Tag veranschlagen.

Mehrere Bootsvermieter führen regelmäßig Segelkurse durch, bei denen Sie einen international anerkannten Hochsee-Segelschein erwerben können. **Moorings** (www.moorings.de) arbeitet beispielsweise eng mit der **Offshore Sailing School** auf Tortola zusammen. Ein anderer Anbieter auf Tortola ist **CSY** (Caribbean Sailing Yachts)

Oben und rechts: Das Gebiet der Kleinen Antillen gilt als hervorragendes Segelrevier; die Gäste des Segelkreuzfahrtschiffs Royal Clipper wissen das zu schätzen.

Foto: Christian Heeb

mit dem „Sail'n'learn Program" (www.marill.com/csy); auf St. Thomas ist **CYOA** (www.cyoacharters.com) aktiv, auf St. Lucia wiederum **Moorings** und beispielsweise auch die **Tradewinds Sailing School**.

Segelreviere für jeden Geschmack

Die Virgin Islands sind eines der beliebtesten Segelreviere und besonders geeignet für Anfänger, unerfahrene Segler – und auch für jeden, der Angst hat, seekrank zu werden. Das zentrale Gebiet umfasst nicht mehr als 78 km^2 blauen Wassers, kennt kaum navigatorische Risiken und ist von bergigen grünen Inseln umgeben – kurz, ein Paradies für einen längeren Törn. Die Passatwinde kommen stetig mit einer Geschwindigkeit von 15-25 Knoten, aber ohne die kräftige Atlantik-Dünung, die die Fahrten zwischen den Inseln weiter südlich recht ungemütlich machen kann.

Saint-Martin / Sint Maarten, im Norden der Leeward Islands, ist ein guter Ausgangspunkt für Fahrten nach St. Barts, Anguilla, St. Kitts, Nevis und Saba. Die Passatwinde blasen hier sehr stark, und man segelt mit einer langen Dünung, die aus Richtung Afrika kommt.

St. Lucias zentrale Lage macht es zur idealen Startbasis, um die Französischen Antillen und die Grenadinen zu erforschen.

Von St. Vincent sind Canouan, Mayreau, Union Island und Grenada nur einen Tag entfernt. Die Passatwinde sind sehr stark, doch die Inseln bieten auf der Leeseite ausgezeichnete, kaum entdeckte Ankerplätze. Einige Bootsfirmen bieten *One-way-Charters* an, die zulassen, die Rückreise anders zu planen.

Windjammer-Törns

Neben Yachten und Kreuzfahrtschiffen existiert eine weitere Bootsklasse, die in den Gewässern der Kleinen Antillen kreuzt: traditionelle Windjammer wie die 45 m lange *Roseway* (www.worldoceanschool.org), die 32 Jahre lang als Lotsenschiff in Boston gedient

Foto: Christian Heeb

hat und nun im Winter zwischen St. Croix und Bermuda segelt. Bis zu 34 Passagiere können sich die traditionellen Pflichten des Segel-Setzens, des Navigierens, Deck-Schrubbens und der wenig attraktiven Kombüsenarbeit teilen, und dies alles in recht zwangloser Atmosphäre. Die Maschinen werden nur für Manöver auf engem Raum wie das Anlegen eingesetzt. Es gibt spezielle Angebote für Studenten und auch Job-Angebote an Bord.

Kreuzfahrten

St. Thomas, Tortola, Martinique, St. Lucia, St. Martin, Antigua, Barbados, Guadeloupe, Grenada, Curaçao, Aruba, Trinidad und einige andere Inseln liegen auf der Route zahlreicher Kreuzfahrtschiffe in der Südkaribik. Eine Kreuzfahrt vermittelt nur einen flüchtigen Eindruck von diesen Inseln, ist doch das eigentliche Urlaubsziel heutzutage vor allem das Schiff selbst. Die angesteuerten Häfen bieten willkommene, bisweilen exotische Abwechslung, ob man nun tauchen, einen Einkaufsbummel oder Landausflüge unternehmen will. Das Schiff ist ein perfekt ausgestattetes Ferienhotel, Landgänge sind also kein Muss. Die Zahl der Schiffe, die die Karibik regelmäßig bedienen, ist erstaunlich. Damit einem die Auswahl leichter fällt, sollte man sich über eigene Vorlieben und Erwartungen klar sein.

Die kleineren Kreuzfahrtschiffe von Blount Small Ship Adventures (www.blountsmallshipadventures.com) und der *Clipper Cruise Line* kreuzen im Winter und Frühjahr im Gebiet der Virgin Islands oder vor Kuba. Die meisten der 70-130 Passagiere sind etwas älter, weitgereist und sehr aufgeschlossen.

Es gibt natürlich noch zahlreiche andere Möglichkeiten und Schiffe, unter denen man wählen kann. Die Kreuzfahrtschiffe fahren unter fast jeder Flagge, doch tonangebend sind amerikanische, norwegische, britische, italienische oder griechische Reedereien,

Oben: Poolgymnastik an Deck der „Song of America", einem Schiff der Royal Caribbean Cruise Line.

die auch den Stil einer solchen Seereise prägen.

Ganz oben in Hinblick auf Preis, aber auch Service und Exklusivität, rangieren die *Sea Goddess I + II* der Cunard-Linie (116 Passagiere), die im Winter St. Thomas, Saint Martin, St. Barts und Antigua anfährt. Die förmliche und vornehme Atmosphäre, einschließlich Außenkabinen-Suiten, einer ausfahrbaren Wassersport-Plattform zum Schwimmen, Wasserski-Fahren und Surfen, ein Gesundheits- und Fitnesszentrum der kalifornischen *Golden Door Spa*, speziellen Kreuzfahrten für Wein- und Kunstliebhaber, und Inklusivpreise ohne die sonst üblichen hohen Trinkgelder – all das gibt den Schwesterschiffen das Ambiente eines exklusiven Privatklubs.

Cunard's britischer Touch ist auch auf der *Vistafjord Caronia* (736 Passagiere) spürbar, die zur Luxuskategorie zählt. Sie startet von Fort Lauderdale (Florida) und bieten auf ihren Kreuzfahrten in die Südkaribik Feinschmecker-Küche, Fitnessprogramme sowie Abendunterhaltung.

Die Schiffe der *Norwegian Cruise Line* (www.ncl.de) kreuzen von Miami und San Juan aus in der Südkaribik. Ihr aktuelles Flaggschiff *Norwegian Epic* bietet Platz für 4100 Passagiere.

Die Schiffe der *Holland America Line*, heute ein Zweig der *Carnival*-Reederei, strahlen immer noch Eleganz und ein gewisses Flair aus, was sich in den Kunst- und Antiquitätensammlungen auf Schiffen wie der *Noordam* und der *Westerdam* widerspiegelt. Diese beiden mittelgroßen Schiffe können jeweils etwa 1900 Passagiere von Fort Lauderdale in die Ost- und Südkaribik bringen.

Carnival Cruise Lines ist die Reederei, die das Image von Kreuzfahrten gänzlich verändert hat. Jung, forsch und frech – mit nahezu ununterbrochenem Unterhaltungsprogramm und Aktionen recht eigener Art wie Biertrink-Wettbewerben und Tontauben-Schießen bieten insgesamt 24 Schiffe ihre „fun-cruises", Vergnügungsfahrten quer durch die Karibik, an. Mit bis zu 2700 Passagieren brechen sie von Miami oder San Juan aus zu ihren Rundreisen auf – und das zu erschwinglichen Preisen.

Die Carnival Corporation ist übrigens die Muttergesellschaft von Aida Cruises, Costa Cruises, Holland America Line, Princess Cruises, Cunard und Winstar Cruises.

Die Schiffe von *Costa Cruises* legen in Fort Lauderdale und San Juan ab. Sie zeichnet eine übersprudelnde italienische Atmosphäre aus.

Princess Cruises (www.princess.com) bietet ab San Juan und Fort Lauderdale sieben- und zehntägige Seereisen mit Schnorchel- und Tauchprogrammen zu erschwinglichen Preisen.

Die *Royal Caribbean Cruise Line* baute die ersten Superschiffe für 2600 Passagiere: die *Sovereign of the Seas* und die *Monarch of the Seas*. Seit Ende 2009 ist das größte Kreuzfahrtschiff der Welt, die *Oasis of the Seas* (6296 Passagiere), hier in Dienst.

Die Schiffe der *Windstar Cruises* (bis zu 312 Passagiere) gehören dank ihrer computergesteuerten Segel technisch einer neuen Generation an. Sie bieten Unterbringung ausschließlich in Außenkabinen und viel Sport.

Club Med II ist ebenfalls ein computergesteuerter Segler und mit 320 Passagierplätzen sogar der größte seiner Art. Er bietet seinen Gästen eine Art modifiziertes Club-Méditerranée-Programm auf den Routen zwischen Martinique, den Tobago Cays und Grenada im Süden oder Virgin Islands im Norden.

Es lohnt sich, vor der Abreise gut zu überlegen, wo man seine Kreuzfahrt beginnen will. Die Ausgangshäfen Fort Lauderdale und Miami bedeuten mehr Tage auf See, während San Juan (Puerto Rico) ein Maximum an Zielhäfen garantiert.

CURAÇAO SEA AQUARIUM

Mit dem **Curaçao Sea Aquarium** besitzt Willemstad einen echten Publikumsmagneten: Kaum eine Familie mit Kindern lässt sich den direkt am Meer erbauten Komplex und seine 400 Meerestiere in 46 großen und kleinen Aquarien entgehen – gerade die Dreikäsehochs verfolgen die **Fütterung** von Robben, Seeschildkröten, Stachelrochen und Haien mit sichtlicher Faszination. In speziellen Tanks können sie so manches Meerestier im Beisein versierter Lehrer sogar vorsichtig berühren, andere Kinder dürfen beim Füttern aktiv mithelfen. Filigrane Seedrachen und -pferdchen entfalten ihre sonst unter Wasser verborgene Farbenpracht hinterm Glas beleuchteter Aquarien und in der zentralen Besucherhalle zieht ein rosa Pulk langbeiniger Flamingos mühelos die Blicke auf sich. Täglich werden vom Zentrum außerdem Bootsausflüge angeboten und nach Terminansprache können sogar Tauchgänge bis in eine Tiefe von 1000 Fuß in einem eigenen **Nuytco-Miniunterseeboot** unternommen werden.

Umgeben wird das unmittelbar an die Karibische See gebaute Meereszentrum durch eine Lagune, die zwar von den Felsriegeln eines Riffs begrenzt wird, in die aber kontinuierlich frisches Salzwasser gepumpt wird. Etwas abseits, in einem abgetrennten Bereich, ziehen zwei, drei Delfinmütter mit Kälbern bedächtig ihre weiten Kreise. Alle Delfin-Babys wurden ausnahmslos hier geboren. Artgerechte Haltung und konsequenter Tierschutz werden im Curaçao Sea Aquarium ganz groß geschrieben – und auf sogenannte „Frischfänge" der Meeressäuger wird bereits seit Jahren vollständig verzichtet.

In einem bis an das Besucherzentrum reichenden Bereich der Lagune finden mehrmals täglich **Delfinshows** statt. Ungefähr sechs Tiere und vier bis fünf Pflegerinnen nehmen an den stets bestens besuchten Vorstellungen teil. Auf Kommando zeigen die äußerst gewitzten Meeressäuger ihr immer wieder beeindruckendes Können: hohe Luftsprünge, Schwimmen in ungewöhnlicher Rückenlage oder ein munteres Tänzchen auf der Schwanzflosse. Begleitet vom kollektiven Lachen des begeisterten Publikums wird hin und wieder sogar die eine oder andere Trainerinnen – fast wie ein Spielball – übermütig in die Höhe geschleudert.

Rechts: Therapeutisches Schwimmen im Curaçao Dolphin Therapy Center.

Nur die wenigsten Besucher des Curaçao-Sea-Aquariums in Willemstad nehmen die Existenz des angrenzenden **Dolphin Therapy Center** überhaupt wahr. Familien, die mit ihren Kindern hierher – zur Delfin assistierten Therapie – kommen, tun das gezielt und meist auf ultimativen ärztlichen Rat. Sie erhoffen sich vom therapeutisch begleiteten Kontakt zu „handverlesenen", besonders gutmütigen Delfinen eine Linderung der mentalen, körperlichen oder psychischen Beeinträchtigungen ihrer Kinder. 400 Familien aus Deutschland, Holland, Israel und den USA nehmen jährlich an einer Delfin-Therapie auf Curaçao teil, „385 davon erleben einen therapeutischen Erfolg", versichert der ehemalige Chef-Physiotherapeut Marco Kürschner. Dennoch, so erläutert er weiter, sei „Delfin-assistierte Therapie jedoch keine Wundermagie", und dämpft allzu euphorische Erwartungen. Delfine seien außergewöhnliche Tiere; sie besäßen jedoch keine Heilkräfte. Was erlebt werden kann, ist non-verbale Kommunikation zwischen Mensch und Tier. „Delfine halten Augenkontakt. Sie neigen sich neugierig zur Seite und beäugen, wer da zu ihnen ins Wasser gekommen ist. Nichts entgeht ihnen. Und bei einer Therapie ist das jeden Tag aufs Neue eine Einladung".

An einer Delfin-Therapie teilnehmen kann im Grunde jedes Kind mit einem Motivationsabbruch. Ausgeschlossen bleiben nur Kinder mit Epilepsie-

Foto: Roland F. Karl

Formen, die nicht durch Medikamente geblockt werden können, denn ihnen erteilt der heimische Hausarzt ohnehin keine Flugerlaubnis. Kinder mit Down-Syndrom, genetischen Defekten, Angstzuständen, Zerebralparese oder Sprachentwicklungsstörungen haben nach der Therapie ein leichteres Leben in ihren Familien. Zungen- und Kopfbeweglichkeit, die gesamte Motorik und die Sprache, Essgewohnheiten sowie der Umgang mit anderen Kindern lassen sich deutlich verbessern. Neue Zukunftsperspektiven und besseres Selbstwertgefühl gehen damit einher. Außerdem ändert sich die Eigenwahrnehmung der Eltern, da sie nun ihr Kind ganz anders wahrnehmen. „75 Prozent der Familien mit behinderten Kindern", so schätzt Marco Kürschner, „sind beim Eintreffen in unserem Zentrum im Begriff zu zerreißen: Alkoholmissbrauch und Schlafstörungen zählen zu den häufigsten Begleiterscheinungen. Deshalb fließen Patientendaten und Familieninfo in unsere Anamnese ein. Wir verfolgen parallel ergo-, sprach- und familientherapeutische Ansätze und werden dabei von Psychologen unterstützt". Für die Geschwisterkinder werden im Rahmen der Therapie eigene Aktivitäten angeboten, denn sie müssten zu Hause allzu häufig zurückstecken: „Besondere Kinder brauchen besondere Eltern – und besondere Geschwister", unterstreicht der Physiotherapeut.

Obwohl die Kosten einer Delfin-Therapie nicht von den Krankenkassen erstattet werden kommen die Therapie-Teilnehmer nicht nur aus wohlhabenden Familien. 70 % der kleinen Patienten sind sogar Therapie-Wiederholer.

Curaçao Sea Aquarium, Bapor Kibra, Willemstad, Curaçao, Mo-So 8-17 Uhr; Ticketverkauf bis 16:00 Uhr, Tel./Fax 461-9886, www.curacao-sea-aquarium.com.

Curaçao Dolphin Therapy & Research Center, Bapor Kibra, Willemstad, Curaçao, Tel. 461-9886, Fax 461-9889, www.cdtc.info/de.

Substation Curaçao (U-Bootbasis), Bapor Kibra, Willemstad, Tel. 461-6666, www.substation-curacao.com.

TAUCHEN, WANDERN UND CAMPEN

Einige karibische Inseln sind vulkanisch, andere bestehen aus Korallenkalk, wieder andere sind bloß winzige Erhebungen, die nur auf guten Seekarten verzeichnet sind. Um sie herum gibt es unterseeische Felsformationen, eine schillernde Fauna und Flora sowie Schiffswracks, die darauf warten, von Tauchern und Schnorchlern besucht zu werden. Angesichts der Empfindlichkeit des ozeanischen Ökosystems werden immer mehr Meeresparks ausgewiesen.

Würde man die Karibik trockenlegen, wäre sie ein Riesenkrater, dessen auffälligstes Merkmal eine weitgespannte Gebirgskette wäre. Aber auch so ragen Berge vom Meeresspiegel in den Himmel. Einen davon zu besteigen ist ein Abenteuer, aber auch in den flacheren Gegenden kommt der Wanderer auf seine Kosten. Campen ist auf vielen Inseln verboten. Wo man es aber darf, ist es ein einzigartiges Erlebnis.

Schnorcheln und Tauchen

Um den Zauber der Unterwasserwelt kennen zu lernen, brauchen Sie nur eine Taucherbrille, Schnorchel und ein Paar Schwimmflossen. Ihre Schwimmkünste müssen nicht besonders sein, denn selbst in seichten Gewässern gibt es viel zu entdecken. In den Ferienorten kann man Ausrüstung ausleihen. Für Tauchgänge ist eine Ausbildung und umfangreichere Ausrüstung nötig; die man meist vor Ort leihen kann. Sie benötigen einen Nasstauchanzug plus Maske, Lungenautomat samt Stahlflasche, Tiefenmesser, Rettungsweste (RTW), Dekotabelle, Dekometer, Kompass, Taucheruhr und Bleigurt. Dies alles, sowie ein Zertifikat von PADI, NAUI oder einer entsprechenden Organisation, sind die Schlüssel zum Erleben der magischen Unterwasserwelt.

Rechts: Die Felsküsten der Karibik eignen sich hervorragend zum Schnorcheln.

Im folgenden sind die besten Tauchgründe alphabetisch aufgelistet:

ANGUILLA: **Prickly Pear Island**, **Prickly Pear Cays** und **Sandy Island** sind flach genug für Tauch-Anfänger und zum Nacht-Tauchen. **Sandy Deep** ist eine spektakuläre Steilwand, während **Paintcan Reef** und **Authors Deep** Tieftauch-Gründe sind.

ANTIGUA: Hier gibt es so abwechslungsreiche flache Klippenriffe wie **Sandy Island Reef**, **Horseshoe Reef**, **Barracuda Alley** und **Little Bird Island**. **Shirley Heights** und **Sunken Rock** sind mehr als 33 m tief.

ARUBA: Schnorcheln und Tauchen stehen gleich hoch im Kurs, doch die Wracks des Frachters **Antilla** und des Tankers **Pederales** aus dem Ersten Weltkrieg kann man nur mit Tauchausrüstung erforschen. Die Riffe sind hier ca. 4 m tief.

BARBADOS: Die Küstengewässer sind wegen der hier liegenden 70 Wracks für Taucher sehr attraktiv. Auch Schnorcheln lohnt hier.

BARBUDA: Relativ unberührte Riffe und Wracks.

BONAIRE: Klares Wasser, fantastische Korallenriffe und über 1000 verschiedene Meereslebewesen machen Bonaire zu einem der besten Tauchreviere der Welt. Ein Gesetz schützt seit 1971 die Unterwasserwelt; die Taucherzentren in Bonaire haben permanente Anlegeplätze für Tauchboote vor der Küste installiert.

DOMINICA: Die Westküste zwischen **Castle Comfort** und **Scott's Head** bietet interessante Tauchgründe. Wrack-Tauchen ist im Meerespark vor der Halbinsel **Cabrits** möglich.

GRENADA / GRENADINEN: Das ganze **New Guinea Reef** besteht aus dreierlei schwarzen Korallenarten. **Bequia**, ein Mekka für Schnorchelfans und Taucher, hat auf der Leeseite ein Tiefsee-Schutzgebiet, und **Carriacou**, **Mustique**, die **Tobago Cays** und **Palm Island** sind für

Foto: Viesti Associates

Tauch-Anfänger und auch für Schnorchelfans sehr gut geeignet.

GUADELOUPE: **Pigeon Island** (vor der Westküste) ist einer der weltbesten Tauchplätze, seine Gewässer wurden dank der Bemühungen von Jacques-Yves Cousteau zum Schutzgebiet. Mehrere Taucherzentren haben sich auf dieses Gebiet spezialisiert; **Malendure** ist meist ihr Ausgangspunkt. Die **Petit Cul-de-Sac Marin Baie** bietet sechs interessante Tauchplätze, die Insel **Terre-de-Haut** etwa 20.

MARTINIQUE: Ein Dutzend Schiffe liegt im Hafen von **St. Pierre** auf Grund, was ihn zur Attraktion für Wracktaucher macht. Gute Außen-Tauchgründe haben **Îlet Ramier**, **Cap Salomon** und **Les Anses d'Arlets**, während **Carbet** Interessantes in Küstennähe bietet. **Rocher du Diamant** lockt mit Wracks, Korallengärten und reichem Meeresleben. **Les Anses d'Arlets** und **Ste. Anne** sind gute Schnorchelplätze.

SABA: Die Vulkaninsel kann mit dramatischen Unterwasserszenerien aufwarten: Tiefseegebirge, erstarrte Lavamassen, Steilwände, Überhänge und Kliffs wechseln mit Korallenriffen, Kuppen, Elchhorn-Wäldern und den Standorten von Röhrenschwamm-Kolonien. Häufig zu sehen sind hier die großen Tarponfische sowie Barrakudas, Tümmler und Seeschildkröten. Buckelwale kommen auf ihrer Wanderung vorbei (Februar bis April). Um Saba herum wurde 1987 einen Meerespark mit permanenten Anlegeplätzen für Taucherboote geschaffen.

ST. BARTHÉLEMY: Gute Tauchgründe sind vor **Gustavia** zu finden, Schnorcheln kann man fast überall.

ST. KITTS: Gute Schnorchel- und Tauchgründe um **Basseterre**.

ST. LUCIA: **Anse Chastenat** ist stolz auf seine 60-Meter-Steilwand, bietet zudem Riff- und Wrack-Exkursionen.

ST. VINCENT: Die **St. Vincent Reefs** haben Tiefen von 15 bis 27 m.

SINT MAARTEN / ST. MARTIN: Gute Schnorchelmöglichkeiten am **Dawn Beach** auf der holländischen Seite; Exkursionen zu nahegelegenen Tauchgründen können gebucht werden.

Foto: Cornelis Opstal (Dreamstime)

TOBAGO: Das flache **Buccoo Reef** ist noch immer interessant für Schnorchelfans, obwohl die Korallen in den letzten Jahren sehr gelitten haben; zum Tauchen fährt man aufs Meer hinaus.

TRINIDAD: Die **Bocas** vor der nordwestlichen Halbinsel sind der einzige annehmbare Tauchplatz.

VIRGIN ISLANDS: Hier gibt es großartige Korallenriffe, eine reiche Unterwasserfauna und -flora, Wracks und sogar ein gesunkenes Flugzeug. Von den USVI hat **St. Thomas** akzeptable, **St. Croix** sehr gute und **St. John** großartige Tauchgründe mit einem Unterwasser-Schnorchelpfad. **Buck Island** hat zwei Schnorchelpfade. Klein und meist unbewohnt, bieten die BVI einiges: **West Dog**, einen Nationalpark mit permanenten Anlegeplätzen, ein Wrack zwischen **Peter Island** und **Salt Island** (weitere findet man vor **Anegada**) sowie exzellente Schnorchelgründe vor **Norman Island**, **Marina Cay** (mit ganz erstaunlichen Felsformationen), **The Baths** und vor **Virgin Gorda**.

Oben: Ein Engelfisch in den Gewässern um Bonaire. Rechts: Auf einer Wanderung im Parc Naturel Régionale de la Martinique, vor einem riesigen Feigenbaum.

Wandern

Interessante Wandermöglichkeiten mit und ohne Führer bieten folgende Inseln (in alphabetischer Reihenfolge).

ARUBA: Der Arikok-Nationalpark umfasst etwa ein Fünftel der Insel. Er wurde mit zahlreichen gut begehbaren Routen ausgestattet und ist der ideale Ort, um die einheimische Flora und Fauna zu studieren. *BARBADOS:* An der Atlantikküste gibt es schöne Wanderwege, speziell einen von **Bath** nach **Bathsheba**.

BONAIRE: Der **Washington / Slagbaai National Park** mit Wanderwegen und ungepflasterten Straßen ist Heimat für 150 Vogelarten.

DOMINICA: Verschiedene interessante Wanderstrecken. Die **Middleham Trails** durch den Regenwald des **Nationalparks Morne Trois Pitons** sind gut präpariert, wohingegen Exkursionen mit Führung die einzige Möglichkeit sind, auf den **Morne Diablotins** im **Northern Forest Reserve** Gebiet zu kommen. Der **Cabrits National Park** hat angenehme Wege. 2009/2010 wurde der 184 km lange **Waitukubuli Trail** neu erschlossen.

GRENADA: Herrliche Kraterseen unf Wasserfälle werden von Wanderwegen unterschiedlicher Länge erschlossen.

GUADELOUPE: Der fantastische **Parc Naturel** macht die Insel zu einem Wunschziel für Wanderer. Die Routen variieren von leichten Spaziergängen durch verschiedene Ökosysteme bis zu langen, harten Trekking-Touren.

MARTINIQUE: Offizielle Führer des **Parc Naturel Régionale de la Martinique** begleiten Wanderer bei Touren über die ganze Insel. Sehr populär ist die Besteigung des **Mont Pelée**. **Grand Rivière**, **Le Pecheur** sowie die **Gorges de la Falaise** bieten leichte Strecken. Wanderungen durch das Naturschutzgebiet der **Halbinsel la Caravelle** sind ebenfalls problemlos.

SABA: Hier bemüht man sich um die Erhaltung alter Lastesel-Pfade. Schwierigkeitsgrad und Länge wechseln, die größte Herausforderung stellt der zum **Mt. Scenery** dar.

ST. EUSTATIUS: Verschiedene Pfade durch den Regenwald und das trockene Hochland führen zum bzw. um den **Quill Crater** herum.

ST. LUCIA: Die **Pitons** sollte man nur mit offiziellem Führer erklimmen. Die Wälder des **Central Forest Reserve** bieten einfache wie auch schwierige, einen Führer erfordernde Routen.

ST. VINCENT: Wanderungen auf den **Soufrière** sind interessant.

TRINIDAD & TOBAGO: In den meisten Naturreservaten und Nationalparks beider Inseln existieren zahlreiche Wanderwege.

VIRGIN ISLANDS: Den **Virgin Islands National Park** auf St. John durchzieht ein enges Wegenetz; beliebt sind Führungen durch mehrere Vegetationszonen. Auch **Virgin Gorda** und **Tortola** bieten schöne Wanderwege.

Foto: Christian Heeb

Camping

BONAIRE: Keine regulären Campingplätze, Zelten am Strand ist erlaubt.

GUADELOUPE: Am Strand der **Grande-Anse-Bucht** bei **Deshaies** gibt es gut ausgestattete Plätze, Zeltverleih bei **Les Sables d'Or**. Auch im **Parc Naturel** ist das Campen gestattet.

MARTINIQUE: Campen ist nahezu überall gestattet, sicherheitshalber die örtlich Zuständigen fragen. **Anse-à-l'Ane** bei **Trois Ilets**, **Vauclin** an der südöstlichen Atlantikküste, außerdem **Ste. Anne**, **Diamant** und **Ste. Luce** an der Südküste haben Zeltplätze.

BRITISCHE JUNGFERNINSELN: Auf vier Campingplätzen kann man im aufgebauten oder im eigenen Zelt übernachten; Wildcampen ist verboten: Anegada Beach Campground und Mac's Place Camping, **Anegada**; Brewers Bay Campground, **Tortola**; White Bay Campgroud, **Jost Van Dyke**.

KARIBISCHE KÜCHE

Markttag auf den Inseln: Eine bunte Menschenmenge schiebt sich vorbei an Zimtstangen, frischen Muskatnüssen, Pyramiden aus Tomaten und Brotfrüchten, Büscheln grüner *calaloo*-Blätter und leuchtend-roter Chili-Schoten, Stauden von Frucht- und Kochbananen. Fässer mit eingesalzenem Kabeljau flankieren den Weg zu den Metzgern, wo ein Rinderkopf das Tagesangebot signalisiert. Nebenan preisen Fischhändler den tagesfrischen Fang an: Fliegende Fische, Krabben und Fechterschnecken, eine große wohlschmeckende Meeresschnecke im spiraligen Gehäuse. Bunt gekleidete Frauen feilschen mit Käufern um den Preis von verlockend aussehenden Papayas.

Solche Szenen spielen sich jeden Samstag in Grenville auf Grenada ab, am Hafen von Pointe-à-Pitre auf Guadeloupe und in vielen anderen Städten der Karibik. Die hohen Importzölle und die Qualität der frischen Ware stellen sicher, dass diese Märkte überleben werden. Denn auch die Küchenchefs der guten Restaurants, die ihren Hummer wirklich ganz frisch geliefert bekommen wollen, kaufen die Ware vom Markt. Man fragt sich sowieso, warum in vielen Restaurants immer noch das Einerlei der so genannten internationalen Küche angeboten wird, wo man doch so leicht aus der Fülle karibischer Produkte wählen könnte.

Abgesehen von den französischen Inseln Martinique, St. Barts, Guadeloupe und St. Martin, wo Einheimische und Besucher gleichermaßen zum Essen ausgehen und die französische Küche seit jeher mit der fantasievollen kreolischen Cuisine wetteifert, nimmt der Inselbewohner normalerweise seine Mahlzeiten daheim ein. Für viele von ihnen ist das Leben immer noch von Traditionen und Sparsamkeit geprägt.

Rechts: Fangfrische Meeresfrüchte, vom Küchenchef appetitlich angerichtet.

Während die jungen Leute in den größeren Städten unweigerlich mit Hamburger und Fast Food in Berührung kommen, entdecken Touristen die Gaumenfreuden der einheimischen Küche, die ihnen im Hotel allenfalls in Form von Rumpunsch und frittierten Meeresschnecken begegnen. Hier und da gibt es jetzt kleine Restaurants mit nicht mehr als drei oder vier Tischen und exzellenten traditionellen Gerichten.

Der Speiseplan ist sehr abwechslungsreich: *calaloo* und *pepperpot*, Erbsen und Reis oder *christophène, cou cou* und Fliegender Fisch aus dem Ofen. Die karibische Küche ist tatsächlich reichhaltig. Sie besteht aus einem wahren Kessel von Zutaten, der die Traditionen und Geschmäcker einer multikulturellen und vielsprachigen Gesellschaft widerspiegelt. Man hat von den karibischen Nachbarn jeweils Gewürze, Zubereitungsmethoden und Grundmaterialien übernommen, so dass es heute berechtigt ist, von einer karibischen Küche zu sprechen, die natürlich örtliche und regionale Varianten kennt.

Einst lebten hier die Arawak-Indianer und die wilden Kariben. Sie ernährten sich von Meerestieren wie Seeschildkröten, Schalentieren, Schnappern, Fliegenden Fischen und der Trompetenschnecke. Auf den spanischsprachigen Inseln heißt der große Muskel der Fechterschnecke *concha*, in der französischen Karibik und auf einigen östlichen Inseln *lambi* sowie auf den englischsprachigen Inseln *conch*. Als Schneckensuppe oder in der Fischsuppe, im Teig ausgebacken, geklopft (damit die Muskelfasern mürbe werden) und dann frittiert und in Salaten serviert – zahllos sind ihre Zubereitungsarten. Der Rogen des Seeigels gilt als Delikatesse und schmeckt sehr gut scharf gewürzt – wie auf Barbados – oder zusammen mit Eiern – wie auf Nevis. Kassava, diese braune, süße Knolle, kannten schon die Arawaks. Zu Mehl zerstoßen, kann man Brot damit backen oder es zu *cassareep* verarbeiten, dem sirupartі-

Foto: Bob Thomas (iStockphoto)

gen Rückstand der gekochten Kassava, der, mit Zimt und Nelken gewürzt, zur wichtigsten Zutat des legendären *pepperpot* wird, eines indianisch-südamerikanischen Fleisch-Eintopfs, der mit Variationen auf allen Inseln zubereitet wird. Wie es heißt, werden Pepperpots jeweils von einer Generation zur nächsten weitergereicht und dabei immer wieder mit frischem Fleisch und *cassareep* aufgefüllt.

Das Aussterben der Arawaks und die allmählich aufkommende Plantagenwirtschaft brachte viele afrikanischen Sklaven auf die Inseln. Und mit den Sklavenschiffen kamen viele Grundbestandteile der heutigen karibischen Küche aus Afrika: Yamswurzeln, Erbsen oder Okraschoten, mit denen man die kärglichen Mahlzeiten anreichern und gleichzeitig die gewohnte Esskultur pflegen konnte. Auf Barbados isst man heute gerne *cou cou*, Maismehlbrei mit Okra, beispielsweise als Beilage zu gebratenem Fliegenden Fisch.

Die Spanier brachten den Reis auf die Antillen – und heutzutage wäre karibisches Essen ohne Reis und Erbsen undenkbar. *Pigeon*-Erbsen, *congo-* bzw. *gungo*-Erbsen aus Afrika, die eigentlich gar keine Erbsen, sondern Bohnen sind, rote Kidney- Bohnen und schwarze Bohnen runden den Reis ab. *Calaloo*, mit ebensoviel Schreibarten wie Zubereitungen, gibt es überall auf den Inseln. Auf Trinidad bereitet man es als Eintopf zu: aus gepökeltem Schweinefleisch, *calaloo-* oder *dasheen*-Blättern, geröstetem Krabbenfleisch, Okraschoten und frischem Fisch. Anderswo bereitet man mit diesen Zutaten eine Suppe. Fantasievolle Köche verwenden die *calaloo*-Blätter gerne in Quiches und dicken Suppen.

Ein Nebeneffekt der Plantagenwirtschaft war, dass man Pökelfleisch und gesalzenen Fisch einführte, um die vegetarische Kost der Sklaven anzureichern. Einfallsreiche Köche entwickelten daraus einige der heute beliebtesten Gerichte. Gesalzenen Kabeljau in der Teigtasche gibt es auf fast jeder Insel als Appetithäppchen: *accras de morue* heißt das auf Martinique, *baca-*

Foto: Christian Heeb

laitos auf Puerto Rico, *stamp and go* auf Jamaika.

Bis zur Befreiung der Sklaven waren die karibischen Inseln ein Punkt im Dreieck des infamen Sklavenhandels. Melasse, die hier produziert wurde, destillierte man in einheimischen Brennereien oder in Neuengland zu Rum, der in Afrika als Zahlungsmittel für weitere Sklaven diente. Heute gibt es auf den Kleinen Antillen keine großen Zuckerplantagen mehr. Aber man pflanzt immer noch so viel an, dass fast jede Insel eine Brennerei betreiben kann. Leicht und angenehm aromatisch auf den französischen Inseln; dunkel, vollmundig und manchmal etwas stechend auf den englischsprachigen, ist der Rum *das* Getränk der Karibik – ob im fruchtigen Rumpunsch in der Hotelbar oder pur aus der Flasche vom Rum-Shop.

Angostura Bitter aus Trinidad, *Curaçao* mit Orangenaroma und eine große Anzahl nicht-alkoholischer Drinks wie etwa *coco frio* – kalte Kokosmilch oder das Ingwerbier *maubi* sind ausgesprochen angenehme Durstlöscher.

Oben: Muskatnüsse werden in Plantagen auf Grenada angebaut und in die ganze Welt exportiert. Rechts: Ein Rastafari- Musiker.

Nach der Abschaffung der Sklaverei „importierten" Plantagenbesitzer chinesische und indische Kontraktarbeiter, deren Beitrag zur karibischen Küche begeistert aufgenommen wurde. Bis zu den Jungferninseln im Norden fallen die Ziegen- oder Meeresschnecken-Curries in einer sonst eher einförmigen Küche auf. *Mango Chutney*, schon seit den Tagen der Engländer ein kulinarischer Favorit, wurde nun eine lokale Spezialität. *Roti* der indische Brotfladen, gefüllt mit Gemüse- oder Fleischcurries, und *bakes*, frisch gebackene Pfannkuchen mit Konfitüre, gibt es mittags oder abends. Heute hat sich die Popularität dieser Gerichte weit über den großen indischen Bevölkerungsanteil Süd-Trinidads hinaus verbreitet, und es gibt Curries als *kerry* auf den holländischen Inseln oder *colombo* in der französisch-kreolischen Küche.

Die indischen Curries und Gewürze waren ein neues Element in einer Küche, die schon von jeher in Gewürze verliebt war. Piment, hier *pimento* genannt, kannten auch schon die Arawaks. Andere Gewürze wie Zimt, Muskatblüte und Muskatnuss wurden importiert. Chili-Schoten sind die Grundlage für viele Pfeffersaucen und *salsas*. *Coui, pickapeppa, sauce chien, sauce piquante* und *sofrito* sind weitere Beispiele für diese feurigen Würzsoßen.

Und natürlich, was wäre die westindische Küche ohne die vielen exotischen Früchte? Schon Kolumbus fand hier Ananas und Papayas vor.

Die Mangos, ursprünglich aus Indien eingeführt, sind heute mächtige Bäume, die zusammen mit den ebenfalls importierten Brotfruchtbäumen, vielen Hütten und Wegen Schatten spenden. Kokosnüsse, Guaven, Bananen, Mangos und andere tropische Früchte geben Torten, Puddings und diversen Eissorten ihr exotisches Aroma.

Foto: Maria Bobrova (iStockphoto)

REGGAE, RASTAFARI UND STEELBANDS

Karibik-Reisende erwarten stets den beschwingten Sound der Steeldrums und den beinahe hypnotisierenden Rhythmus des Reggae, und sie werden bestimmt nicht enttäuscht. Allerdings variiert diese karibische Musik von Insel zu Insel viel stärker, ist viel komplexer, als man vielleicht glaubt. Die ursprünglich westafrikanischen Schlaginstrumente und Gesangsstile haben sich mit den Harmonien und Melodien der europäischen Musik und den Rhythmen indianischer Musik vermischt. Aber auch die Einflüsse des New Orleans Rhythm and Blues, des Soul und Jazz sind nicht zu überhören. Für die meisten Besucher ist der Inbegriff karibischer Musik noch immer Steelband- und Reggae-Musik. Sie machen allerdings einen so wesentlichen Teil der Karibik-Erfahrung aus, dass man nur ein paar Takte hören muss, um sofort die laue Strandbrise zu spüren und plötzlich Lust auf Rumpunsch zu bekommen. Vielleicht können die animierenden Klänge und magischen Rhythmen der Karibik das Lebensgefühl ihrer Bewohner besser in Musik umsetzen, als das irgendwo sonst auf der Welt möglich ist.

Reggae-Musik assoziiert man natürlich sofort mit Jamaika, auch wenn sie heutzutage in der ganzen Karibik gespielt wird. Diese Musik der Straße, mit ihren sinnlichen Rhythmen und ihren oft aufmüpfigen oder frechen politischen Texten, ist ein Resultat der Rastafari-Bewegung und ihrer Vorläuferin, die von Marcus Garvey angeführt wurde. Ihre Anhänger betonen ihre afrikanischen Wurzeln und propagieren afrikanisches Selbstbewusstsein. Eine besondere Komponente ist, dass sie sich als Kinder des *Negus* verstehen – ein Titel, den die äthiopischen Könige trugen, die ihre Abstammung auf König Salomon und die Königin von Saba zurückführen.

Ein Beispiel für die Macht dieser Musik ist die Karriere von Bob Marley, *dem* Botschafter des jamaikanischen Reggae. Ob nun zusammen mit seinen *Wai-*

Foto: Viesti Associates

lers, einer der ersten Reggae-Gruppen, oder ob als international anerkannter Solist – Bob Marley genoss eine beinahe religiöse Verehrung. Sogar sein politischer Einfluss war so groß, dass man ihn zum Beispiel 1980 zur Feier des Unabhängigkeitstages nach Simbabwe einlud. Sein Heimatland Jamaika verlieh ihm den Verdienstorden, und als er 1981 mit 36 Jahren an einem Krebsleiden starb, erhielt er ein Staatsbegräbnis. Seinem Sarg folgten der Premierminister und andere Regierungsmitglieder sowie eine Begräbnisprozession mit einer Länge von annähernd 90 Kilometer.

Die heutige Szene des Roots-Reggae ist zersplittert. Marleys Frau Rita übernahm sein Studio und vorübergehend auch seine Position in den Hitlisten. Vier seiner Kindern bildeten die Band *Melody Makers*, die nicht ohne Erfolge blieb; vor allem sein Sohn Ziggy war zeitweise sehr erfolgreich. Andere Stars tauchten auf und verschwanden wieder – so *Toots and the Maytals*, *Mighty Diamonds* oder *Third World*.

Oben und rechts: Musik ist ein mitreißender und unverfälschter Ausdruck karibischer Lebensfreude.

Einige ziemlich erfolgreiche Reggae-Musiker haben allerdings überhaupt keine Verbindung zu Jamaika. Wie so oft bei neuen Trends, nahmen auch hier Außenseiter nur zu gerne die Anregungen auf. Fast jede Ferienanlage in der Karibik beschäftigt eine Reggae-Band oder berieselt ihre Gäste zumindest über Lautsprecher mit dem karibischen Markenzeichen. Die meisten Besucher wissen wahrscheinlich nur sehr wenig über Rastafari und die Armut in den Slums von Kingston, aus der diese Musik einst entstanden ist. Aber jeder spürt, wie die Füße zu wippen beginnen, wenn die Musik einsetzt. Es gibt wohl kaum jemand, den diese Rhythmen kalt lassen.

Auch wenn in Jamaika das Herz des Reggae schlägt, so kann man doch auch auf den Inseln der Kleinen Antillen gute Konzerte erleben. Von dort stammt ein anderer mitreißender Sound der Karibik, der Calypso, welcher sich von Trinidad aus über die anderen Inseln, ja

Foto: Christian Heeb

über die ganze Welt verbreitet hat. Wie der Reggae ist er eine Musik, der man kaum zuhören kann, ohne auf einmal den Rhythmus unbewusst mitzuklopfen oder mitzuwippen. Und wie alle karibische Musik ist er ein Resultat der Verschmelzung verschiedener Kulturen. Die Ursprünge des Calypso sind ziemlich umstritten. Einige behaupten sogar, dass selbst die Bezeichnung Calypso falsch sei. Richtig müsse es *Kaiso* heißen, was soviel wie „bravo" bedeutet, und heutzutage kann man das schon mal neben dem geläufigeren Calypso hören. Doch es gibt eine Reihe von Wörtern, auf die sich der Ausdruck Calypso zurückführen lässt: das französische *carrousseaux*, mit dem man ein Wein- und Rumfest bezeichnet; das spanische Wort *caliso* oder das kariben-indianische *carieto*, die beide für „Lieder mit regierungs- und zeitkritischen Texten" gebraucht wurden.

Die verschiedenen Einflüsse in dieser Musik aufzudecken ist nicht ganz einfach, aber ganz offensichtlich standen am Anfang afrikanische Rhythmen. Die Sklaven, die französische Pflanzer um 1780 auf die Großen und Kleinen Antillen brachten, pflegten eine Tradition improvisierter Gesänge, die den Kern des Calypso ausmachen. Man wetteiferte in Gruppen, um immer neue Lieder zu erfinden. Ihre Anführer waren Sänger mit Namen wie „Elefant" oder „Donnerer", die ihre eigenen Leute zu härterer Arbeit anfeuerten oder die Bemühungen der Gegner verhöhnten. Abends, nach getaner Arbeit, feierte der Sänger der produktivsten Gruppe die Leistungen seiner Leute und machte sich über die anderen lustig. Diese Lieder waren es, die zur Grundlage der Wortduelle wurden, die man beim Calypso bis heute immer wieder hört. Und sie waren auch die Basis für die Begleitmusik zur *kalenda*, einem akrobatischen, fast kampfbetonten Stocktanz, der bei Sklaven sehr populär war.

Nach der Sklavenbefreiung 1838 aber explodierte die Kreativität der Sklaven förmlich, und sie fand ihr Ventil im Karneval. In Europa häufig eine Sache von vornehmen Ballbesuchen,

Foto: Roland F. Karl

wurde er hier zum Straßenfest, dessen Motor die afrikanischen Trommeln waren. Die frechen Lieder, die man für den Karneval erdachte, wurden geradezu eine Institution.

Wenn auch frei, so besaßen die ehemaligen Sklaven doch kein Land und mussten sich in den Städten Arbeit suchen. Zur selben Zeit wanderten die Bewohner anderer Inseln in großer Zahl in Trinidad ein und konkurrierten mit den Einheimischen um die Arbeitsplätze. Mafiaähnliche Banden bildeten sich, und die *kalenda*-Gruppen begannen den Bandenkrieg beim Karneval. 40 Jahre lang waren die Stockkämpfer die Herren der Straße, und wenn sich zwei Gangs begegneten, dann traten ihre Anführer vor dem Kampf mit Liedern gegeneinander an. Diese offensichtliche Nähe zu Gewalt und Armut brachte den Calypso lange Zeit in Verruf. Andrerseits hatte er auch eine sehr wichtige Funktion für die Bevölkerung: Er war die „Zeitung" der Analphabeten, die so alle Neuigkeiten, wichtige politische und soziale Ereignisse erfuhren. Und später hat man den Calypso sogar als Quelle für kulturgeschichtliche Untersuchungen benutzt. Dies änderte sich in der Mitte des 19. Jh., als die Briten versuchten, die Insel zu anglisieren. Trinidad war zwar schon seit einem halben Jahrhundert englisch, aber die Sprache war weit davon entfernt. Wie die Kultur war auch sie eine französisch-afrikanische Mischung. Die Einführung britischer Traditionen sollte der Absicherung politischer Stabilität dienen.

Oben: Saxofonist auf einem Jazz-Festival, Meads Bay, Anguilla. Rechts: Die Trommeln der Steelbands wurden anfangs aus alten Ölfässern gebaut.

Die ersten „Schlachtfelder" waren dann der Karneval und der Calypso. 1884 verbot man Trommeln und die *kalenda*-Bands, was die Musik stark verändern sollte. *Tumboo bamboos*, gestimmte Bambusstöcke, produzierten ähnliche Rhythmen wie die Trommeln, klangen jedoch weit weniger schwerblütig und urtümlich. Dadurch wurde der Calypso gesellschaftsfähig, denn ohne die Trommler interessierte sich auch die Mittel- und Oberschicht für diese Art von Musik und für den Karneval. Erst Jahre später kehrte der musikalische Klassengegensatz zurück, als die Oberschicht ihre Lieder von venezolanischen Saiteninstrumenten begleiten ließ, während die schwarze Bevölkerung ihre Songs weiterhin am liebsten mit *tamboo bamboos* untermalte.

Allen Differenzen zum Trotz wuchs der britische Einfluss auf Trinidad zunehmend, und 1899 wurde erstmals ein Calypso auf Englisch gesungen. Von da an hörte man immer häufiger englische statt der traditionellen kreolischen Liedertexte – und das markierte den Anfang vom Ende der französischen Liedkultur Trinidads. Der Trend zum Englischen hielt Anfang des 20. Jh. weiter an, und der Calypso wurde dadurch klarer und mehr und mehr zum Sprechgesang. Als dann in den 20er Jahren der Ärger der Bewohner Trinidads über die britische Herrschaft immer übermächti-

Foto: Viesti Associates

ger wurde, benutzte man den Calypso, um sich Luft und die Briten lächerlich zu machen. Doch nichtsdestotrotz hatten die Engländer dem Calypso ein neues, dauerhaftes Element hinzugefügt.

Das goldene Zeitalter des Calypso waren die Jahre zwischen dem Ersten und Zweiten Weltkrieg. Mit der Unterstützung einheimischer Geschäftsleute und dank der Verbreitung durch Rundfunk und Schallplatte wurde der Calypso schnell weltberühmt. In den USA gehörte Bing Crosby zu den Musikern, die ihn populär machten. Der Nachteil dieses neuen Ruhms war vielleicht, dass die Instrumente amerikanischer Bands jetzt Eingang in die Musik fanden. Und die Calypso-Musiker, die ihre Bambusstöcke allmählich satt hatten, begannen alle möglichen ausrangierten Metallgegenstände in Trommeln umzufunktionieren. In den 30er Jahren dann entdeckte man die Ölfässer, aus denen man die *pans* genannten Stahltrommeln baute, und die Musik der Steelbands trat ihren Siegeszug durch die ganze Welt an.

Als das *Trinidad and Tobago All Steel Percussion Orchestra* beim *Festival of Britain* auftrat, raste das Publikum vor Begeisterung. Doch der ganz große internationale Ruhm dieser Musikrichtung kam dann mit Harry Belafonte, der Ende der 1950er Jahre sein Album *Calypso* in den USA herausbrachte. Das öffnete auch anderen Calypso-Musikern Tür und Tor, darunter so großartigen Interpreten wie *The Mighty Sparrow*.

Die Steelbands standen in den 60er Jahren weiterhin im Vordergrund, veränderten sich aber. Plötzlich rückten Frauen als Sängerinnen ganz vorne auf die Bühne, und in den 1970ern entstand aus der Verbindung von Calypso, Soul und Funk mit trinidadisch-indischer *Chutney Music* der *Soca* als neue Musikform. Dieser Stil mit seinen temperamentvollen Bläser-Passagen und wilden elektrischen Klängen ist immer noch populär – auch wenn manche darin den Vorboten untergehender Musiktraditionen sehen. Für andere ist der *Soca* (Soul of Calypso) Beweis einer lebendigen, innovativen Musikkultur.

INDO-KARIBISCHE FESTE

Auf denjenigen Antilleninseln, die zum britischen Empire gehörten, wurde die Sklaverei zwischen 1834 und 1838 abgeschafft. Die befreiten westafrikanischen Leibeigenen sollten für ihre Kärrnerarbeit auf den Plantagen erstmals entlohnt werden, was nicht ins antiquierte Weltbild der karibischen Zuckerbarone und Sklavenhalter passte. Sie mahnten bei der britischen Regierung energisch Ersatz an: schließlich verfügte die Kolonialmacht im fernen Indien über ein Heer billiger Arbeitskräfte, und die dort angeworbenen Kontraktarbeiter hatten sich bereits auf den Plantagen von Mauritius sowie von Französisch und Britisch Guyana unter ähnlichen klimatischen Bedingungen bewährt.

Dennoch dauerte es bis zum 30. Mai 1845, bis die ersten Arbeitskräfte aus Kalkutta in Port of Spain, der Hauptstadt Trinidads, eintrafen. Während der nächsten 72 Jahre lockten (oder entführten) skrupellose Werber rund 144 000 Kulis auf die Zuckerrohr-Plantagen von Trinidad und Tobago – das waren mehr als auf alle anderen englisch- oder französischsprachigen Inseln der Kleinen Antillen zusammen. Aufgrund von Landschenkungen ließen sich mehr als 80 % der Inder, in der Mehrzahl Hindus, für immer auf Trinidad nieder. Die meisten erreichten, nach Ablauf ihrer fünf- bis zehnjährigen Knebelverträge, mit Ausdauer, Fleiß und Sparsamkeit sogar beachtlichen Wohlstand.

Heute stellen die Nachkommen der indischen Einwanderer mit einem Anteil von über 52 % die größte ethnische Bevölkerungsgruppe und seit 1995 mit Basdio Pandey auch den Premierminister der Inselrepublik Trinidad und Tobago. Ihre Feste und Traditionen sind aus der Karibik nicht mehr wegzudenken.

Mit dem **Indian Arrival Day** erinnern die indo-karibischen Einwohner Trinidads alljährlich am 30. Mai an das Eintreffen ihrer Vorfahren auf der südlichsten Antilleninsel. In wirtschaftlich guten Jahren scheint bei diesem Fest auf dem **Divali-Nagar-Gelände** am Uriah Butler Highway die ganze verschwenderische Farbenpracht des Orients Hof zu halten: Stolze Hindu-Frauen hüllen sich in kostbare Seidensaris, die mit aufwendiger Stickerei verziert sind, bildhübsche Mädchen bieten traditionelle indische Tänze dar, heranwachsende Jungs und gestandene Männer halten mit dem aufpeitschenden Rhythmus ihrer umgeschnallten *Tassa*-Trommeln die Festgemeinde bis spät nachts in Bewegung. Der Duft unzähliger Räucherstäbchen wetteifert mit dem verlockenden Geruch traditioneller vegetarischer Speisen, die in ähnlicher Vielfalt und Menge sonst nur bei einer traditionellen Hindu-Hochzeit gereicht werden.

Auch eine Reihe religiöser Feiertage brachten die indischen Einwanderer in ihre neue Heimat mit: Das mit Abstand

Oben: Traditionelle indische Tänze am Indian Arrival Day. Rechts: Ehrung der Eltern am „Deya house"-Schrein (Divali-Fest).

Foto: Robin Daniel Frommer

wichtigste Fest der Hindus auf Trinidad ist **Divali**. Es wird im Oktober begangen und ist Lakshmi, der Göttin der Schönheit und des Glücks, geweiht. Zu diesem besinnlichen Anlass werden die Häuser und Vorgärten der Hindu-Familien gegen Abend mit Hilfe von tausenden kleiner *Deya*-Tonlämpchen in ein strahlendes Lichtermeer getaucht. In der *Yama rata*-Nacht versammeln sich die Großfamilien beim *Deya house*-Schrein ihres Hauses, um zu beten und gemeinsam *Guru mantra*-Bittgesänge anzustimmen.

Den traditionellen Zauber dieses Lichterfests haben besonders die kleineren Ortschaften in der Caroni-Ebene, wie Freeport oder California bewahrt, während **Felicity** als das mit Abstand lauteste und lebhafteste Zentrum der Divali-Feiern gilt: Auf mehreren Bühnen wird indischsprachige „Chutney"-Musik live dargeboten, und die Hauptstraße des Städtchens wird auf ihrer gesamten Länge mit einem Dach von farbigen Stoff- und Papierbahnen überspannt, unter dem Jugendliche mit einem Autokorso dem Fest eine neue, eher nordamerikanische Spielart hinzufügen.

Noch wesentlich ausgelassener wird Anfang März **Phagwah**, das hinduistische Neujahrsfest, gefeiert. Es symbolisiert den Sieg des Lichts über die Finsternis und markiert den Beginn des Frühlings in Indien. Auf Trinidad darf bei dieser Gelegenheit fast jeder jeden mit farbigem *Abeer*-Sud besprühen – für die jugendlichen Hindus eine der raren Gelegenheiten ausgiebig zu flirten. Besondere Variante Trinidads: Auf einem symbolisierten Scheiterhaufen wird die Hexe *Holika Dahan* verbrannt. Obwohl Phagwah kein offizieller Feiertag ist, fördern große, einflussreiche Hindu-Organisationen das Fest, indem sie Tanzgruppen und *Chowtal*-Gesangswettbewerbe sponsern oder die Lastwagen für Festzüge stellen.

Zusammen mit dem Hinduismus gelangte auch der **Islam** nach Trinidad. Die etwa 80 000 bis 100 000 Moslems dort sind überwiegend indischstämmig und eine einflussreiche Minderheit. Ihre Feste stehen traditionell auch Angehö-

Foto: Robin Daniel Frommer

rigen anderer Konfessionen offen. Wie alle moslemischen Feste Trinidads richten sich die **Eid ul Fitr**-Neujahrsfeiern nach dem islamischen Mondjahr. Ein Jahr zählt hier 354 Tage, also elf weniger als im Gregorianischen Kalender. Alle Feste der Moslems finden daher jedes Jahr elf Tage früher statt. Für die Reiseplanung erkundigt man sich am besten nach dem Termin im Vorjahr, da der kommende Festtag von den islamischen Geistlichen erst kurz vorher bekanntgegeben wird. Das Eid-ul-Fitr-Fest der Sunniten und Schiiten beendet eine einmonatige Fastenzeit mit opulenten Festessen, zu dem die moslemischen Familien ihre Freunde einladen, unabhängig davon, welcher Konfession oder ethnischen Volksgruppe sie angehören.

Wesentlich spektakulärer geht es beim schiitischen **Hosay**-Fest zu, bei dessen nächtlichen Umzügen die Luft in **St. James**, einem Stadtteil von Port of Spain, im Rhythmus der Bass- und Tassa-Trommeln regelrecht vibriert. Das Viertel zwischen *Bombay* und *Madras Street* ist eine Hochburg schiitischer Moslems. Hier kann man im Monat *Muharram* (2014-2016 Oktober/November) das Hosay-Fest intensiv erleben. Wie ihre Glaubensbrüder im Iran, im Libanon und in Indien gedenken die Menschen ihres bedeutendsten Märtyrers: Husain, einer der Enkel Mohammeds wurde im Jahr 680 n. Chr. zusammen mit seinen Söhnen und seinem Gefolge vom Kalifen Yazid in einen Hinterhalt gelockt und brutal ermordet.

In St. James wird zu Ehren des Märtyrers 40 Tage gefastet. Während dieser Vorbereitungszeit wird von den am Fest teilnehmenden Gläubigen nicht nur der Verzicht auf Alkohol, Fleisch, gebratene Speisen und Sex erwartet, sondern auch finanzielles Engagement und zahlreiche Stunden harter unentgeltlicher Nachtarbeit: In den *Yards* oder *Camps* der gut organisierten Familienclans von St. James werden ganze Serien neuer Tassa-Trommeln konstruiert, die Fel-

Oben: Beim Hosay-Fest werden riesige Tadjahs durch die Straßen geschoben. Rechts: Herstellung von Tassa-Trommeln.

le bereits fertiger oder überarbeiteter Pauken am offenen Feuer gestrafft und eingestimmt. Im „Allerheiligsten" der Camps, den *Imambarahs* genannten Konstruktionsbaracken, entstehen aus Styropor, Pappmaché und verschiedenen metallisch glitzernden Folien riesige **Tadjahs**, fantasievoll gestaltete Nachbildungen von Husains Mausoleum in Kerbela. Die auf Rollen konstruierten Tadjahs werden in den Straßen von St. James gezeigt, weil nach Glauben und Tradition der Schiiten das Hosay-Ritual und damit ihre Verehrung Husains erst durch dieses öffentliche Bekenntnis vollkommen wird.

Bis heute zählen gerade die Hosay-Feiern zu den Ritualen, über die sich ausnahmslos alle Inder Trinidads mit dem fernen Heimatland ihrer Urgroßeltern identifizieren: Die Feiern vereinen nämlich sowohl Elemente der hinduistischen als auch der moslemischen Religion, und am Bau der Tadjahs wirken auf der Karibikinsel keineswegs nur Muslime, sondern auch Hindus und Christen unterschiedlicher ethnischer Gruppen mit. Das Versenken der Tadjahs am Ende des Fests, wie es in **Cedros**, im ländlich-verschlafenen Südwesten Trinidads, am *Teeja day* stattfindet, ist eine Anlehnung an hinduistische Prozessionen.

Im Süden der Insel ist die Zahl der Moslems so gering, dass die Muharram-Riten hier hauptsächlich von Hindus und Christen organisiert werden: Eine weltweit einmalige, vielleicht nur noch auf Trinidad mögliche Fusion unterschiedlichster Einflüsse und Kulturkreise!

Höhepunkt der insgesamt viertägigen Feiern in den Straßen von St. James ist die **Big Hosay Night**. Begleitet vom treibenden Rhythmus zahlloser Tassa-Trommeln werden sowohl die beeindruckenden Tadjahs, als auch symbolische Nachbildungen je eines roten und eines grünen Halbmondes gezeigt. Diese zentnerschweren, gut drei Meter breiten Gebilde aus Holz, Papier, Stoff und Spiegeln werden von besonders

Foto: Robin Daniel Frommer

kräftigen Männern mit Hilfe lederner Tragegeschirre geschultert. Regelmäßig, nach nur wenigen Metern, wechseln sich die Mitglieder der Moslembruderschaft wortlos ab.

Mit den beiden Halbmonden ehren die Einwohner sowohl Husain als auch seinen Bruder Hasan. Die Farben korrespondieren mit den Todesarten der beiden Enkel Mohammeds: Nach der Überlieferung färbte sich der erdnahe Planet bei der Enthauptung Husains blutrot, während er beim Giftmord an Hasan grün anlief. Im Verlauf des nächtlichen Umzugs treffen die beiden Monde unter dem Beifall der Zuschauer unweit der Moschee von St. James aufeinander. Ihre gegenseitige Berührung stellt einen Kuss dar und symbolisiert nach Auffassung der Moslems die letzten Begegnung der beiden Brüder vor ihrem Tod. Kaum einem Prozessionsteilnehmer scheint jedoch bewusst, dass Hasan nicht gemeinsam mit seinem Bruder in Kerbela starb, sondern schon zwölf Jahre zuvor – wahrscheinlich von seiner Frau – vergiftet wurde.

Foto: Gvader (Dreamstime)

HURRIKANE

Hurrikane – sie treten von Juni bis Oktober auf – sind auf den Kleinen Antillen gefürchtet. Und die Befürchtungen sind keineswegs grundlos: 1979 richtete der Hurrikan *Frederic* auf den Bahamas einen Schaden in Höhe von 753 Millionen Dollar an, nur zwei Wochen nachdem der Hurrikan David über die Dominikanische Republik hinweggefegt war und dabei 1200 Menschen getötet hatte. 1988 fiel der Hurrikan *Gilbert* in Jamaika ein, beschädigte oder zerstörte 80 % aller Behausungen auf der Insel und machte 500 000 Menschen obdachlos. 1989 zog *Hugo*, ein weiterer mörderischer Hurrikan, eine Spur der Vernichtung durch die Kleinen Antillen, wobei Puerto Rico, Montserrat, Nevis, Guadeloupe, Tortola, St. Kitts, die Virgin Islands, insbesondere St. Croix betroffen waren. Und 2008 raste *Omar* mit verheerender Wucht über Nevis und die Jungferninseln, bevor er Vieques und Puerto Rico einigen Schaden zufügte.

Oben und rechts: Alljährlich erinnern Hurrikane aufs neue an die erbarmungslose Gewalt der Natur.

Offizielle Stellungnahmen üben sich bezüglich der Bedrohung durch Hurrikane in Untertreibungen. Man gewinne diesen vernichtenden Eindruck nur wegen des kurz aufeinander folgenden Zuschlagens von Gilbert und Hugo. Potentiell bestehe die Gefahr zwar in jedem Jahr, aber tatsächlich berührten die Stürme die Inseln viel seltener als man annehmen könne.

Unglücklicherweise entwickeln sich die Wirbelstürme aber über dem karibischen Meer und beziehen ihre Durchschlagskraft von der großen Wasserfläche. Dass sie dann häufig die Küste der USA am übelsten heimsuchen, kann die obdachlos gewordenen Inselbewohner natürlich kaum trösten.

Die meisten Inseln der Karibik verfügen nicht über ausreichende Mittel, um aus eigener Kraft mit so einer Naturkatastrophe fertig zu werden, egal, ob es sich nun um ein ineffizientes Kommunikationsnetz oder unzureichende Notdienste handelt. Allerdings bemü-

Foto: Jeffrey Dunn (Viesti Associates)

hen sich die zuständigen Stellen aller Inseln darum, mögliche Abwehr- und Vorsorgemaßnahmen auf den neuesten Stand zu bringen. Unterdessen verweist man mit Nachdruck darauf, dass das Vorwarnsystem stark verbessert worden sei. Die Sturmwarnungen können jetzt schon drei Tage im voraus gegeben werden. Allerdings wechseln diese Stürme häufig ihre Richtung, so dass eine zuverlässige Voraussage über ihr genaues örtliches und zeitliches Auftreten nicht möglich ist.

Niemand, der in das Zentrum so eines Sturms gerät, wird das je vergessen. Regenmassen und Sturmböen, die komplette Gebäude wegreißen, vermitteln ein tiefes Gefühl von völliger Hilflosigkeit.

Wie sich 1989 zeigte, kann das Nachspiel zu einem Hurrikan ebenso heimtückisch sein wie der Sturm selbst: Nachdem der Hurrikan *Hugo* sämtliche Gebäude auf St. Croix zerstört hatte, kam es in vielen Orten zu wilden Plünderungen. Die Vereinigten Staaten entsandten Truppen, um den Aufruhr einzudämmen. Schuld an dem Ausbruch war die lebenslange Armut der Menschen und ein Gefühl von Benachteiligung, weil die kleinere Insel St. Thomas der Regierungssitz der Virgin Islands ist. In dieser Situation bedurfte es nur eines Zündfunkens, um das Pulverfass hochgehen zu lassen. Allerdings haben die Bilder in den Medien der Insel möglicherweise mehr geschadet als der Sturm. Sie zeigten Aufnahmen von Plünderern und Supermarkt-Besitzern, die sich – Gewehr im Anschlag – vor ihren Läden postiert hatten. Zu Beginn der nächsten Saison fragte man sich natürlich nicht nur auf St. Croix, wer von den Urlaubern – mit diesen Bildern vor Augen – wiederkommen würde.

Auch nach solchen Katastrophen geht das Leben immer irgendwie weiter, und die Tropeninseln erholen sich oft schnell. Wohnhäuser und infrastrukturelle Einrichtungen kann man wiederaufbauen, doch bei den Einheimischen bleibt die Wirkung dieser Stürme schmerzhaft ins Gedächtnis eingebrannt.

EINKAUFEN

Für manche Urlauber ist eine Reise nur halb so schön, wenn sie nicht mit den einheimischen Händlern feilschen können. Für sie ist die Karibik das passende Betätigungsfeld. In den kleinen Läden und bei Straßenhändlern ist der Preis einer Ware immer noch Verhandlungssache, obwohl es natürlich immer auch eine untere Grenze gibt. Einheimische Handwerksprodukte sind günstig zu haben, dasselbe gilt für Souvenirs. Allerdings kann der Preis, den man Ihnen für eine Steeldrum in Trinidad oder für einen Bananenblatt-Korb in Dominica zuerst nennt, ein Vielfaches über dem liegen, was der Verkäufer letztlich akzeptieren mag.

Feilschen gehört zum Geschäft, aber bedenken Sie, dass so mancher Straßenhändler sehr ungehalten reagieren kann, wenn man nach langem, zähem Handeln doch nichts kauft. Für ihn geht es schließlich um den Lebensunterhalt, und die Konkurrenz ist hart. Bringen Sie also neben dem nötigen Kleingeld auch etwas Sensibilität mit!

Oben: Die naive Malerei der Karibik entstand ursprünglich in Haiti. Rechts: Gehaltvolle Souvenirs.

Zollfreie Einkäufe sind nicht mehr so günstig wie früher, aber man kann immer noch aus einer Vielzahl von Waren wählen, darunter alkoholische Getränke, Tabakprodukte, Schmuck, Uhren, Porzellan, Parfüm, Kameras und allerlei elektronische Artikel.

Die Auswahl unterscheidet sich von Insel zu Insel stark. Die besten Einkaufsgelegenheiten für zollfreie Waren bieten sich meist in der Touristenmeile am Hafen. Volkskunst und Kunsthandwerk findet man auf den örtlichen Märkten und in kleineren Läden. Interessant ist auch, was die zahlreichen Händler am Straßenrand anzubieten haben: Batik-, Baumwoll- und Seidentextilien, Strohwaren, Keramik, Schnitzarbeiten und Malereien. Schmuck gibt es in nahezu allen Materialien, von Gold und echten Steinen bis zu Korallen oder Muscheln. Rum ist in der ganzen Karibik allgegenwärtig. Alkohol und Tabak sind am günstigsten in den Duty-free-Läden an Flughäfen oder in Kreuzfahrthäfen zu erwerben.

Welches Warenangebot erwartet einen auf den Kleinen Antillen?

BARBADOS: Der Rum von hier ist wahrscheinlich das bei weitem bekannteste Inselprodukt. Günstig sind auch Wollsachen und andere Textilien aus Großbritannien, französische Parfums, Porzellan und Kristall, Schmuck und Uhren. Das örtliche Kunsthandwerk verarbeitet Muscheln und Korallen, außerdem gibt es Schnitzarbeiten und Strohwaren.

ANGUILLA, ANTIGUA, BARBUDA, NEVIS, ST. KITTS: Die britischen Leeward Islands haben nicht den Ruf eines Einkaufsparadieses, aber einheimischer Markenrum ist günstig. Außerdem gibt es hübsches Kunsthandwerk, darunter ausgesprochen farbenprächtige Batikstoffe und Textilien in St. Kitts.

VIRGIN ISLANDS: Auf St. Thomas gibt

Foto: Roland F. Karl

es zollfreie Waren in Hülle und Fülle, vom Goldschmuck bis zur Sportbekleidung. Das alles und einheimischen Schmuck aus Muscheln und Korallen oder Keramik gibt es auch auf Tortola, doch es hat seinen Preis.

DOMINICA, GRENADA, ST. LUCIA, ST. VINCENT, GRENADINEN: Auf Dominica verkaufen die letzten Kariben ihre schönen geflochtenen Körbe. Auf Grenada und St. Vincent gibt es hübsche handgefertigte Körbe, Schnitzarbeiten und Keramik neben der üblichen Importware. Bedruckte Seidenstoffe sind eine Spezialität von St. Lucia.

SABA, ST. EUSTATIUS, ST. MAARTEN: Zollfreier holländischer Käse, Porzellan und Schmuck sind manchmal sehr günstig auf den niederländischen Windward Islands. Saba Spice ist der Name des einheimischen Rums. Leinen, Baumwoll-Meterware und Textilien stammen zum Großteil aus örtlicher Produktion.

GUADELOUPE, MARTINIQUE, ST. MARTIN, ST. BARTS: Die Französischen Antillen haben die günstigsten Preise, wenn es um Parfüm aus Frankreich, Schmuck, importierte Alkoholika, asiatische Seidenstoffe und ähnliche Artikel geht. Interessant sind auch hier produzierte Textilien und Strohwaren.

ARUBA, BONAIRE & CURAÇAO: Die Niederländischen Antillen, insbesondere Aruba, bieten eine vielfältige Importartikel-Auswahl, darunter auch britische und französische Produkte sowie orientalische, indische und südamerikanische Erzeugnisse, manches zu relativ günstigen Preisen. Und vergessen Sie nicht, eine Flasche Curaçao-Likör mitzunehmen.

TRINIDAD & TOBAGO: Ganz und gar unverwechselbar sind hier die Erzeugnisse des einheimischen Handwerks, (auch die Steeldrums, Flöten, Rhythmus- und anderen Instrumente). Daneben gibt es auch Kunsthandwerk aus Holz und Stroh. Beliebte Shopping-Artikel sind zudem Aufnahmen einheimischer Soca- und Calypso-Bands, allerdings haben qualitativ einwandfreie Tonträger auch hier mittlerweile ihren Preis.

Foto: Peter Purchia (Viesti Associates)

GESCHICHTE

Am Anfang aller Zeiten

Vor vielen Millionen Jahren hob und senkte sich die ruhelose Erdkruste, und zischend schoss glutflüssige Lava in ihre untermeerischen Risse ein. Ächzend zerbarst sie dann wie ein zersplitternder Smaragd in eine Million schillernder, grüner Juwelen, und aus der Karibischen See tauchten Inseln auf, deren geologische Entwicklung noch immer nicht abgeschlossen ist. Wer Trinidads La Brea-Asphaltsee, die dampfenden Schwefelquellen oberhalb des Städtchens Soufrière auf St. Lucia oder den seit 1994 wieder feuerspeienden Vulkan auf der dadurch großflächig verwüsteten Insel Montserrat sieht, bekommt die dramatischen geologischen Umwälzungen, die auf den Kleinen Antillen noch immer vor sich gehen, eindrucksvoll vor Augen geführt.

Andere westindische Inseln waren vermutlich einmal Teil einer Kette von Bergen, die auf einem riesigen Urkontinent Europa und die beiden Teile Amerikas verband. Als dieser durch das Auseinanderdriften der Kontinentalplatten zerbrach, versanken die Berge im Meer, und nur ihre Spitzen ragen noch als Inselpünktchen aus der glitzernden Meeresoberfläche heraus.

Die geomorphologischen Kräfte sind noch immer am Werk: in feuerspeienden Vulkanen, kochend heißen Seen oder der unermüdlichen Meeresbrandung, die die Küstenlinie auswäscht; starke Regenfälle höhlen die Kalksteinfelsen der Inseln aus und heftige Wirbelstürme verändern Landschaften und das Leben der Menschen.

Fossilien, die man in der Karibik gefunden hat, beweisen, dass ihre Meeresfauna im Miozän (vor ca. 14 Millionen Jahren) noch der des östlichen Pazifiks glich. Doch seit der Schließung des Isthmus von Panama im Pleistozän (vor ca. 1,8 Millionen Jahren) nahm die Entwicklung des Meereslebens in beiden Meeren offensichtlich einen getrennten Verlauf.

Die Inseln variieren deutlich in ihrer Oberflächengestalt. So besteht beispielsweise Antigua teils aus Vulkangestein, teils aus Korallenkalk. St. Lucia wird von Vulkanbergen beherrscht, während Barbuda eine kleine, flache Koralleninsel ist, die wie ein Seidenschleier auf dem Meer zu schwimmen scheint. Breite weiße Strände wie aus einem Reiseprospekt säumen die meisten Inseln, doch gibt es auch Strände aus dunklem Lavasand. Auf Barbuda schimmert der Sand – ähnlich wie auf Eleuthera auf den Bahamas – sogar rosa. Sabas hoch aus dem Meer aufragende Klippen besitzen hingegen überhaupt keine Strandzone. Die himmelstürmenden Felsen auf Virgin Gorda und Aruba scheinen von grimmigen Riesen dorthin geworfen worden zu sein, während sich über andere Inseln sanft gewelltes Weideland und fruchtbare Felder erstrecken.

Weitere Unterschiede bewirkt das Wetter, das von Insel zu Insel anders sein kann, obwohl sie alle in derselben innertropischen Klimazone zwischen dem zehnten und zwanzigsten Breitengrad liegen. Auf bergigen Inseln bilden die Regenwälder feuchtheiße Gebirgszonen, während die Ebenen Sumpfland sind oder – wie auf manchen flachen Inseln – gar zu einer Halbwüste mit Kakteen werden. Entlang seichter Strände weben die salzliebenden Mangrovenbäume ihre Wurzeln zu einem dichten Geflecht, in dem sich angeschwemmtes Treibholz, Seetang oder Kokosnüsse verfangen. Austern setzen sich auf den verfilzten Mangrovenwurzeln fest und helfen so, ein noch undurchlässigeres Netz zu bilden, das jedes kleinste Stück Strandgut festhält. Zentimeter um Zentimeter wird so allmählich die Uferlinie einer Insel neu geformt.

Links: Petroglyphen der Ureinwohner auf St. Vincent.

Foto: Viesti Associates

Die Ankunft des Christoph Kolumbus

Auf der Suche nach dem Seeweg nach Indien verschlug es Christoph Kolumbus 1492 an die Küste einer der Bahamas-Inseln – wahrscheinlich San Salvador, doch erheben auch einige andere Inseln Anspruch auf diese Ehre. Danach kam bald Schwung in die karibische Geschichte.

Nach der Landung auf der Insel Hispaniola ließ Kolumbus aus den Überresten seiner *Santa María*, die Schiffbruch erlitten hatte, notdürftige Unterkünfte errichten, und bei seiner Abreise blieb eine Kolonie von 38 Männern zurück, die das neue Land besiedeln sollten – man hat nie mehr etwas von ihnen gehört. Als Kolumbus 1494 mit 1000 Siedlern, Priestern, Ärzten, Schmieden und Farmern zurückkehrte, wurde die erste Ansiedlung gegründet – und die erste Heilige Messe in der Neuen Welt gelesen. Insgesamt unternahm Kolumbus vier Reisen, und es gibt kaum eine Insel in der Karibik, auf der man nicht eine Gedenktafel gezeigt bekommt, welche die – meist von Souvenirhändlern belagerte – Stelle markiert, an der er an Land gegangen sein soll.

Oben: Kolumbus – kaum ein Eiland der Karibik, das er nicht entdeckte. Rechts: Zeugen der Machtkämpfe europäischer Staaten sind überall zu finden.

Im Jahr 1502 kamen weitere 2000 Einwanderer an, die den Grundstock für die starke spanische Präsenz in der Neuen Welt bildeten. Ihrem Anführer Nicolás de Ovando wird heute die eigentliche Gründung eines neuen spanischen Reiches zugeschrieben, während der Kolumbus-Klan letztendlich blamiert nach Spanien zurückkehrte.

Die Spanier machten sich nun daran, ihre Position auf den Großen Antillen auszubauen, die kleineren Antilleninseln über und unter dem Wind waren für sie von geringem Interesse (mit Ausnahme von Trinidad, das die Spanier bis 1797 besaßen). Meist erinnern nur noch ihre Namen an die spanische Kolonialzeit, doch auch sie wurden verkürzt oder anglisiert. So wurde Santa Cruz zu St. Croix, aus Santa María la

Foto: Peter Purchia (Viesti Associates)

Antigua wurde Antigua und aus Santa María de Guadelupe einfach Guadeloupe. San Cristóbal und San Bartolomé nannte man respektlos St. Kitts und St. Barts, während San Eustacio zu Statia verkürzt wurde. Kolumbus' Concepción wurde zu Grenada, und La Trinidad, die er wegen dreier vom Meer aus erkennbarer Hügel nach der Hl. Dreifaltigkeit benannt hatte (span. *la trinidad*), verlor den Artikel.

Es ist eine Laune der Geschichte, dass die Karibik ihren Namen von indianischen Kannibalen hat und der ganze amerikanische Kontinent seinen von Amerigo Vespucci, dem florentinischen Erforscher der Ostküste Südamerikas; während der Genuese Kolumbus, der Entdecker der Westindischen Inseln, nur Namenspatron eines Landes in Mittelamerika wurde. Der große Entdecker starb 1506, nachdem es ihm nicht gelungen war, seinen vertraglich zugesicherten Anteil an den Profiten aus seinen Entdeckungen vom spanischen König Ferdinand II. zu erhalten.

Barbados ist eine der wenigen Inseln, die Kolumbus nicht betreten hat und die nicht, wie üblich, nach dem Heiligen benannt ist, an dessen Namenstag die Insel entdeckt wurde. Niemand kann genau sagen, ob der Name Barbados irgendetwas mit Bärten zu tun hat (port. *os barbados* = die Bärtigen) – seien es die Bärte der Indianer oder die bartähnlichen Luftwurzeln eines Feigenbaums. Doch in Barbados diskutiert man nur zu gern darüber, und jeder hat seine eigene Theorie. So benannte Kolumbus ja auch Tortuga nach den Schildkröten (span. *tortuga*), die langgezogene Insel Anguilla nach einem Aal (span. *anguila*) und Aruba nach seinen Goldadern (span. *oro* = Gold).

Der Ausgangspunkt für die Ausbreitung der spanischen Macht auf beide Hälften Amerikas war Santo Domingo auf Hispaniola. Hier gab es Plantagen, die von indianischen Sklaven aus der ganzen Karibik bewirtschaftet wurden, und hier versorgten sich die Galeonen mit Proviant für ihre langen Expeditionen nach Nord- und Südamerika. Auch auf der Rückfahrt nach Sevilla stoppten

Foto: Ken Ross (Viesti Associates)

die Schiffe wieder in Santo Domingo – diesmal schwer beladen mit geplündertem Gold vom amerikanischen Festland. So bildete Hispaniola jahrelang das wirtschaftliche Zentrum der Antillen.

Dieses goldene Zeitalter dauerte bis 1521, als Cortés das Gold der Azteken entdeckte und Spaniens Aufmerksamkeit sich nun Mexiko zuwandte. Das spanische Königshaus verlagerte nun seine Interessen von Hispaniola auf das mittel- und südamerikanische Festland – der Anfang des langsamen, aber unaufhaltsamen Niedergangs der spanischen Herrschaft in der Karibik.

Ironischerweise hatten die Spanier in ihrer Gier nach der leichten Beute des Festland-Goldes eine der wenigen reichen Goldadern auf den Inseln übersehen. Zwar wussten sie von ihrer Existenz, hieß die Insel doch deshalb Oro Uba, doch erst 1824 begannen die Holländer damit, auf Aruba Gold zu schürfen. Bis ins 20. Jh. füllte das Erz den holländischen Staatssäckel, und noch heute sind auf der Insel die verwitterten Überreste der Schmelzöfen und verlassene Goldgräberstädte zu sehen.

Oben: Felsgravuren der Ureinwohner bei Boca Onima auf Bonaire.

Gold war ein Fieber, das Menschenleben prägte, Regierungen entstehen und vergehen ließ, sogar einen ganzen Kontinent mit neuen Rassen bevölkerte, während es die Ureinwohner weitgehend vernichtete: Die indianische Bevölkerung der Inseln, die von den Spaniern ihrer Heimat entrissen, versklavt oder abgeschlachtet (oder beides) wurde, verschwand fast spurlos aus der Karibik.

Die Indianer der Kleinen Antillen

Die Frauen von Aruba halten den Bereich um ihre Häuser hermetisch sauber und frei von jeglichem Unrat, Gras und sogar von Blumen. Selbst Zierpflanzen wachsen nicht direkt in der Erde, sondern in Kübeln. Doch die wenigsten Einwohner der Insel wissen, dass diese Sitte ein Erbe der Indianer ist, die den

Boden unbedeckt hielten, um sofort giftige Schlangen oder gefährliche Insekten ausmachen zu können.

Die ersten bekannten Einwohner von Aruba hießen Caiquetios, ein Zweig des friedlichen Ackerbauernvolkes der Arawaks, die bereits jahrhundertelang vor der Ankunft der Konquistadoren Yams-Wurzeln, Tabak, Knoblauch und Mais anpflanzten. Vermutlich waren sie einst in Einbäumen von der nur 27 km von Aruba entfernten venezolanischen Halbinsel Paraguaná gekommen und verbreiteten sich überall in der Region der späteren Niederländischen Antillen. Doch höchstwahrscheinlich blieben sie mit dem Festland in engerem Kontakt als miteinander, da zwischen den Inseln ungünstige Meeresströmungen verlaufen, die auch Aruba lange Zeit isolierten. Nordamerikanische Indianer wanderten zweifellos von Florida aus in der Karibik ein und breiteten sich im Lauf der Jahrhunderte über die Bahamas weiter nach Süden aus. Intensive Forschungen über die Herkunft der Ureinwohner und ihren Weg zu den einzelnen Inselgruppen liegen noch vor den Wissenschaftlern.

Auf Curaçao hat man eine indianische Siedlung entdeckt, die bis in die Zeit um 2540 v. Chr. zurückreicht. Aruba, das wohl zur selben Zeit von verschiedenen Klans desselben Stammes besiedelt war, nimmt eine Sonderstellung ein, da die indianische Bevölkerung dieser Insel bis ins 19. Jh. überlebte. Auf den meisten anderen Inseln verschwanden Abertausende von Arawaks innerhalb weniger Generationen. Man schätzt, dass nach der Ankunft der Europäer in weniger als 100 Jahren etwa zwei Millionen Menschen umkamen. Selbst als die Spanier 1513 in Aruba landeten, um Sklaven für Santo Domingo zusammenzutreiben, riss der Einwandererstrom der Festlands-Indianer auf die Inseln nicht ab. Schließlich brachten sie 1527 einige Indianer von Santo Domingo wieder zurück nach Aruba, wo sie die neu entstehenden Vieh- und Pferdefarmen bewirtschaften sollten. Das ist der Grund, warum auf Aruba, als einer der wenigen Inseln der ganzen Karibik, bis in die moderne Zeit Ureinwohner überlebt haben. Der letzte dieser Indianer soll in den frühen sechziger Jahren des 19. Jh. gestorben sein.

Drei Dinge waren es, die das Leben auf den Antillen vor der Ankunft der spanischen Eroberer formten: der Einfluss der Meeresströmungen, der Kampf um Nahrung und Lebensraum sowie die kriegerischen Auseinandersetzungen zwischen den Arawaks und den wilden Kariben. Mit den Europäern kamen Tod und Sklaverei. Die Indianer, die nicht getötet oder versklavt wurden, starben an europäischen Krankheiten, gegen die sie keine Widerstandskräfte besaßen.

Es gab jedoch einige, die durchhielten. So massakrierten die Kariben 1639 alle englischen Siedler auf St. Lucia und konnten daraufhin die Insel über mehrere Jahrzehnte halten. Der Ort auf St. Kitts, wo Engländer und Franzosen in seltener Eintracht 1629 die Kariben in einer Seeschlacht besiegten, heißt noch heute *Bloody Point* (dt. blutiger Ort). Auf Dominica und St. Vincent trotzten die Kariben den Engländern und Franzosen so hartnäckig, dass die sich 1784 gezwungen sahen, beide Inseln aufzugeben. Deshalb findet man heute die wenigen überlebenden Kariben vorwiegend auf Dominica.

Auf St. Vincent vermischten sich Kariben und schwarze Schiffbrüchige zu einem neuen Volk, das jahrzehntelang einen erbitterten Kampf gegen die Europäer focht. Es gibt heute noch einige *Black Caribs* auf St. Vincent, obwohl die meisten derer, die den letzten erfolgreichen Angriff der Engländer überlebten, per Schiff nach Honduras deportiert wurden.

Der Großteil der Indianer wurde jedoch ausgerottet oder ging in der neuen Bevölkerung auf. Die letzten Indianer auf Grenada stürzten sich in ihrer Verzweiflung von einer Klippe,

Foto: Roland F. Karl

die man heute noch *Carib's Leap* (dt. Kariben-Sprung) nennt. Viele begingen auch dadurch Selbstmord, dass sie rohe Maniok-Wurzeln aßen. Die stärkehaltige Pflanze, die ihr Grundnahrungsmittel war, ist ungekocht hoch giftig.

Felsinschriften aus der Indianerzeit sind noch entlang der Hauptstraße in der Nähe von Romney Manor auf St. Kitts zu sehen, in verschiedenen Höhlen auf Aruba und beim Ort The Fountain auf Anguilla. Karibische Opferaltäre und Felsinschriften haben sich auch auf St. Vincent erhalten, und im archäologischen Museum von Oranjestad auf Aruba kann man Kunsthandwerk der Caiquetios und menschliche Überreste aus Urnengräbern sehen. Einer der bedeutendsten archäologischen Funde der amerikanischen Indianerkultur auf den Antillen ist ein in Stein gehauenes Bildnis einer Fledermaus aus der Zeit um 700 n. Chr. Es wurde in der Nähe des heutigen Flughafens auf St. Vincent gefunden und ist heute in einem kleinen archäologischen Museum in Kingstown zu bewundern. Eine weitere sehenswerte indianische Sammlung befindet sich im Museum von Antigua und Barbuda in St. John's (Antigua). Und auf Martinique wurden 1972 Zähne, Knochen und Perlen von Arawaks ausgegraben, die dort mindestens 500 Jahre vor der spanischen Eroberung gelebt haben müssen.

Obwohl immer wieder interessante Zufallsfunde gemacht werden, weiß man noch sehr wenig über die Völker, die vor der Ankunft des Kolumbus auf diesem Inselparadies lebten. Die meisten ihrer Geheimnisse wird man wohl nie erfahren, doch etwas vom Geist ihrer Kultur lebt fort in den Ortsnamen des ganzen karibischen Raums oder in Arawak-Wörtern wie *hurricane* und *hammock* (dt. Hängematte), die in die englische Sprache Eingang gefunden haben, und nicht zuletzt in den Rhythmen, die in die west-indischen Tänze integriert wurden.

Oben: Auf Dominica leben die letzten Nachfahren der Kariben. Rechts: Alter Haudegen der britischen Krone – Admiral Nelson.

Europa und die Karibik

Mit den europäischen Abenteurern und Soldaten, die die karibische Inselwelt unsicher machten, kamen auch die europäischen Zwiste und Kriege hierher. Und tatsächlich lassen sich die Gewinne und Verluste in den karibischen Kolonien am Aufstieg und Niedergang einiger europäischer Staaten ablesen. Die Profite lagen im Handel mit Gewürzen wie Muskat und Macis (Muskatblüte), Kaffee, Kakao und Zucker, der so teuer war, dass man ihn im Schrank einschloss und nur bei besonderen Anlässen hervorholte. Ein lukratives Nebenprodukt der Zuckerherstellung war Melasse, der Ausgangsstoff für die Rum-Destillation. Doch dieser Boom war abrupt zu Ende, als die Europäer entdeckten, dass sie auch aus ihren heimischen Zuckerrüben Zucker herstellen konnten.

Im 17. Jahrhundert versuchten die Holländer, die gegen die Spanier Krieg führten, ihnen die Insel Curaçao zu entreißen. Dreizehn turbulente Jahre lang durchstreifte eine holländische Flotte aus 800 Kriegsschiffen die Antillen und jagte den Spaniern und Portugiesen eine Beute im Wert von 30 Millionen Pfund ab.

Die Niederlande waren nun eine bedeutende Macht in der Karibik; sie bewaffneten ihre Inseln bis an die Zähne und übertrugen das Kommando dem umsichtigen Peter Stuyvesant, dem späteren Gouverneur von Neu-Amsterdam – heute als New York bekannt.

Horatio Nelson, der die Franzosen von Barbados vertrieb, schrieben die Pflanzer die Rettung ihres Zuckerprofits zu und errichteten ihm zu Ehren in Bridgetown einen Trafalgar Square – Jahre bevor man in London die gleiche Idee hatte. Noch heute trägt die Polizei von Bridgetown Uniformen im Stil von Nelsons Marinesoldaten. Ein Brief, den Nelson mit der linken Hand schrieb, nachdem er seine rechte verloren hatte, ist im Museum auf Nevis zu sehen.

Foto: Traudel Trox

Das von den Engländern kolonisierte Antigua kam kurzzeitig unter die Herrschaft der Franzosen, die es jedoch im Vertrag von Breda 1667 an die Engländer abtraten. Irische Siedler aus St. Kitts übersiedelten wegen der üblichen Auseinandersetzungen zwischen Protestanten und Katholiken um 1630 nach Montserrat, wo es deshalb bis Mitte 1994 noch zahlreiche *McSomeones* und *O'Somebodies* gibt – und den Vulkan Galway Soufrière, der nach der irischen Stadt Galway benannt wurde.

Die Franzosen eroberten die Insel St. Barts von den Malteser-Rittern, traten sie aber schon 1784 im Austausch gegen das Ankerrecht im Hafen von Göteborg an Schweden ab. Obwohl die Insel 1877 wieder französisch wurde, heißt ihre Hauptstadt noch immer Gustavia nach dem schwedischen König, und nicht wenige Bewohner haben blonde Haare und blaue Augen wie ihre skandinavischen Vorfahren.

Während des amerikanischen Unabhängigkeitskrieges waren die französischen und holländischen Inseln der

Foto: Viesti Associates

Antillen den amerikanischen Rebellen überwiegend wohlgesonnen. So war Sint Eustatius der Stapelplatz für Versorgungsgüter auf ihrem Weg von den europäischen Freunden zu George Washingtons Miliz. Die Ruinen der Vorratshäuser für Schießpulver und Musketen sind noch zu sehen. Washington hatte die Karibik schon früher kennen gelernt, als er seinen Bruder nach Barbados begleitete, der sich dort von einer Tuberkulose-Erkrankung erholen sollte. Während seines Aufenthaltes erkrankte Washington an Pocken, deren Narben ihn zeitlebens entstellten. Vermutlich aber erwarb er sich damit eine Immunität, die ihn später, als eine Pockenepidemie in seiner Armee wütete, vor einer weiteren Infektion schützte.

Beinahe alle Inseln, besonders natürlich die amerikafreundlichen, behaupten von sich, den ersten Salut

Oben: Auch Niederländer beteiligten sich am karibischen Machtpoker. Rechts: Im Musée de la Canne (Martinique) erstrahlt noch der alte Glanz der Rohrzuckerherstellung.

abgefeuert, die erste Flagge gehisst zu haben oder in irgendeiner Weise unter den ersten gewesen zu sein, die die Vereinigten Staaten nach Erklärung ihrer Unabhängigkeit von England im Jahr 1776 anerkannten. Offiziellen Anspruch aber erheben die Einwohner von Sint Eustatius, wo eine Tafel am Fort Oranje an den „ersten Salut für die Flagge der Vereinigten Staaten" erinnert. Doch die Rache der Briten ließ nicht auf sich warten. 1781 belagerte eine englische Flotte die neutrale Insel und zerstörte ihre Hauptstadt Oranjestad.

Trinidad war zunächst verschiedentlich von Niederländern, Franzosen und Briten überfallen worden, bis 1783 eine königliche Proklamation Spaniens jedem Mitglied der römisch-katholischen Kirche Land auf Trinidad versprach. Daraufhin strömten zahllose Katholiken aus der ganzen Karibik nach Trinidad, um sich dann nach dem Vertrag von Amiens 1802 schließlich unter britischer Herrschaft wiederzufinden.

Um Dominica hatten Engländer und Franzosen so viele Kämpfe ausgefochten, dass die Kariben sie *Watukubuli* – Ort der zahlreichen Schlachten – nannten. Die Franzosen verkauften die Insel schließlich für 12 000 Pfund Sterling an die Engländer, freilich erst, nachdem sie ihre Hauptstadt Roseau niedergebrannt hatten.

Die europäischen Staaten benahmen sich wie eine Meute räudiger Köter, die die kleinen Inseln wie einen leckeren Knochen unter sich hin- und herzerrten. So wechselte die Insel St. Lucia 14 Mal den Herrn und Sint Maarten gar 16 Mal, bevor es endgültig zu den Niederlanden gehörte. Den absoluten Rekord in dieser Hinsicht hält jedoch Sint Eustatius, das den Besitzer 32 Mal wechselte!

Barbados bildet praktisch die einzige Ausnahme. Da es so weit östlich liegt, wurde es nicht von Kolumbus, sondern zuerst von den Portugiesen entdeckt, die auf ihrem Weg nach Brasilien hier vorbeikamen. Seit 1625 siedelten Engländer auf der Insel, die auch nach ihrer

Foto: Valentin (Viesti Associates)

Unabhängigkeit im Commonwealth blieb.

Die europäischen Konflikte wurden hier in Übersee durch zusätzlichen Zündstoff – Sklavenaufstände, Skandale und Unabhängigkeitskriege in der Karibik – noch weiter geschürt. Das Ergebnis war eine brisante Mischung aus Intrigen und Freibeuterei, die bis zum heutigen Tag Spuren hinterlassen hat. Für den Welthistoriker sind dies lediglich Randerscheinungen auf der Bühne der europäischen Geschichte mit ihren Kriegen und Verträgen. Doch der moderne Reisende begegnet den Auswirkungen noch allenthalben: in der großen Vielfalt der Sprachen, der Kleidung, des Essens und der Denkungsart.

Man kann die Karibik ein Leben lang bereisen und wird auch dann noch jede Insel anders als die andere und auf ihre ganz eigene Art reizvoll finden. Je mehr man aber über die Geschichte und Geschichten, Gebräuche und Eigenheiten der jeweiligen Insel erfährt, desto bereichernder wird eine solche Reise sein – für alle Beteiligten.

Seeräuberherrschaft in der Karibik

Jahrhundertelang wurden die Antillen von den Flotten marodierender Bukaniere, Seeräuber, Freibeuter und Piraten beherrscht und terrorisiert. Doch da gibt es einen Unterschied: Genaugenommen ist ein Seeräuber, Pirat oder Bukanier ein gesetzloser Plünderer, der sich keinem Land zugehörig fühlt. Ein Freibeuter oder Korsar hingegen war von seiner Regierung beauftragt, die Handelsschiffe feindlicher Nationen zu überfallen. Und so war ein Freibeuter der Nationalheld des einen Landes und der Pirat der böse Feind des anderen. John Hawkins, Thomas Cavendish und Francis Drake wurden von Königin Elizabeth I. zu Rittern geschlagen, weil sie spanische Schiffe gekapert hatten. Francis Le Clerc wurde von Heinrich II. für die Plünderung von Cartagena geadelt.

Auch amerikanische Kaufleute beteiligten sich an diesem profitablen Geschäft, nahmen Korsarenschiffe in ihre Dienste und verkauften die Beute der

Foto: Duncan Walker (iStockphoto)

Piraten. Vom holländischen Freibeutertum zeugt schließlich der berüchtigte Piet Heyn, dessen Auftraggeber den saftigen Anteil von 50 % Dividende auf ihre Investitionen bekamen.

In Frankreichs Diensten standen zeitweise bis zu 40 Korsaren, die Jagd auf spanische Schiffe machten. Doch nach dem Friedensschluss mit Spanien spielte Frankreich als Seeräubermacht keine bedeutende Rolle mehr. Die englischen Filibuster blieben hingegen bis zum bitteren Ende dabei, und sei es nur aus Freude an der Beute. Die Unterschiede zwischen dem ehrenwerten, gefeierten Korsaren und dem geächteten Piraten verschwammen, und die meisten waren wohl ein bisschen von beidem. Sie besaßen einen eigenen Ehrenkodex, demzufolge die Beute immer gewissenhaft geteilt wurde. Das meiste wurde jedoch sofort „umverteilt": nämlich in die Taschen der Rumhändler, Spieler und Hafendirnen.

Einmal, als Francis Drake eine besonders reiche Beute aufteilte, griff er tief in die Schatztruhen und gab jedem seiner Männer 16 Schüsseln voll Silber und Gold. Seinen bedeutendsten Fang aber machte er in Panama, als er eine Karawane von 20 Maultieren überfiel, die eine Ladung Gold und Smaragde für die spanische Flotte transportierte. Drake war bei seinen Leuten bekannt dafür, gerecht zu teilen, und mancher aus seiner Mannschaft konnte sich später als reicher Mann zur Ruhe setzen. Die Seeräuberei war eine große Versuchung für Männer, die in Europa arme Schlucker gewesen waren.

Jedes Schulkind hat vom Untergang der Spanischen Armada 1588 gehört, doch kaum einer weiß, dass die erste Armada nicht zusammengestellt wurde, um den Ärmelkanal zu überqueren, sondern um Sir Francis Drakes nicht endenwollende Erfolge in der Karibik und in Mittelamerika zu stoppen. Der bekam indes Wind von der Sache und

Oben: Englische Freibeuter kommandiert von Francis Drake attackieren eine spanische Galeone. Rechts: Manche Nachfahren von Sklaven leben noch in bescheidenen Quartieren (Roseau, Dominica).

ließ die gesamte Flotte in Brand stecken, während sie in Cadiz vor Anker lag. Das Ganze geschah so schnell und mit solcher Gerissenheit, dass der spanische Admiral einen Schock erlitt und starb. Sir Francis aber hatte damit die spanische Marine für die nächsten drei Jahre außer Gefecht gesetzt.

Kapitän Kidd gab seinen Männern sogar einen ausführlichen Vertrag, und auch andere Piraten stellten Kontrakte aus, die sich gewöhnlich an den offiziellen Kaperbriefen orientierten, die die Korsaren von ihrer Regierung erhielten. Selbst die einfachsten, ungebildetsten Mannschaften erhielten so das verbriefte Recht auf Entschädigung, falls sie im Kampf einen Arm oder ein Bein verloren. Daneben wurden aber auch äußerst qualvolle Strafen für Ungehorsam, Feigheit, Desertieren oder Meuterei angesetzt. Prügelstrafen waren häufig, schwer und mitunter tödlich.

Der Ehrenkodex erstreckte sich nur selten auf das schöne Geschlecht, aber es gibt eine wahre Geschichte, die sich wie ein Hollywood-Drehbuch liest. Nach einem erbitterten Gefecht ließ Kapitän Henry Jackson die *John and Jane*, die vor Swan Island ankerte, entern. Als er bemerkte, dass einer seiner Männer versuchte, eine Dame zu vergewaltigen, zog er seine Pistole und kam ihr zu Hilfe. Sie wurde freigelassen und kehrte nach Jamaika zurück.

Henry Morgan verärgerte die Spanier damit, dass er beim Angriff auf Portobello Nonnen und Priester als menschliche Schilde benutzte. Eine Protestnote bei der englischen Königin war die Folge. Elizabeth I. beorderte ihn nach London, warf ihn der Form halber in den Kerker und erhob ihn dann als Sir Henry Morgan in den Adelsstand, um ihn danach als Gouverneur nach Jamaika zurückzuschicken. Seine Glückssträhne hielt bis zu seinem Ende an, denn er starb friedlich im Bett – vier Jahre, bevor ein Erdbeben und eine Flutwelle Port Royal zerstörten und seine Bewohner ins Meer schwemmten.

Foto: Christian Heeb

Sam Lord machte ein Vermögen als Landpirat, indem er an der tückischen Küste von Barbados irreführende Leuchtzeichen gab. Vorbeisegelnde Schiffe hielten die Lichter für Leuchtfeuer und liefen geradewegs auf die zerklüfteten Riffe auf. Lord tötete jeden, der nicht das Glück gehabt hatte, mit seinem Schiff unterzugehen, und machte genügend Beute, um sich einen luxuriösen Ruhesitz zu schaffen, der noch immer als *Sam Lord's Castle* bekannt ist. Heute gehört es zu einer eleganten Ferienanlage.

Einer der legendären Seeräuber dieser Zeit war Blackbeard (nicht zu verwechseln mit Bluebeard), der einen Bart aus stacheligen Zöpfen trug. Es heißt, er habe Zündschnüre in den Bart hineingeflochten, um sich ein noch furchterregenderes Aussehen zu geben, und sie zuweilen auch angezündet.

Schließlich war es ein Pirat, der die Seeräuberei beendete. Woodes Rogers, ein englischer Held, der Guayaquil (Ecuador) erobert und Schätze im Wert von Hunderttausenden von Pfund erbeutet

Foto: Christian Heeb

hatte, war von den Engländern beauftragt worden, die Meere ein für allemal von Seeräubern zu befreien. Da Nassau nach der Zerstörung von Port Royal neuer Schlupfwinkel der Piraten geworden war, schickte man ihn als Gouverneur auf die Insel New Providence. Viele Piraten fürchteten und bewunderten Rogers so sehr, dass sie sich ihm anschlossen. Seither lautet das Motto der Bahamas: *Wer Piraten vertreibt, bringt den Handel zurück.*

300 Jahre Sklaverei

Sklavenhaltung – abgesehehen von Sudan, Mauretanien oder dem armen Haiti, wo 300 000 Kinder quasi als Haussklaven ausgebeutet werden, in der heutigen Welt eigentlich undenkbar, war im 16. Jh. weder in der Neuen Welt ungewöhnlich noch in Europa, wo es damals noch Leibeigenschaft gab. Und schon lange bevor Kolumbus die Westindischen Inseln für Spanien beanspruchte, hatten Kariben Jagd auf die friedliebenden Arawaks gemacht, deren Männer im Kampf getötet und die Frauen skrupellos versklavt.

Von dem Zeitpunkt an, als die spanischen Eroberer die Inseln betraten, wurde die Sklavenhaltung der Schlüssel zu einem Wirtschaftssystem, das auf der billigen Arbeit Leibeigener basierte. Arawaks und Kariben waren die ersten Sklaven, und man verfrachtete sie zu Tausenden auf andere Antillen-Inseln oder nach Santo Domingo, wo die ersten Plantagen florierten. Innerhalb weniger Jahrzehnte stieg der Bedarf an Sklaven derart, dass sich ein lebhafter Handel mit Afrikanern entwickelte. Tausende von Schwarzen – auf dem Höhepunkt des Sklavenhandels waren es 75 000 im Jahr – wurden von holländischen und englischen Sklavenhändlern von der afrikanischen Westküste abtransportiert. Manche von ihnen hatte man regelrecht erjagt, andere von

Oben: Werkzeuge der Versklavung im Kura Hulanda Museum, Willemstad, Curaçao. Rechts: Ihre Vorfahren kamen möglicherweise einst in Ketten in die Neue Welt.

Foto: Boisberranger (Viesti Associates)

afrikanischen Kriegsherren gekauft, die traditionsgemäß ihre besiegten Gegner versklavten. Weitere Sklaven kamen aus England, wo unter Cromwells Herrschaft Katholiken und politische Gefangene auf die Antillen verkauft wurden. Und schließlich wurden auch unschuldige Reisende, die Piraten in die Hände gefallen waren, verkauft.

Es heißt, auf Barbuda habe einst ein Mann namens Codrington gelebt, der Sklaven für die harte Landarbeit züchtete und dabei so strenge Auswahlkriterien an den Stammbaum legte wie ein Pferde- oder Hundezüchter. Codrington ist heute übrigens nicht nur der Name der Hauptstadt, sondern auch der häufigste Familienname auf Barbuda.

Doch nicht einmal diese eiskalt kalkulierte Menschenzucht war neu auf den Inseln: Lange bevor die Weißen hierher kamen, hatten die Kariben die besten Frauen der gefangenen Arawaks ausgewählt, um mit ihnen die nächste Generation von Kriegern zu zeugen.

Vermutlich wird man nie erfahren, wieviele Sklaven auf der Überfahrt von Afrika starben oder einfach verschwanden. Einige Inseln der Karibik sollen zunächst von Schwarzen besiedelt worden sein, die man bei Ausbruch einer Epidemie unbarmherzig über Bord geworfen hatte. Diejenigen, die sich an Land retten konnten, überlebten in der Wildnis und blieben frei. Auf manchen Inseln wurden auch Sklaven von gekaperten Schiffen freigelassen.

Um 1830 war bei den Briten die Stimmung gegen die Sklaverei so leidenschaftlich geworden, dass sie nicht nur ihre eigenen Sklaven freiließen, sondern auch noch Schiffe losschickten, um die Sklavenfrachter anderer Nationen zu kapern und deren Gefangene zu befreien. Unglücklicherweise florierte parallel dazu ein schwunghafter Handel mit befreiten Sklaven, die wieder eingefangen und auf den so genannten *Blackbird Hunters* (dt.: Amseljäger) zu anderen Inseln verfrachtet wurden, wo die Sklaverei noch legal war.

Es waren Jahrhunderte voll unglaublicher Grausamkeit und Opportunismus – nur gelegentlich von seltenen Fällen

Foto: Judith Lienert (Shutterstock)

von Nächstenliebe und Gerechtigkeit abgemildert. Auf Barbados, wo die verschiedenen Rassen seit langem friedlich zusammenlebten, sprachen die Plantagenbesitzer in liebevoller Weise von „den Schwarzen, für die wir in besonderer Weise sorgen sollten, denn wir leben von ihrer Hände Arbeit".

Eine andere recht traurige, angeblich ebenfalls wahre Geschichte erzählt man sich von Thomas Inkle, der im Jahr 1647 Schiffbruch erlitt. Er und noch weitere Überlebende konnten sich an die Küste einer Insel retten, wurden jedoch von Indianern angegriffen, die alle außer Inkle töteten. In einer Höhle versteckt, wurde er von einem Indianermädchen gesundgepflegt. Die beiden verliebten sich ineinander, und Inkle versprach dem Mädchen ein Leben in Samt und Seide. Als sie später nach Barbados segelten, änderte Inkle allerdings abrupt seine Meinung. Die Indianerin, die ihm in der Wildnis so liebreizend erschienen war, wirkte hier längst nicht mehr so anziehend auf ihn, als er sie mit den rosenwangigen jungen Engländerinnen auf Barbados verglich. Und so verkaufte er sie kurzentschlossen als Sklavin.

Oben: Sklavendenkmal auf Martinique (Lanse Caffard). Rechts: Moderne, emanzipierte Nachfahrin unfreiwillig in die Karibik gekommener Afrikaner.

Eine andere wahre und bestürzende Geschichte handelt von Arthur William Hodge aus Tortola, der einen seiner Sklaven aus Wut darüber tötete, dass er bei der Behandlung eines Mangobaumes nicht genügend Sorgfalt erkennen ließ. Obwohl Hodge von vornehmer Herkunft war und ausgezeichnete Verbindungen besaß, wurde er vor Gericht gestellt und 1811 gehängt. Zu seiner Verteidigung führte er zuvor noch die damals weit verbreitete Ansicht an, dass ein Sklave persönliches Eigentum sei, mit dem man nach Belieben verfahren durfte. Die Anklage aber stützte sich, beeinflusst von der liberalen Stimmung in England, vor allem darauf, dass auch ein Sklave zuallererst ein Mensch sei, der nach englischem Gesetz vor grausamer Behandlung geschützt werden müsse.

Sklavenaufstände

Während der Zeit der Sklaverei herrschte ein unsicherer Friede zwischen Herr und Diener; es genügte bereits das Gerücht von einem Sklavenaufstand, um die Plantagenbesitzer in Angst zu versetzen. So wurden 1801 nach einem Aufstand auf Tobago 39 Sklaven gefangengenommen, und der Gouverneur ließ einen nach dem anderen aufhängen. Später wurde bekannt, dass das Ganze inszeniert gewesen war, um die angespannte Lage zu beruhigen. In Wirklichkeit war nur ein einziger Mann, der Anführer, gehängt worden – doch das 39 Mal.

1733 brach auf der Insel St. John eine Revolte los. Die Sklaven gingen mit Macheten auf die Weißen los, töteten 50 Menschen und kontrollierten sechs Monate lang die Insel.

Einer der blutigsten Aufstände ereignete sich auf St. Vincent, dessen Einwohner, die Black Caribs, aus der Vermischung von einheimischen Kariben mit den dunkelhäutigen Überlebenden eines 1675 gestrandeten Sklavenschiffes hervorgegangen waren. 1795 verbündeten sie sich mit den Franzosen und erhoben sich gegen die Engländer. Doch der Aufstand wurde grausam niedergeschlagen, und mehr als als 5000 schwarze Kariben wurden in die Sklaverei nach Honduras deportiert.

Die Aufhebung der Sklaverei fand auf den Inseln zu verschiedenen Zeiten statt. Nach der französischen Revolution, deren Ideale dem Prinzip der Leibeigenschaft klar widersprachen, befreite man auf Haiti die Sklaven bereits 1793, zunächst allerdings nur vorübergehend. Ein Jahr später ließ der französische Gouverneur von Guadeloupe die Sklaven frei und zudem viele ihrer ehemaligen Besitzer hinrichten. Doch mit dem nächsten Gouverneur, ausgewählt von Napoleon, kehrte 1802 auch hierher die Sklaverei zurück, bis sie 1848 endgültig abgeschafft wurde.

1834 erreichte die Sklavenbefreiung

Foto: m-imagephotography (iStockphoto)

die britischen Inseln. St. Vincent und Jamaika schafften die Sklaverei 1838 ab, die amerikanischen Jungferninseln erst 1848, und 1863 folgten die Niederländischen Antillen.

Noch 20 Jahre nach dem Ende der Sklaverei kam es auf Tortola zu einer letzten schweren Revolte, nachdem ein Weißer einen Schwarzen beleidigt hatte. Dabei wurden Dörfer und Plantagensitze geplündert sowie Zuckerrohrfelder in Brand gesetzt, und1893 gab es nur noch zwei Weiße auf dieser Insel.

Die Abschaffung der Sklaverei beendete jedoch nicht die Nachfrage nach billigen Arbeitskräften, und die Kleinen Antillen erlebten im 19. Jh. Einwanderungswellen aus dem Orient. Noch 1914 ließen Plantagenbesitzer auf Trinidad Kontraktarbeiter aus Indien einführen.

Vom 19. ins 20. Jahrhundert

Das Auf und Ab der spanischen Herrschaft auf den Antillen endete mit dem Spanisch-Amerikanischen Krieg zu Beginn des 20. Jh. Bereits 1865 hatten die

Foto: Traudel Trox

spanischen Truppen Santo Domingo verlassen, und auch von Kuba mussten sie ihre Armee zurückziehen. Im Rahmen der Friedensverhandlungen wurde Puerto Rico an die USA abgetreten.

Ungeachtet der Tatsache, dass viele kleinere Inseln gar nicht imstande wären, ihre Bevölkerung zu ernähren oder sich im Kriegsfall aus eigener Kraft zu verteidigen, lautete die Hauptforderung im 20. Jh.: politische Unabhängigkeit. Zunächst war es die Unabhängigkeit von Europa, doch dann lösten sich die Inseln nach und nach auch voneinander. So scherte Anguilla aus der Föderation mit St. Kitts und Nevis aus, bald nachdem die drei Inseln ihre Unabhängigkeit von England erhalten hatten.

Innerhalb des Commonwealth bilden Antigua und Barbuda seit 1981 eine politische Einheit, während die Inseln Dominica, St. Lucia und St. Vincent sowie die Grenadinen und Barbados das Ziel der Unabhängigkeit erreicht haben.

Oben: Auf Guadeloupe dampfte eine der ersten Zuckerrohrbahnen. Rechts: Wahlkampf auf bemalten Hauswänden.

Von allen karibischen Inseln ist Trinidad die einzige, die vom Tourismus bislang weitgehend unabhängig blieb, denn Trinidad besitzt reiche Öl- und Asphaltvorkommen sowie Raffinerien. Darüber hinaus ist die Inselrepublik die Heimat des berühmten und in großen Mengen exportierten *Angostura Bitter*.

Die Vulkaninsel Montserrat, von der nach Ausbrüchen in den 1990ern über 70 % der Bevölkerung emigrierten, ist noch heute britische Kronkolonie.

Eine Besonderheit ist die winzige, halb niederländische, halb französische Insel Sint Maarten / Saint Martin. Man kann hier auf der einen Hälfte mit dem Karibischen Gulden (bzw. Dollar), auf der anderen mit Euro bezahlen.

Frankreich ist in der Karibik besonders lebhaft präsent. Die Französischen Antillen – Saint-Barthélemy, Saint- Martin, Guadeloupe und die Insel Martinique blieben nach dem Zweiten Weltkrieg allerdings keine Kolonien, sondern erhielten den Status von Übersee-Départements.

Foto: Robert Batschari

Die Neuzeit

Nur historisch besonders Interessierte werden sich bemühen, die wechselnden politischen Bündnisse zwischen den Inselstaaten nachzuverfolgen. Doch jedermann wird sich an der warmherzigen Gastfreundschaft auf allen Inseln erfreuen.

Während des 2. Weltkriegs blieben auch die Kleinen Antillen nicht unberührt von dem Aufruhr, der die ganze Welt erschütterte. Vor den Inseln tobten Seeschlachten, und 1942 wurden bei St. Lucia zwei Schiffe torpediert. Als ein deutsches U-Boot vor Aruba von der holländischen Marine gestellt wurde, versenkte der Kapitän es lieber, als sich zu ergeben. Deutsche Kriegsgefangene internierte man auf Bonaire.

Auf jeder Insel, auf der es genügend ebenes Land gab, wurden Start- und Landebahnen gebaut, und man baggerte Häfen für Kriegsschiffe aus. Auf Aruba und Trinidad arbeiteten die Raffinerien mit voller Leistung, um die Alliierten mit genügend Treibstoff zu versorgen. Bauxit aus Jamaika wurde zur Aluminiumherstellung nach Kanada verschifft, und überall auf den Plantagen arbeiteten die Menschen doppelt hart, um von Sisal bis zu Bananen alle möglichen Versorgungsgüter zu produzieren.

Die Bewohner der Inseln meldeten sich, um für ihre Mutterländer, allen voran für England, in den Krieg zu ziehen. Die französischen Inseln Guadeloupe und Martinique standen zunächst auf der Seite des Vichy-Regimes und wurden deshalb auch von den Alliierten mit einer Blockade belegt. Doch noch rechtzeitig vor Kriegsende wechselten sie auf die Seite des freien Frankreichs.

Der Zweite Weltkrieg brachte manchen Inseln großes Elend, anderen hingegen ungeahnten Reichtum, nicht als Boom der eigenen, einheimischen Wirtschaft, sondern vielmehr in Form von teuren Hafenanlagen, Ölförderanlagen und Raffinerien (wie auf Trinidad) sowie großen Flughäfen, die später die Basis für den modernen Tourismus bildeten.

Einige Inseln, die gezwungen waren,

Foto: J. Bravo (Viesti Associates)

eigenständige Industrien aufzubauen, da die Mutterländer während des Krieges keine Waren mehr liefern konnten, sind heute noch in manchen Produktionszweigen Selbstversorger.

Im April 2009 trafen sich in Port-of-Spain, Trinidad, 34 Regierungschefs der „Organisation Amerikanischer Staaten" (OAS). Barack Obama entsprach dabei der von fast allen karibischen Staaten erhobenen Forderung einer Entschärfung der Sanktionen gegen Kuba. St. Kitts unterzeichnet am 31.8.2015 den Foreign Account Tax Compliance Act (FACTA). Die Konten von US-Bürgern werden transparent.

Der Fluch der Hurrikane

Wer die Antillen bereist, wird bald feststellen, dass Hurrikane dort mehr als nur ein meteorologisches Phänomen darstellen. Sie sind untrennbar mit dem gesamten Leben auf den Inseln und ihren Überlieferungen verknüpft. Auf weit abgelegenen Inseln, wo die Menschen wenig Zeitgefühl besitzen, datieren sie wichtige Ereignisse wie den Tod der Mutter, die Geburt eines Kindes oder den Bau eines Hauses nach Hurrikanen. So sagen sie etwa: „Es war zwei Jahre nach dem Großen Sturm."

Oben: Auftritt zur Miss-Wahl. Rechts: Der Vulkan Soufrière auf der Insel Montserrat stellt noch immer eine Bedrohung dar.

Große Stürme hat es viele gegeben, doch da sie die Inseln nach keinem berechenbaren Schema überfallen, kann es sein, dass die eine Insel stark verwüstet wird, während die Nachbarinsel völlig verschont bleibt. Nur wenige Wirbelstürme erstreckten sich über das gesamte Gebiet der Antillen, und so hat beinahe jede Insel ihre eigenen Hurrikan-Erinnerungen.

In den 1930er Jahren fegte ein Hurrikan über die weniger bekannte Insel Cayman Brac und riss jeden Baum, jedes Gebäude und jeden Meilenstein auf der Insel mit sich fort. Als die völlig benommenen Überlebenden aus den Höhlen krochen und dorthin zurückgingen, wo einst ihre Häuser gestanden hatten, konnten sie kaum mehr Grundstücksgrenzen ausmachen. Viele verließen die Insel.

Im 20. Jh. gab es viele verheerende Stürme, darunter 1956 Betsy, 1966 Ines, 1976 David, 1988 Gilbert, 1989 Hugo, 1998 Georges. Und 2008 zog dann Omar über die Anegada-Passage bei den Jungferninseln hinweg. Seltsamerweise gibt es Inseln, die über mehrere Generationen keinen Orkan erlebt haben, so dass dort die Erinnerungen daran allmählich verblassen. So werden dann einschlägige Bauvorschriften umgangen oder ignoriert. Schutzmaßnahmen – äußere wie innere – werden nur noch in geringem Ausmaß getroffen.

Und dann kommt doch wieder ein großer Sturm wie Janet, der einst 1955 Grenada dem Erdboden gleichmachte, oder Hugo, der 1989 mit einer Windgeschwindigkeit von bis zu 320 km/h Montserrat und die Virgin Islands völlig verwüstete. Danach ist das Entsetzen

Foto: Michael Utech (iStockphoto)

groß, und jedesmal wird eine neue Legende aus Schrecken, Trauer und tiefem Schmerz geboren, die von Generation zu Generation weitergegeben wird.

Vulkanismus in der Karibik

Ebenso dramatisch, wenn auch weniger häufig sind Erdbeben und Vulkanausbrüche auf den Kleinen Antillen. Beispielsweise erschütterte 1692 ein Erdbeben Port Royal, den Schlupfwinkel der Piraten auf Jamaika, und der größte Teil der Stadt versank im Meer. Viele wollten darin eine Art biblischer Strafe für das sündhafte Leben und Treiben in der Hafenstadt sehen. 2000 Menschen und Tausende von Gebäuden, nicht zu vergessen die Millionen von Goldstücken in den Schatztruhen der Piraten, versanken in der Tiefe des Hafens.

Als 1902 der Inselvulkan Soufrière auf St. Vincent ausbrach, wurden 2000 Menschen getötet. Wenige Tage später ereignete sich eine noch schrecklichere Katastrophe: beim Ausbruch des Mont Pelée auf Martinique kamen innerhalb weniger Minuten 29 000 Menschen um, und die Stadt St. Pierre verschwand von der Landkarte. Überreste, die an diese Katastrophe erinnern, sind in einem Museum zu besichtigen, das dort errichtet wurde, wo sich vormals die Stadt befand.

Obwohl die verheerenden Eruptionen des Soufrière-Vulkans auf der Insel Montserrat (1995-1997) inzwischen bereits etliche Jahre zurückliegen, sind sie dennoch allenthalben in schlimmer Erinnerung. Pyroklastische Ströme und Ascheregen haben – im Medienzeitalter „live" dokumentiert – den Großteil des zuvor paradiesisch schönen Eilands innerhalb von nur zwei Jahren verwüstet und auf lange Zeit nahezu unbewohnbar gemacht. Die Serie von Ausbrüchen des Soufrière-Vulkans löschte die Inselhauptstadt Plymouth vollständig aus und trieb mehr als 8000 Einheimische ins Exil auf die benachbarten Antilleninseln und nach Großbritannien. In den Jahren 2008 und 2010 spuckte der Berg dann wieder Feuer, was eine Rückkehr der Geflohenen zusätzlich erschwerte.

Foto: Robin Daniel Frommer

KULTUR

Zwischen Anguilla und Trinidad liegen nahezu 1000 Kilometer, und das meiste davon ist Wasser. Doch es gibt wohl auf der ganzen Welt kaum eine Urlaubsregion, die auf so kleinem Raum soviel Abwechslung und Vielfalt bietet wie die Kleinen Antillen. Die Landschaften, Kulturen und Menschen dieses Inselparadieses scheinen anfangs ähnlich, sind aber bei näherer Betrachtung doch ganz unterschiedlich.

In nahezu jeder größeren Stadt auf den Antillen lebt eine orientalische Gemeinde. Doch das lebendigste, bunteste Völkermosaik findet man wohl auf Trinidad, wo es Chinesen, Hindus und Moslems indischer Abstammung sowie Afrikaner gibt. Zum Glück trägt der ethnische Pluralismus der Inseln im allgemeinen mehr zur Stabilität als zum Separatismus bei. Obwohl es natürlich auch hier zu einzelnen Konflikten zwischen Weißen und Farbigen, Christen, Hindus und Moslems oder Arbeitnehmern und Arbeitgebern kommt, sind die Kleinen Antillen eher Orte erstaunlicher Friedfertigkeit als brodelnde Unruheherde.

Karneval und Feste

Zum Brodeln kommen die Inseln nur während des Karnevals. Und der findet zu verschiedenen Zeiten statt. Auf den katholischen Inseln sowie auf den ehemals holländischen Inseln Aruba, Bonaire und Curaçao feiert man vor der Fastenzeit Karneval, der auf den Französischen Antillen *Vaval*, auf den anderen *Carnival* genannt wird. Auf Martinique bricht er an den Wochenenden zwischen Neujahr und Aschermittwoch aus, während man in Saint-François auf Guadeloupe die *Fête de Saint-François* im Oktober ähnlich hingebungsvoll feiert.

Foto: Viesti Associates

Links: Eine schöne Drummerin im Karneval. Rechts: Im Karneval sind Elemente aus dem Brauchtum afrikanischer Sklaven, asiatischer Lohnarbeiter sowie europäischer Kolonisatoren verschmolzen.

Trinidads Karneval übertrifft den der anderen Inseln und erreicht seinen fulminanten Höhepunkt in den farbenprächtigen Umzügen am *Mardi Gras*, unserem Faschingsdienstag. Die muslimische Bevölkerung Trinidads feiert im Monat *Muharram* das *Hosay*-Fest, und ebenfalls in dieser Jahreszeit findet kurz vor dem spanischen Weihnachtsfest *Parang* das hinduistische Lichterfest *Divali* statt (s. S. 38). Außerdem gibt es auf Tobago am Dienstag nach Ostern noch das etwas raue, aber humorige Ziegen- und Krabbenrennen-Fest.

Die englischen Inseln feiern jeweils zu ganz unterschiedlichen Zeiten ihren farbenfrohen Straßenkarneval. So fällt der Karneval auf Anguilla auf den Feiertag der Sklavenbefreiung im August; die Inseln Saba, Barbuda und Antigua feiern ihn im Juli; Barbados, St. Vincent und die Grenadinen haben ihren Karneval vom Faschingswochenende vor der Fastenzeit auf Ende Juni/Anfang Juli

Foto: Viesti Associates

verlegt – eine gute Zeit für einen Urlaub auf den Inseln, da die Hotels im Sommer ihre Preise reduzieren. Ende Dezember feiert St. Kitts seinen sehenswerten Karneval, der ursprünglich aus den *Christmas Sports*, die nach der Zuckerrohrernte abgehalten wurden, hervorging.

Während die Bewohner von Bonaire im Februar ihr Erntefest *Simadan* feiern, ist der Karneval das Frühlingsfest der amerikanischen Virgin Islands. Die lokale Kuriosität ist nur noch selten zu sehen: *Moco Jumbies*, kostümierte Stelzenläufer, die trotz ihrer bis zu 4 m hohen Stelzen mit irrwitzigen Verrenkungen zur mitreißenden Karnevalsmusik tanzen.

Im Festkalender einer Insel stehen meist auch die Nationalfeiertage all der anderen Inseln, denn für eine Party oder einen spontanen Umzug durch die Straßen ist man in der Karibik immer zu haben. Bevorzugte Termine sind der amerikanische und der französische Nationalfeiertag (am 4. und 14. Juli).

Auch wenn sie weniger formell als die offiziellen Karnevalsveranstaltungen mit ihren kunstvollen, aufwendigen Kostümen sind, so sind die traditionellen freitäglichen Straßenfeste in Gros Islet (auf St. Lucia) mittlerweile doch ein absolutes Muss – für Touristen und Einheimische gleichermaßen. Bringen Sie ein bisschen Appetit und Rhythmus-Gefühl mit, und tauchen Sie einfach ein in die dunklen Straßen mit den duftenden Imbissbuden, der ohrenbetäubenden Musik und dem feucht-fröhlichen Durcheinander.

Ob Sie bei den örtlichen Festen dabeisein wollen oder ihnen aus dem Weg gehen, erkundigen Sie sich in jedem Fall nach den Terminen, an denen die ganze Insel außer Rand und Band gerät.

Oben: Karneval – entfesselte Fantasie und Musikalität. Rechts: Beim großen Karneval in Port of Spain auf Trinidad.

Musik und Tanz

Schon lange bevor die Spanier kamen, waren Musik und Tanz Teil der

Foto: MaestroBooks (iStockphoto)

Indianerkultur auf den Antillen. Die Arawaks kannten keine Saiteninstrumente; sie untermalten ihre Feste und Riten musikalisch mit Trommeln, Rasseln, Pfeifen und Flöten – Instrumenten, die wahrscheinlich denen sehr ähnlich waren, die die Kinder in Mexiko und Zentralamerika noch heute benutzen.

Selbst noch als Sklaven unterhielten die Indianer ihre spanischen Herren mit anmutigen, von Gesang und mit Schlaginstrumenten begleiteten Tänzen. Frühe spanische Versionen von Saiteninstrumenten wie Harfe, Fiedel, Gitarre und Mandoline traten jetzt zu Kürbisflaschen, Stöcken und diversen „Krachmachern" hinzu, die man im Busch finden konnte. Die melancholischen Klageweisen der Mauren und die spanischen Volkslieder vermischten sich so mit den lebhaften Liedern der Arawaks und schufen eine ganz neue, eigene Musik, die allmählich in der Neuen Welt Fuß fasste.

Auch die afrikanischen Sklaven brachten ihre eigenen Instrumente mit – Trommeln, gewöhnlich im Dreierset mit verschiedenen Tonlagen, dazu die Marimba, Schlagstöcke und Maracas. Ebenfalls aus Afrika kamen neue Liedformen wie der Antwortgesang, der heute so typisch für Gospelchöre ist, dann die freie Improvisation, die im *Calypso* und in der puertorikanischen *Plena* Eingang fand, und schließlich das Element der monoton-hypnotisierenden, aufreizenden Wiederholung, die man in der Musik *ostinato* nennt. Ein Calypso-Song kann eine kurze, eingängige Phrase hundertmal wiederholen – eine Eigenart, die manche Touristen amüsant finden, während sie andere verrückt macht. Die afrikanischen Rhythmen verbanden sich mit den würdevollen Gavotten und Quadrillen der Alten Welt zu neuen, sinnlichen Tänzen wie Merengue, Bomba, Conga, Rumba, Guaracha, Bolero, Beguine und Danzon. Aus der Rumba entwickelte sich die Salsa, und der Reggae trat von Jamaika aus seinen weltweiten musikalischen Siegeszug an. Was wie eine Kombination aus Rumba und irischem Jig aussieht, ist Curaçaos Nationaltanz, die *Tumba*.

Foto: Viesti Associates

Ein afrikanischer Tanz, der sich bis heute in Reinform erhalten hat, ist der *Big Drum*, der auf Carriacou, Grenada, bei nahezu jeder bedeutenden Zeremonie aufgeführt wird, angefangen bei Bootstaufen bis hin zu den „Stein-Festen", die die Errichtung eines Grabsteins feiern und zu den wichtigsten Kulthandlungen zählen, auch wenn sie erst Monate oder Jahre nach dem Tod des Betreffenden vollzogen werden.

Die Steelband-Musik, auch *Pan*-Musik genannt, stammt zwar aus Trinidad, doch ist sie heute zum Markenartikel fast der ganzen Karibik geworden. Der Reggae, eigentlich ein Protestgesang, hat sich weltweit verbreitet, und der Calypso wird in der Karibik gern als politische Satire eingesetzt, die ihre Wirkung auf keinen westindischen Wähler verfehlt. Mit ihren meist aus dem Stegreif gereimten Liedern, nehmen die Calypso-Sänger lokale Politiker, Missstände oder auch Touristen auf die Schippe.

Oben und rechts: Das Karnevalfieber erfasst Menschen jeden Alters und aller Schichten.

Zu den bekanntesten *Calypsonians* zählen noch heute Lord Kitchener, Roaring Lion und Mighty Sparrow. Es kann durchaus vorkommen, dass ein den großen Vorbildern nacheifernder Calypso-Sänger im Restaurant zu den Gästen an den Tisch kommt, ein, zwei scheinbar unschuldige Fragen über Alter oder Herkunft stellt, und daraus einen kleinen, übermütig-komischen Knittelvers zu seiner Musik dichtet. Das hört sich dann vielleicht so an:

You come far, fly DC-Tree
Island glad you visit we
You drink plenty of rum,
You actin' naughty
You sixty-fi'
an' look like forty.

Wahrscheinlich ergibt sich auch einmal die Gelegenheit, selbst einen Limbo auszuprobieren, diesen akrobatischen Tanz, bei dem die Tänzer sich unter einem Besenstiel durchwinden, der von Runde zu Runde tiefer gesenkt wird. Die Touristen haben meist längst aufgegeben oder versuchen ihre Gelenke wieder einzurenken, wenn die geschmeidigen einheimischen Limbo-Artisten mit atemberaubenden Verrenkungen unter dem – jetzt nur noch ein paar Zentimeter über dem Boden befestigten – Besenstiel hindurch winden und dabei scheinbar mühelos und lächelnd mit brennenden Fackeln hantieren.

Neben diesen eigens für Touristen kreierten Attraktionen gibt es auch ernsthafte künstlerische Ausdrucksformen. Gruppen wie die *Jamaika National Dance Theater Company*, *Les Grand Ballets de la Martinique*, die *Kibrahacha*-Tänzer von Bonaire, die Folklore-Gruppe von Guadeloupe und die *Mayoumba*-Folklore-Gruppe von Anguilla pflegen traditionelle karibische Tänze und Gesänge. Auf St. Lucia gibt es das Volkstheater *Lighthouse*, wo Schauspiele, Komödien oder Pantomimen in Englisch und Kreolisch aufgeführt werden.

Mittlerweile bestehen auf fast allen Inseln Theater- und Kulturzentren, wo man mit etwas Glück auch einheimische Folkloregruppen zu sehen bekommt. Meist bevorzugen solche Zentren jedoch auswärtige Künstler, Broadway-Stücke oder Konzerte mit klassischer Musik. Ein guter Tip sind die lokalen Festlichkeiten, wenn auf den Straßen oder auf roh gezimmerten Bühnen traditionelle karibische Tänze und Musik dargeboten werden. Solche Feste gibt es auf vielen Inseln: das Erntefest *Simadan* auf Bonaire oder der Nationalfeiertag von Dominica, der Anfang November mit Karnevalsumzügen und Folklore-Darbietungen begangen wird. Eine gute Gelegenheit sind auch die Straßenfeste wie sie freitagabends in Gros Islet auf St. Lucia oder an jedem zweiten Samstag des Monats auf Dominica stattfinden. (Erkundigen Sie sich vorher nach dem genauen Ort des *Korne Korn-La* auf Dominica, meist ist es Scotts Head oder Soufrière.)

Spontane Umzüge können an jedem x-beliebigen Abend auf jeder Insel stattfinden – sei es rund um ein Lagerfeuer

Foto: Viesti Associates

am Strand oder nach einer formelleren Veranstaltung. Meist fängt es mit einem Musiker an, der die Straße herunterkommt wie der Rattenfänger von Hameln und dem sich immer mehr Menschen anschließen. Die Inselbewohner werden sofort munter, wenn sie den Rhythmus der Musik hören, und lassen jeden an ihrem Umzug teilnehmen.

Tanzveranstaltungen und Konzerte werden normalerweise auf Plakaten angekündigt. Durch sie erfährt man beispielsweise, wo *Zouk*, die mitreißende Tanzmusik Guadeloupes, Reggae, *Ragga, Compas* oder *Soca* gespielt werden.

Sprachen

Es gibt den Scherz, dass Briten und Amerikaner ein Volk seien, das nur durch eine gemeinsame Sprache getrennt wird. Doch nirgendwo gibt es melodischere, bezauberndere Varianten der englischen Sprache als hier auf den Westindischen Inseln, wo die meisten Leute neben ihrem jeweiligen einheimischen Dialekt eine Art Englisch

sprechen. Englisch ist nicht die einzige Sprache in dieser Region, die einst doch zuerst von den Spaniern besiedelt wurde. Auf den Großen Antillen-Inseln Kuba und Puerto Rico ist Spanisch auch heute noch die Landessprache, und je näher man von hier aus dem südamerikanischen Festland kommt, desto häufiger wird man Spanisch hören, sogar auf den britischen und niederländischen Inseln. Zumindest spielt Spanisch in allen Dialekten eine kleine Rolle.

Rund 7 Millionen Menschen auf der Erde sprechen Kreolisch, das strenggenommen gar keine eigene Sprache ist, sondern als Sammelbegriff verschiedene Dialekte des Französischen bezeichnet, die in geografisch so weit auseinander liegenden Gebieten wie Haiti oder Mauritius gesprochen werden. Kreolisch hört man dazu auch überall auf den französischen Antillen, ja nicht selten auch auf den ehemals englischen Inseln St. Lucia und auf Jamaika.

Oben: Junge Frau auf St. Lucia in traditioneller Kleidung. Rechts: Nach dem Kirchgang (St. Lucia, Soufrière)

Papiamento, die Sprache der Niederländischen Antillen, hat seinen Ursprung im Portugiesischen, das früher auf den afrikanischen Sklavenmärkten gesprochen wurde. Der Name kommt von dem Verb *papaer* – „unzusammenhängend plappern". Mit dem Rückgang des Sklavenhandels und dem parallel dazu erfolgenden Aufschwung des Schmuggels mit dem südamerikanischen Festland wurde es nützlich, seinem Wortschatz ein paar Brocken Spanisch hinzuzufügen. Mit Holländisch als offizieller Amtssprache, Spanisch als Umgangssprache und Englisch als allgemein verbreiteter Verkehrssprache für Tourismus und Geschäftsleben, entwickelte sich das Papiamento zu einer aktuellen Mischsprache mit afrikanischen, als auch europäischen Wurzeln.

„Willkommen" heißt auf den Niederländischen Antillen *bonbini*. Die Antwort darauf ist ein eher teutonisches *danki*. Obwohl die meisten Inselbewohner etwas Englisch sprechen, werden sie vor Freude strahlen, wenn man sie mit einem Papiamento-Wort begrüßt.

Wer ein Ohr für Sprachen besitzt, für den wird das karibische Englisch ein Ohrenschmaus sein. So werden die Buchstaben *v* und *w* oft vertauscht, doch ohne einheitliche Regel wie beispielsweise in dem Satz: *Ve went to the vell for water, get wery bushed ven we climb da hill.* (Im Deutschen heißt das ungefähr: Wir gingen zum Brunnen Wasser holen und wurden sehr müde, als wir den Hügel hinaufkletterten). Ebenfalls vertauscht man gern Akkusativ und Nominativ wie: *Him not goot to we* (dt: Er ist nicht gut zu uns). Und dass man *we* statt *us* sagt, ist auf einigen Inseln bereits zur Mode geworden. Die Aussprache des englischen *th* ist für die Einheimischen sehr schwierig, und niemand sagt etwas anderes als *axe* für *ask* oder *flim* für *film*.

Einer der Lieblingstänze der Karibik ist der *Ting Bang,* und in einem klassischen Calypso-Song heißt es vergnügt: *She promise give me some dat rin ting*

Foto: Volkmar E. Janicke

ting. (dt: Sie verspricht, mir etwas zu geben, das ting ting klingt) Doch was mit *ting ting* gemeint ist, muss der Hörer selbst entscheiden.

Hier wird die Sprache wirklich zum lautmalerischen Singsang, um so mehr als der Akzent gewöhnlich auf der letzten Silbe und die Betonung bei ansteigender Stimmlage auf dem letzten Wort des Satzes liegt, wie etwa: *Ve goin' to de mah-ket* (dt: Wir gehen auf den Markt). Will man eine Frage besonders betonen, wird die Stimme so hoch, dass selbst gestandene Männer mitunter wie Falsetto-Sänger klingen.

Religion

Mit den Spaniern kamen auch die Priester, die die einheimische Bevölkerung, oft mit erschreckend brutalen Methoden, zum Christentum bekehrten. Die Engländer importierten ihren Protestantismus – meist in Gestalt vieler kleinerer Sekten, die sich gegenseitig heftig bekämpften. Und mit jeder Einwanderungswelle ließen sich mehr religiöse Flüchtlinge aus dem unruhigen Europa hier nieder.

Jahrhundertelang prägten holländische, portugiesische, deutsche und französische Juden – wie die Familie des berühmten Impressionisten Camille Pissarro – das Leben der Antillen-Inseln mit. Die Juden kamen nicht nur aus Europa, sondern später auch aus Brasilien; es gab eine Zeit, als sephardische Juden mehr als die Hälfte der Bevölkerung von Nevis ausmachten, und auf dem jüdischen Friedhof in Charlestown gibt es Grabsteine aus der Zeit um 1690. Die Synagoge in Bridgetown auf Barbados stammt von 1833, die Gemeinde existiert bereits seit 1651. Die älteste jüdische Gemeinde der Inseln ist die von Curaçao, die 1634 gegründet wurde.

Die Kleinen Antillen, insbesondere aber Barbados, waren eine Zwischenstation für die Quäker, die vor Verfolgung in England flohen. Eine Zeitlang gab es sogar fünf Gemeindehäuser der Quäker auf Barbados, und ihr Glaube verbreitete sich in der ganzen Karibik. So waren die Gouverneure der

Foto: Boisberranger (Viesti Associates)

britischen Jungferninseln entweder pazifistische Quäker, die den Bau von Festungen einstellten und ihre Sklaven freiließen, oder aber Nicht-Quäker, die ihre Frauen schlugen, Forts bauten, und in den Augen der Quäker „große Feinde und Verführer" waren. Obwohl ihre Ära um 1760 endete, kamen viele Quäker auf dem Höhepunkt der Anti-Sklaverei-Bewegung zwischen 1830 und 1840 noch einmal zu den Antillen zurück, um für die Menschenrechte zu kämpfen. Die Ruinen der alten Quäkerfriedhöfe kann man bei *Fat Hog Bay* auf den Jungferninseln besichtigen.

Auch die Arbeiter aus dem Nahen Osten und Asien brachten ihren Glauben mit. Seit Mitte des 19. Jh. besitzt z. B. Trinidad eine wachsende Bevölkerungsgruppe aus indischstämmigen Hindus und Moslems, die inzwischen mehr als die Hälfte der Inselbewohner und deren Präsidenten stellt. Zwei der buntesten Feste dieser Insel sind indischen Ursprungs: das hinduistische Lichterfest *Divali* und das schiitische *Hosay*-Fest. Voodoo und das ihm ähnliche Obeah sind hauptsächlich auf Haïti und den Großen Antillen beheimatet.

Oben: Vor allem auf Trinidad und Martinique leben bedeutende asiatische Minderheiten.

Die Hochreligionen überlagerten oft die Kulte der Arawaks, Kariben und afrikanischen Völker und vermischten sich dann auch mit neuen religiösen Bewegungen, wie der der Mormonen und der Rastafaris. Die resultierende Mischung ist in der Regel überraschend harmonisch und tolerant. Die Karibischen Inseln waren stets ein fruchtbarer Boden für Missionare aller Konfessionen, und so spielt die Religion eine wichtige Rolle im Alltagsleben. Doch oft ist das eine Religion, die sich weit entfernt hat von der traditionellen Glaubenspraxis. So ist es nichts ungewöhnliches, wenn Sie mit einem Taxifahrer unterwegs sind, der Baptist ist und an seinem Rückspiegel ein Kreuz hängen hat, der interessiert der Predigt eines Adventisten im Radio zuhört, während an der Windschutzscheibe seines Wagens das Voodoo-Schlangensymbol *dambala wedo* klebt.

Religion ist, wie so mancher Zauber der Karibik, eine Mischung aus Alt und Neu, Schwarz und Weiß und den Gottheiten vieler Glaubensrichtungen.

Architektur

Trotz aller Wirbelstürme, verheerenden Feuersbrünste und wiederholten Plünderungen durch Piraten, Eroberer oder aufständische Sklaven findet man in der Karibik ein erstaunliches Spektrum an historischer Bausubstanz. Man muss allerdings etwas danach suchen. Denn wer mit dem Flugzeug anreist, landet meist auf einem der nichtssagenden Flughäfen aus dem Zweiten Weltkrieg, und der erste Eindruck von Schiffspassagieren ist nicht selten eine schmutzige Hafenstadt. All ihren Schönheiten zum Trotz ist St. Lucia in dieser Hinsicht besonders gestraft, denn 1948 zerstörte eine Feuersbrunst den größten Teil der historischen Altstadt von Castries.

Auf den Kleinen Antillen gibt es nur wenige der gewaltigen Festungsanlagen und mächtigen Kathedralen, die die Spanier in ihren Kolonien auf den Großen Antillen errichteten. Doch auch hier kann man viele alte Forts, Kirchen und manch anderes architektonische Prunkstück entdecken. Eine riesige Festung ist die englische Zitadelle von *Brimstone Hill* auf St. Kitts. Im 17. Jh. erbaut, bedeckt das steinerne Ungetüm eine Fläche von beinahe 13 Hektar und wurde niemals in einer Schlacht erobert. Heute ist sie UNESCO-Erbe.

Die 1845 erbaute St. John's-Kathedrale auf Antigua ist nur eine der vielen erwähnenswerten Kirchen. Fast jede Insel hat mindestens ein interessantes Gotteshaus aufzuweisen, sei es auch nur berühmt für seine spartanische, zweckgebundene Architektur.

Einer der bezauberndsten Sakralbauten auf den Westindischen Inseln ist die 1840 im italienischen Stil errichtete Kirche St. Peter in Parham auf Antigua. Sehenswert ist auch St. Mary's in Kingstown auf St. Vincent. Sie wurde 1823 erbaut, ihr archaisierendes Stilgemisch erhielt sie aber erst durch mehrere später errichtete Erweiterungsbauten.

Auf Martinique lohnt sich ein Besuch der Kirche von Balata, die nördlich von Fort-de-France an der Straße zum Jardin de Balata steht. 1928 wurde sie als kleinere, aber ausgezeichnete Kopie des Originals in Paris errichtet. Nicht weit davon entfernt liegt die sehenswerte Barock-Kirche von Case-Pilote aus dem 18. Jh. Sie ist die älteste Kirche der Insel und bezaubert durch ihren reichen Figurenschmuck.

Außerdem wartet Martinique mit der sehenswerten Architektur einiger profaner Bauten auf, wie beispielsweise der Schoelcher-Bibliothek in Fort-de-France, die 1889 auf der Pariser Weltausstellung errichtet und danach in Einzelteilen hierher verfrachtet und zusammengesetzt wurde. Ein besonders reizvoller architektonischer Kontrast erwartet den Besucher von *Le François* im Westen der Insel, wo eine ultramoderne Kirche mit der verspielten Zuckerbäcker-Architektur des Rathauses konkurriert.

Auf den Niederländischen Antillen, wo die Straßen von hohen, engen Häusern im Stil von Alt-Amsterdam gesäumt sind, sollte man besonders die Häuser beachten, deren Dachgiebel und Fassaden mit bezaubernden Mustern und Blumen- oder Vogelreliefs verziert sind. Bei dieser Technik, die man im einheimischen Papiamento *floramiento de cas* nennt, formten die Maurer die Linien und Figuren noch in den nassen Ton. Die schönsten Beispiele dieses typisch holländischen Stils, der überall auf den niederländischen Inseln verbreitet ist, findet man auf Curaçao.

In Willemstad, der Hauptstadt von Curaçao, steht auch die älteste Synagoge der Neuen Welt. Die Mikvé-Israel-Emanuel-Synagoge wurde bereits 1634, also in dem Jahr, als die Niederländer hier ihre Kolonie gründeten, errichtet. Nach alter, sephardischer Tradition ist

Foto: Peter Purchia (Viesti Associates)

der Fußboden der Synagoge teilweise mit hellem Sand bedeckt – eine Erinnerung an den Auszug der Kinder Israels aus Ägypten. Zu dem schönen Bauwerk im holländischen Stil gehört auch das Haus des Rabbiners, das als große Seltenheit ein Bad für die rituellen Waschungen enthält.

Eine weitere Sehenswürdigkeit sind die mächtigen Befestigungsanlagen der Insel, mit deren Bau zum Teil schon im 17. Jh. unter dem Gouverneur Peter Stuyvesant begonnen wurde. In vielen dieser alten Forts befinden sich heute ausgezeichnete Restaurants.

Im Grunde lohnt alles, was auf den Kleinen Antillen als *Fort* bezeichnet wird, einen Besuch. Die jeweilige Festung kann sich als hervorragend restauriertes Gebäude entpuppen, aber auch als nur auf eigene Weise interessanter Schutthügel. Sicher hingegen ist, dass sich von einem Fort aus immer ein fantastischer Ausblick bietet – wie beispielsweise der von Fort George in Trinidads Hauptstadt Port of Spain.

Oben und rechts: Traditionelle karibische Holzarchitektur – ein Spiel mit zierlichen Formen und kräftigen Farben.

Ein sehr schönes Beispiel holländischer Kolonial-Architektur ist auch das Einkaufszentrum in der Old Street in Philipsburg auf Sint Maarten. Mit ihren in hellen Pastellfarben gestrichenen Häusern, die mit einem luftigen Schnitz- und Gitterwerk verziert sind, ist sie heute eine schicke Einkaufsstraße und ein unter Einheimischen und Touristen gleichermaßen beliebter Treffpunkt.

Überall in der Karibik hat man alte Herrenhäuser in Bed-und-Breakfast-Hotels oder Restaurants umgewandelt. Sie sind schöne Beispiele für die koloniale Plantagen-Architektur. Einer der luxuriösesten Plantagensitze – einst wie heute – ist die Ferienanlage *Plantation Leyritz* im Norden Martiniques.

Kunst, Kunsthandwerk und Souvenirs

Paul Gauguin, der vor seiner Reise nach Tahiti sechs herrliche Monate in

Foto: Christian Heeb

einer armseligen Hütte auf Martinique lebte und malte, ist nur einer von vielen Künstlern, die sich von den leuchtenden Farben, den blendend-weißen Stränden und dem glitzernden, türkisblauen Meer der Kleinen Antillen anregen – und berauschen – ließen. In Carbet gibt es ein Museum, das dem Künstler und seinem Werk gewidmet ist. Zum illustren Kreis der Künstler und Schriftsteller, die sich von dieser Gegend inspirieren ließen, zählen Aubrey Davidson-Houston, Alex Waugh, Graham Greene, Truman Capote, Somerset Maugham und Saint-John Perse (alias Alexis Saint Leger), der 1960 den Nobelpreis für Literatur erhielt.

Seitdem immer mehr Kreuzfahrtschiffe die Karibischen Inseln anlaufen, und mehr und mehr glitzernde, klimatisierte und zollfreie Einkaufszentren in Hafengebieten entstehen, hat man sich in manchen Gegenden ganz auf den Verkauf von Parfum und Porzellan konzentriert. Das einheimische Kunsthandwerk tritt leider häufig in den Hintergrund. Wer an echten karibischen Erzeugnissen interessiert ist, sollte sich nach Korbwaren umschauen, welche mit jahrhundertealten Motiven, teilweise afrikanischen Mustern aus Palmen und Gräsern geflochten werden. Jede Insel hat ihre Maler, Holzschnitzer und Dutzende von kunsthandwerklichen Produkten, die man auf keiner anderen Insel findet. Für alle Liebhaber ursprünglicher Volkskunst sind diese individuellen Werkstücke besonders reizvoll.

So findet man am Markttag in Castries (auf St. Lucia) hübsche, einfache Haushaltswaren wie Holzkohleöfen, Keramik, Besen und handgewobene Schilfgrasmatten. Der Künstlerverband von St. Lucia befindet sich ebenfalls in Castries, im zweiten Stock einer kleinen Galerie im Gebäude der *Alliance Française*. Ausstellungen finden auch im *Artsibit* in der *Brazil* und in der *Mongiraud Street* statt. Ein besonders hochwertiges Erzeugnis von St. Lucia sind auch die herrlichen Seidendruck- und Batikstoffe bei *Bagshaw's*, einer der berühmtesten Textilmanufakturen der Karibik. Insel-

motive und -farben verwandeln die schlichte Meterware in wahre Kunstwerke. Die Batiken von *Romney Manor* in Basseterre auf St. Kitts verwenden als Muster auch einheimische Pflanzen und Muscheln ebenso wie Kopien indianischer Felszeichnungen der Insel.

Die Möbelschreiner von St. Lucia arbeiten mit einheimischem Hartholz – manchmal sogar mit Bauholz – oder sie schnitzen ihre Motive gleich in große Baumstämme oder Äste. Auf Nevis sollte man einmal den örtlichen Wein probieren oder Artikel aus Ziegenleder kaufen. Hübsche Keramik gibt es auf vielen Inseln, vor allem aber auf Barbados, wo auch Lederarbeiten immer beliebter werden.

Im einstigen Walfängerzentrum Bequia dagegen kann man bei *Mauvin's Model Boat Shop* handgefertigte Schiffsmodelle kaufen.

Auf der Insel Sint Maarten betreibt die Familie Lynn in ihrem Haus in Grand-Case eine kleine Kunstgalerie.

Oben und rechts: Die Frauen von St. Barthélémy sind bekannt für ihre Handarbeiten.

In Roseau auf Dominica werden in der winzigen *Tropicrafts*-Fabrik Gegenstände aus Palmwedeln hergestellt, die zum Export in die gesamte Region bestimmt sind. Im Kariben-Reservat der Insel verkaufen die Nachfahren der Kannibalen Einbäume, die sie noch genauso herstellen, wie es ihre Vorfahren in der präkolumbischen Zeit taten. Wer lieber etwas Kleineres möchte, kann auch Körbe oder handgewebte Matten erstehen. Das Dorf selbst ist kein so interessantes völkerkundliches Abenteuer, wie man vielleicht vermuten würde. Die Häuser der Kariben sehen aus wie alle anderen.

Außerhalb von Basse-Point auf Martinique verkauft ein Puppenmacher in der *Plantation Leyritz* Puppen, die er als Einzelstücke aus einheimischen Materialien anfertigt. Unverfälschte Straßenmärkte auf Martinique sind der *Marché Rue Perrinon* oder *La Savane* in Fort-de-France. Wer etwas Besonderes sucht, sollte sich jedoch besser in einem der Juweliergeschäfte umsehen.

Foto: Greg Nikas (Viesti Associates)

In Kingstown auf St. Vincent befindet sich in dem alten Gebäude, wo man dereinst Baumwolle entkernte, ein Laden für originelles Kunsthandwerk. Bei einem Besuch von Fort Charlotte in Kingstown sollte man sich die Gemälde zur Geschichte der schwarzen Kariben ansehen.

In Port of Spain auf Trinidad stellen die Maler ihre Arbeiten auf einem Markt in der Nähe des Hotels *Normandie* aus. Manche Inseln haben darüber hinaus ihre eigenen Parfümdestillerien, die aus einheimischen Blumen, Aromen, Kakaobutter und Kokosöl wundervoll duftende Souvenirs herstellen.

Oft wird einheimisches Kunsthandwerk über Kooperativen der Regierung in speziellen Touristenmärkten verkauft. Einer davon ist *Grencraft* in St. George's auf Grenada. Hübsche Handarbeiten werden auch über karitative Einrichtungen wie Blindenheime verkauft. Und es ist sehr sinnvoll, diese Initiativen zu unterstützen. Briefmarken sind ein Souvenir, das einen noch lange an die Reise erinnern wird. Für passionierte Philatelisten gibt es auf den meisten größeren Inseln spezielle Briefmarkenbüros, wo man auch einige der am meisten begehrten Marken erstehen kann. Eine der beeindruckendsten Adressen ist die *St. Vincent Philatelic Society* in Kingstown.

Auch CDs mit karibischer Musik sind eine schöne Reiseerinnerung. Abgesehen von Aufnahmen internationaler Reggae- oder Calypso-Stars wie *Arrow, Eddy Grant, Machel Montano Destra, Kes, Patrice Roberts* oder *Mighty Sparrow* sind die meisten der westindischen Künstler im Ausland unbekannt. Deshalb findet man ihre CDs oder Schallplatten selten außerhalb ihrer Heimatinseln. Sofern Ihnen also eine Gruppe gefällt, greifen Sie sofort zu, denn anderswo werden Sie nur selten eine Aufnahme bekommen.

Die Karibik hat seit langem eine unwiderstehliche Anziehungskraft auf Künstler und Kunsthandwerker aus der ganzen Welt. Mit ihnen kamen die meisten modernen Techniken – und Marketing-Strategien – hierher und verbanden sich mit einheimischen Ma-

Foto: Mark Downey (Viesti Associates)

terialien und Motiven. Webartikel von hervorragender Qualität, Batiken, bleifreie Keramik, Seidensiebdruck- und Blockdruckstoffe, Metallarbeiten, Korallenschmuck und kunsthandwerkliche Erzeugnisse jeglicher Art bereichern nun die Palette karibischer Produkte. Auch das traditionelle, schlichte und zeitlose Kunsthandwerk gibt es noch – man muss es nur suchen.

Wie man ein Gespräch beginnt

Die Frage nach der Heimatinsel ist in der Karibik immer ein guter Gesprächsbeginn. Man reist und heiratet so häufig zwischen den einzelnen Inseln, dass Ihr Barkeeper oder Taxifahrer durchaus von einer anderen Insel stammen könnte. Die meisten *Westinder* plaudern gern und am liebsten über ihre Insel. Wenn sie merken, dass man wirklich interessiert zuhört, kann man spannende Dinge über traditionelle Medizin, Seefahrt und Fischereimethoden oder andere in unserer so hochtechnisierten Welt längst vergessene Fähigkeiten erfahren. Das Lieblingsthema sind jedoch die Kinder. Fragen Sie einfach nach der Anzahl, ihren Namen oder ihrem Alter, und schon haben Sie einen Freund gewonnen.

Trotz Überbevölkerung und Familienplanung wünscht sich fast jeder eine große Familie. Das Ansehen eines Mannes hängt von der Zahl seiner Kinder ab, und auf manchen Inseln sehen die Frauen ihre Aufgabe auch heute in erster Linie noch darin, Kinder zur Welt zu bringen. Doch nur wenige Mütter bleiben deshalb ausschließlich zu Hause. Meist kümmert sich die Großmutter um die Kinder, während die junge Frau in der Stadt arbeitet. Deshalb begegnet man auf kleineren Inseln oder in den Dörfern oft nur alten Leuten und Scharen hübscher kichernder Kinder. In ein paar Jahren werden sie es sein, die weggehen, um zu arbeiten, und ihre Eltern werden zu Hause bleiben und die Enkel aufziehen.

Oben: Schönheit, Ausstrahlung und Charme sind keine Frage des Alters.

Ein kleiner Karibik-Knigge

Die größten Missverständnisse entstehen oft aus geringfügigen Anlässen. Die folgenden Hinweise sollen Ihnen helfen, Differenzen erst gar nicht entstehen zu lassen. Die erste goldene Regel ist: Verwenden Sie nie die Anrede *boy*. Das weckt nur unangenehme Erinnerungen an Zeiten, als jeder Farbige ohne Rücksicht auf sein Alter so genannt wurde. Unhöflich ist es auch, einen Inselbewohner als *native*, als Einheimischen, zu bezeichnen, da im Englischen dasselbe Wort auch „Eingeborener" bedeutet. Respektvoller ist es, sie nach ihrer Heimatinsel zu nennen, also etwa *Trinidadians*, *Antiguans* oder *Bajans* (Barbados).

Bei Frauen sollte man eine förmliche Anrede benutzen, denn wenn man sie schon kurz nach dem Kennen lernen beim Vornamen nennt, wird das als zudringlich aufgefasst. Auf den britischen Inseln hört man häufiger die Anrede *Madam* oder sogar *Mistress* als das sonst übliche *Missus*. Auf den spanischen Inseln ist es angebracht, die Anrede *Señor* oder *Señora* zu gebrauchen.

In manchen Touristenzentren, vor allem auf den französischen Inseln, ist es gestattet, nackt oder wenigstens oben ohne zu baden. An vielen Orten ist es jedoch verboten. Die Kleidung ist generell sehr dezent. Deshalb sollte man auch als Tourist(in) nach Möglichkeit keine knappen Shorts, trägerlose oder bauchfreie Tops tragen und abseits von Strand oder Swimmingpool nicht im Badeanzug herumspazieren.

Wenn man eine religiöse Stätte besucht, sollte man die jeweiligen Kleidervorschriften respektieren.

Auf fast allen karibischen Inseln gilt freie Liebe nicht als unmoralisch, und niemand findet etwas dabei, außereheliche Kinder zu haben. Die Kinder tragen den Namen ihres leiblichen Vaters, und es kann durchaus vorkommen, dass eine Frau sechs Kinder mit fünf verschiedenen Familiennamen hat.

Westinder teilen ihren Besitz stets bereitwillig mit anderen, doch im Fremdenverkehr kann dies manchmal zu Missverständnissen führen – meistens im Zusammenhang mit Essen. Denn seit langem gibt es zwischen Dienstherrn und Angestellten die Übereinkunft, dass alles, was übrigbleibt, mit nach Hause genommen werden darf. „Etwas mitnehmen" ist deshalb nicht gleich Diebstahl. So mancher naive Wirt jedoch, der nicht mit den Insel-Gebräuchen vertraut war, musste irgendwann zu seinem Kummer entdecken, dass seine Gäste hungrig vom Tisch aufstanden, weil das Küchenpersonal gar so viel Essen zurückbehalten hatte, um es später nach Hause mitzunehmen.

Fotografierende Touristen achten nicht immer darauf, ob jemand etwas dagegen hat, dass eine Kamera auf ihn gerichtet wird. In manchen abergläubischen Gesellschaften fürchtet man jedoch heute noch, dass das Auge der Kamera einen Teil der Seele rauben könnte – respektieren Sie auf alle Fälle solche Gefühle! Mit an Sicherheit grenzender Wahrscheinlichkeit werden sich die – keinesfalls nur auf Jamaika beheimateten – Anhänger des Rasta-Kults gegen unerlaubte „Schnappschüsse" zur Wehr setzen, mitunter handgreiflich. Man tut also im ureigensten Interesse gut daran, vor dem Ablichten eines Rastafari dessen Erlaubnis zu erbitten, das gilt auch für Kinder und Jugendliche. Und man sollte ein „Nein" akzeptieren, ohne daraufhin mit Dollars zu locken; auf Inseln, wo sich diese Unsitte breit gemacht hat, bieten die Einheimischen das schon von sich aus an, teils in aufdringlicher Weise. Viele Touristen scheinen die Dreadlocks der Rastafari zu faszinieren; vor dem Berühren der Haare immer fragen, am besten aber das Anfassen ganz sein lassen!

The Baths – riesige aufgetürmte Felsen auf Virgin Gorda, British Virgin Islands

Christian Heeb

Foto: Robin Daniel Frommer

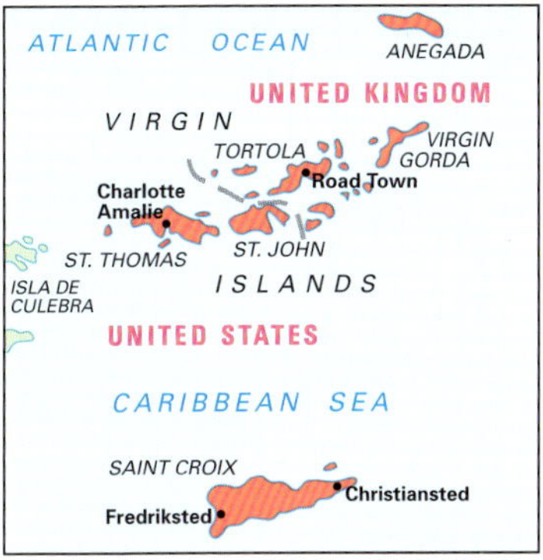

TÜRKISBLAUE SEGELREVIERE – DIE JUNGFERNINSELN

US-VIRGIN ISLANDS
BRITISH VIRGIN ISLANDS

Auf der Landkarte gleichen sie winzigen Pünktchen, doch nähert man sich den **Jungferninseln** per Schiff oder Flugzeug, zeichnen sie sich groß und zauberhaft im schaumbekrönten Meer ab. Die *Virgin Islands* sind zwar eine Inselgruppe und sind wirtschaftlich eng verknüpft (US-Dollar-basiert), werden aber getrennt verwaltet, von den USA bzw. Großbritannien. Man sollte wegen des dann eventuell nötigen USA-Visums bedenken, ob man bei der Anreise beim Umsteigen US-Territorium betritt, ob man die amerikanischen US-Virgin Islands (abgekürzt: USVI) oder nur die englischen British Virgin Islands (BVI) besuchen will.

Es heißt, Kolumbus habe die Inselgruppe nach der heiligen Ursula und ihrem Gefolge von 11 000 Jungfrauen benannt. Die Spanier ließen sich nie auf den Virgin Islands nieder, was englischen und französischen Siedlern, die dort ab 1625 eintrafen, freie Hand gab. Die Franzosen blieben aber nur kurze Zeit, und 1650 wurden die Engländer von den Spaniern vertrieben, die ihrerseits jedoch bald darauf von den Franzosen verjagt wurden. Kurz, der übliche Gang der Geschichte in der Karibik, wo herumziehende Abenteurer sich der Inseln willkürlich bemächtigten und die alten europäischen Großmächte um sie schacherten. 1653 hissten die Malteserritter ihre Flagge auf den Jungferninseln, verkauften sie jedoch bald darauf den Franzosen. 1666 nahmen die Dänen St. Thomas und St. John in Besitz und kauften 1733 noch St. Croix dazu.

Links: Die Virgin Islands gelten als Seglerparadies für Boote jeder Bauart und Größe.

Wie in der ganzen Karibik herrscht auch auf den Virgin Islands ewiger Sommer. Die Durchschnittstemperaturen liegen zwischen 25 und 28 °C, und die Passatwinde sorgen fast immer für eine erfrischende Brise, die nur im Winter manchmal etwas stärker ausfällt.

Die Jungferninseln sind ein ideales Segelrevier. Kaum eine andere Inselgruppe hat ähnlich viele Buchten, Strände und Meeresgärten auf so kleinem Raum zu bieten, so dass man nach einer nur ein- bis zweistündigen Segelpartie durch ruhige Gewässer schon den nächsten Ankerplatz oder eine andere Insel erreicht. Die Virgin Islands haben daher die größte Charterflotte der Karibik. Boote jeder Größe und Preisklasse stehen den Besuchern zur Verfügung.

Gleich nach dem Segeln kommt das Tauchen in den farbenprächtigen Korallenriffs. Die meisten Hotels arrangieren Schnorchel- oder Tauchausflüge, manche sogar zu ihrem „Hausriff". Für Tauchfans ist der vom Tourismusbüro der US-Virgin Islands herausgegebene *Virgin Islands Dive Guide* empfehlenswert.

Hochseefischen ist eine weitere Spe-

» Karte S. 88-89, Info S. 106-107

Foto: Roland F. Karl

zialität der Jungferninseln. Für etwa 500 Dollar am Tag können sechs Personen ganzjährig den Blauen Marlin, Wahoo, Königsdorsch, Thunfisch oder Tarpon angeln.

Seit Jacques Cousteaus Dokumentarfilm über die Wale der Virgin Islands kommen Touristen auch hierher, um Wale zu beobachten. **Buckelwale** kann man von Februar bis April sehen. Es ist ratsam, ein Boot mit einem Skipper zu mieten, der die Stellen kennt, an denen sich die Walweibchen mit ihren verspielten Kälbern aufhalten.

Eine Jacht chartern

Auf den Virgin Islands gibt es mehr Charterboote als irgendwo sonst in der Karibik. An manchen Ankerplätzen kann man noch direkt mit dem Kapitän verhandeln, aber meist werden die Charterjachten von Reisebüros vermittelt. Informationen bekommt man bei Agenturen wie BVI Bareboats (www.bareboatsbvi.com), Conch Charters (www.conchcharters.com), Regency Yacht Vacations (www.regencyvacations.com), Caribbean Sailing Charters (http://caribbean-sailing.com), Virgin Islands Sailing (www.bvisailing.com) und bei vielen anderen.

Bevor man ein Schiff chartert, braucht man einige Informationen. Schließlich möchte man ein gut ausgerüstetes Boot mit entsprechendem Sicherheitsstandard und einer erfahrenen Crew sowie einem guten Koch. Viele Charterboote sind in Privatbesitz und/oder die Crew besteht aus einem Ehepaar, für das das Boot Heim und Lebensunterhalt zugleich ist. Am besten ist es, ein Boot von einem Vermittler zu mieten, der selbst schon damit gesegelt ist oder es zumindest besichtigt hat. Wenn möglich, sollte man sich bei früheren Passagieren über den Zustand des Bootes, die Qualität der Crew, die sanitären Anlagen etc. erkundigen.

Oben: Ausflug mit einem Katamaran. Rechts: Pusser's Marina, Tortola – ein winziger, aber lohnender Zwischenhalt auf einem Segeltörn (British Virgin Islands).

» Karte S. 88-89, Info S. 106-107

Foto: Christian Heeb

Wenn man keinen Segelschein hat, muss man einen kompetenten Kapitän anheuern oder gleich eine Jacht mit Crew mieten. Mietet man ein Boot ohne Mannschaft, gibt es zwei Möglichkeiten, sich mit Vorräten zu versorgen: Man kauft sie auf den Inseln ein oder man vereinbart mit der Agentur, dass das Boot mit Lebensmitteln für drei Mahlzeiten pro Tag ausgestattet wird. Beliebt ist eine Mischform, bei der ein Teil der Mahlzeiten an Bord bereitgestellt wird, während man sich um die anderen selbst kümmert.

Die unterschiedlichen Charterangebote umfassen folgende Möglichkeiten:

Boot-Charter: Wenn man Segelerfahrung hat und die Bedingungen der Charterfirma erfüllt, bekommt man ein Boot, das man selbst führen kann. Man muss dann natürlich selbst segeln, navigieren, kochen usw.

Boot mit Kapitän: Ein Berufskapitän übernimmt das Ruder, man muss allerdings selbst kochen und putzen. Wer darauf keine Lust hat, kann auch ein Boot mit Kapitän und Koch mieten.

Boot mit Crew: Auf einem größeren Boot besteht die Crew aus mehreren Personen, die die ganze Arbeit übernehmen und jeden Wunsch erfüllen. Auf kleinen Booten ist die Crew meist ein nettes Paar, das die meiste Zeit des Jahres an Bord lebt und sich ganz besonders um die Passagiere kümmert.

Flottille-Charter: Man steuert das Boot selbst, segelt aber trotzdem zusammen mit anderen Schiffen.

Segelkurs-Charter: Auf einer solchen Reise lernt man, mit einem Schiff umzugehen, um später allein segeln zu können.

Tauchfahrten: Wenn man die gesamten Ferien mit Tauchen verbringen will, sollte man ein Tauch-Inklusivangebot auf einem Boot buchen. Die Verpflegung ist zwar meist eher einfach, aber das Tauchvergnügen dafür unvergleichlich.

Motorbootverleih: Wer nicht mit einem Segelschiff umgehen kann, aber trotzdem ein Boot für sich allein haben will, kann vielerorts auch ein Motorboot mieten.

» Karte S. 88-89, Info S. 106-107

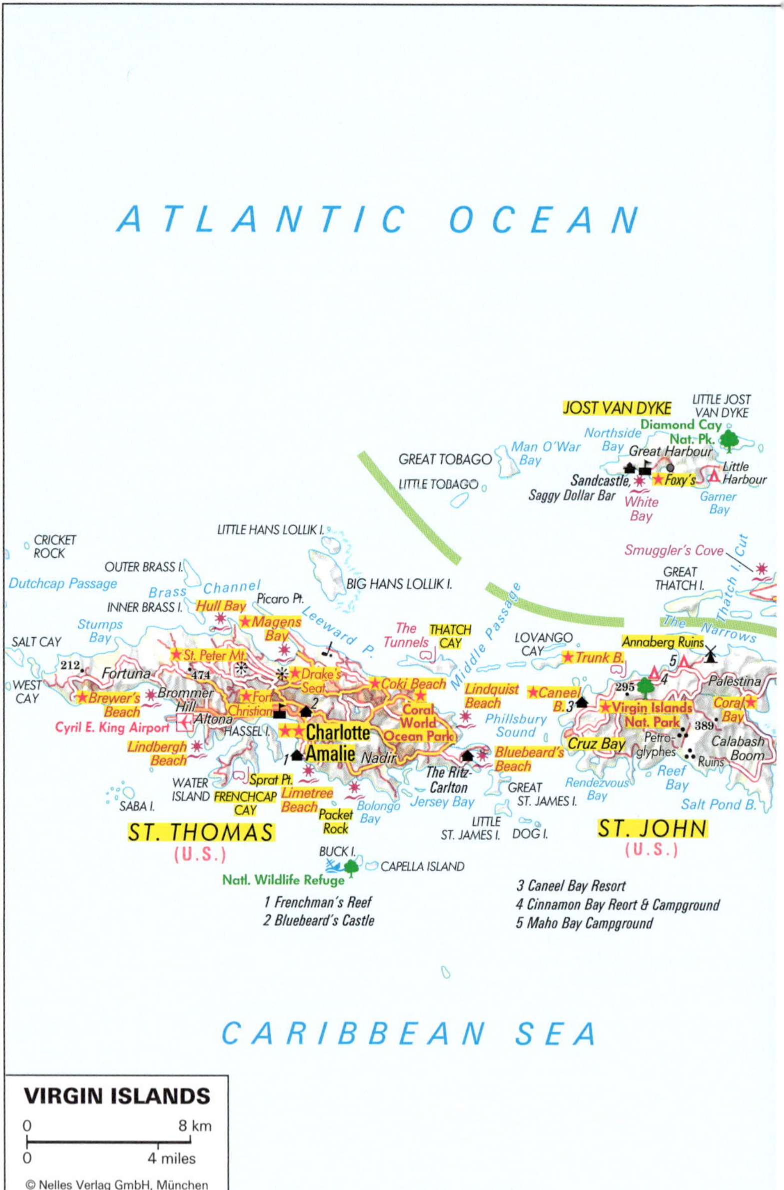
ATLANTIC OCEAN
CARIBBEAN SEA
JOST VAN DYKE
LITTLE JOST VAN DYKE
Diamond Cay Nat. Pk.
Northside Bay
Great Harbour
Man O'War Bay
GREAT TOBAGO
LITTLE TOBAGO
Sandcastle, Saggy Dollar Bar
Foxy's
Little Harbour
White Bay
Garner Bay
Smuggler's Cove
Thatch I. Cut
GREAT THATCH I.
The Narrows
LITTLE HANS LOLLIK I.
BIG HANS LOLLIK I.
CRICKET ROCK
OUTER BRASS I.
Dutchcap Passage
Brass Channel
INNER BRASS I.
Hull Bay
Picaro Pt.
Leeward P.
Magens Bay
Stumps Bay
SALT CAY
212
Fortuna
St. Peter Mt.
474
Drake's Seat
WEST CAY
Brewer's Beach
Brommer Hill
Fort Christian
Altona
Cyril E. King Airport
HASSEL I.
Charlotte Amalie
Nadir
Lindbergh Beach
Coki Beach
Coral World Ocean Park
The Tunnels
THATCH CAY
Middle Passage
LOVANGO CAY
Trunk B.
Annaberg Ruins
Lindquist Beach
Caneel B.
Phillsbury Sound
Bluebeard's Beach
The Ritz-Carlton
Jersey Bay
Cruz Bay
Virgin Islands Nat. Park
295
Palestina
Coral Bay
389
Petro-glyphes
Calabash Boom
Ruins
Reef Bay
Rendezvous Bay
Salt Pond B.
WATER ISLAND
Sprat Pt.
FRENCHCAP CAY
Limetree Beach
Packet Rock
Bolongo Bay
SABA I.
GREAT ST. JAMES I.
LITTLE ST. JAMES I.
DOG I.
ST. THOMAS (U.S.)
ST. JOHN (U.S.)
BUCK I.
CAPELLA ISLAND
Natl. Wildlife Refuge
1 Frenchman's Reef
2 Bluebeard's Castle
3 Caneel Bay Resort
4 Cinnamon Bay Reort & Campground
5 Maho Bay Campground
VIRGIN ISLANDS
0 8 km
0 4 miles
© Nelles Verlag GmbH, München

Set Bay
Keel Pt.
Windkiss Bight
Soldier Pt.
Loblolly Bay
West End Pt.
Flamingo Pond
Bird Sanctuary
Red Pond
Table Bay
Pomato Point
Anegada Reef H.
Setting Point
Airfield
The Settlement
Lower Bay
Budrock Pond
★ANEGADA
(U.K.)
White Bay
East End Pt.
Necker Island
NECKER I.
6 Frenchmans
7 Long Bay Beach Club
8 Sugar Mill Hotel
9 Sebastian's On The Beach
VIRGIN GORDA
(U.K.)
Prickly Pear Nat. Park
PRICKLY PEAR I.
MOSQUITO I.
North Bay Bluff
West Dog Nat. Park
GEORGE DOG
Long Bay
★Gorda Peak Nat. Park
Bitter End Yacht Club
GUANA ISLAND
Towing Pt.
GREAT CAMANOE I.
WEST DOG
Katitche Point Greathouse
414
Gun Creek
Guana Island
North Bay
TORTOLA
(U.K.)
Bail's Ground
Cam Bay
GREAT DOG
Pond Bay
South Sound
White Bay
LITTLE CAMANOE I.
SCRUB I.
South Sound Bluff
Mt. Healthy & Windmill Ruin Nat. Park
Rough Pt.
Long Bay
Pusser's Marina Cay
Little Dix Bay
Bens Bay
St. Thomas B.
Brewers Bay
Wesley Will
Long Swamp
T.B. Lettsome Intl. Airport
The Valley (Spanish Town)
Airport
Taylors Bay
★Cane Garden Bay
Long Look
385
East End Bay
Bluff Bay
BEEF I.
Guavaberry Spring Bay
Bot. Garden
Ft. Shirley
The Bluff
★★The Baths & Devil's Bay Nat. Park
Crook's Bay
Carrot B.
Road Town
BUCK I.
FALLEN JERUSALEM
Whelk Pt.
7 8 9
523
Sea Cow Bay
Mooring's
Maria's by the Sea
Channel
Round Rock Passage
Rocky Bay
ROUND ROCK
★Mt. Sage Nat. Park
Hannah
Drake
West End
Fort Recovery
Francis
Manchioneel Bay
Cooper I. Beach Club
GINGER I.
6 FRENCHMANS CAY
Sir
DEAD CHEST I.
SALT I.
The Sound
COOPER I.
Great Habour
Peter I. Resort
★★Wreck of the Rhone
Hurricane Hole
Haulover Bay
Spyglass Reef
Salt Island Passage
Rogers Pt.
White Bay
East End
Coral Bay
FLANAGAN I.
Passage
PELICAN I.
★★PETER ISLAND
Peter I. Bluff
★The Bight
Treasure Pt.
Money Bay
NORMAN ISLAND
Flanagan
Baron Bluff
Columbus Bay
★Buck I. Reef Natl. Monument (Underwater Trail)
★BUCK ISLAND
★Cane Bay
★Cormorant Beach
Hams Bluff
★Davis Bay Beach
Salt River Bay Natl. Hist. Pk.
Buck Island Channel
Palms at Pelican Cove
The Reef
GREEN CAY
Hams Bay
La Vallee
Cramer Park B.
Carambola Beach Resort
Mount Eagle 351
Protestant Bay
Tague Bay
Butler Bay
Salt R.
Fort Louise Augusta
Reef Golf Course
Carambola Golf Course
Annaly
Christiansted
Caravelle
★Fort Christiansvaern
SEVEN HILLS
263
★Sprat Hall Beach
Bethlehem Old Work
Fredensborg
259
Recovery Hill
Grapetree Bay B.
★Rainbow B.
St. George Vill. Botanical Gardens
University of the Virgin Is.
Grange
Grass Point
Fort Frederik
Profit
Work and Rest
Frederiksted
★Whim Plantation Museum
Cruzan Rum Distillery
Paradise
Oil Refinery
Great Pond Bay
Sonofa Beach
Camporico
Henry E. Rohlsen Airport
Canegarden Bay
Long Point B.
ST. CROIX
(U.S.)
Pt. Chikitu
HARVEY I.
Sandy Pt. Beach
Carlton Beach

Foto: Christian Heeb

US-VIRGIN ISLANDS

In vielerlei Hinsicht sind die USVI sehr amerikanisch, doch sie haben eine dänische Vergangenheit, was in diesem beliebten karibischen Ferienziel noch an der Architektur zahlreicher älterer Gebäude zu erkennen ist. Obwohl die Inseln von den Spaniern entdeckt und ab 1625 erst von Engländern und Holländern, dann von Spaniern und Franzosen besiedelt wurden, waren sie dann von 1666 bis 1917 in dänischem Besitz. Dann kauften die USA die Inseln für 25 Millionen Golddollar und sicherten sich so einen Marinestützpunkt in der Region. Seither sind die Inseln ein Außengebiet der USA. Die Beziehungen zwischen den dänischen Inseln und Nordamerika waren seit jeher gut. So wurde, als die junge Amerikanische Republik im Jahr 1776 ihre Unabhängigkeit von Großbritannien erklärte, einer der ersten ausländischen Salutschüsse vom Fort Frederik in St. Croix abgefeuert.

Oben: Segelboote vor Anker in Cruz Bay, St. John, US-Virgin Islands. Rechts: Trockenhaube überflüssig.

Wenn der Archipel auch aus unzähligen kleinen Inseln besteht, so konzentriert sich doch alles auf die drei Hauptinseln mit insgesamt ca. 108 000 Einwohnern: **St. Thomas** und **St. John**, die so nah beieinander liegen, dass sie quasi ein Urlaubsziel bilden, und **St. Croix**, das man „croi" ausspricht. Ihr Name stammt aus der spanischen Entdeckerzeit, als Kolumbus die Insel höchstpersönlich Santa Cruz taufte.

In St. Thomas pendelt vom Pier „Red Hook" regelmäßig eine Fähre zur Cruz Bay auf St. John, die sie in 20 Minuten erreicht. St. Croix liegt jedoch 58 km entfernt – und das ist eine längere Bootsfahrt oder ein 25-minütiger Flug mit dem Sea Plane Shuttle (Flugboot, Seaborne Aviation, www.seaborneairlines.com), zum Henry E. Rohlsen Airport.

Reisende können zwischen drei sehr unterschiedlichen Ferienarten wählen: St. Thomas mit quirligem Treiben, St.

» Karte S. 88-89, Info S. 106-107

Foto: Mark Downey (Viesti Associates)

John mit dem Nationalpark, abgeschiedenen Campingplätzen und Ferienanlagen und St. Croix mit dem beschaulichen Charme vergangener Tage.

Die meisten Einheimischen sind dunkelhäutig und haben afrikanische Sklaven als Urahnen. Kulturell sind die Inseln heute ein Cocktail aus mitreißendem afrikanischem Rhythmus, amerikanischer Lässigkeit und europäischer Würde. Eine der besten Gelegenheiten, die Insulaner in ihrem Element zu erleben, ist ein *fry* – ein Grillfest, wo es neben einheimischen Spezialitäten wie frischem Fisch und *fungi* (karibischen Maismehlknödeln), live-Musik, nette Leute und ein Ingwerbier namens *maubi* gibt. Diese Feste werden meist an der Hotelrezeption angekündigt, in der Zeitung oder auf Plakaten. Plakate sind übrigens die westindische Version des Buschtelefons: neben der lokalen Radiostation sind sie so wichtig wie Zeitungen, wenn man erfahren möchte, wo etwas Besonderes los ist.

Sowohl auf St. Thomas als auch auf St. Croix gibt es Theater- und Kulturzentren, doch das Programm ist meist importiert. Wer an typisch einheimischen Darbietungen interessiert ist, sollte sich einmal eine Quadrille anschauen: Auf St. Croix wird die Kaiser-Quadrille aus dem 18. Jahrhundert und auf St. Thomas die plattdeutsche Quadrille, ebenfalls aus dem 18. Jahrhundert, getanzt. Auch solche altertümliche (Tanz-) Veranstaltungen werden durch Plakate angekündigt.

Einkaufen auf den USVI

Früher als Einkaufsparadiesfür zollfreie Markenartikel bekannt, ist St. Thomas heute zwar längst nicht mehr so preisgünstig, doch nach wie vor einer der Spitzenreiter in der Karibik. Auf St. Croix, sowohl in **Frederiksted** als auch in **Christiansted**, kann man gut und günstig einkaufen. Die Häfen sind Freihandelszonen, das heißt, es werden keine Steuern und keine Zölle erhoben. Dennoch sollte man vor dem Kauf den Preis immer sorgfältig prüfen.

Passable Einkaufsmöglichkeiten bie-

Foto: Christian Heeb

ten die Hotelgeschäfte, deren Preise an vielen Orten der Welt überhöht sein mögen; hier sind es jedoch in der Regel Filialen von Geschäften aus der Innenstadt und man bezahlt dieselben moderaten Preise wie dort.

Kleidung

Die Bewohner der US Virgin Islands sind wohlhabender als die der meisten anderen Inseln und meist sehr gut gekleidet, besonders im Geschäftsleben. Man sollte Bikinis oder Badehosen nur an Touristenstränden tragen; es ist verboten, in Badekleidung oder spärlich bekleidet durch die Straßen zu gehen.

ST. THOMAS

Früher war es abenteuerlich, mit dem Flugzeug nach St. Thomas zu reisen. 1990 wurde die Landebahn deshalb verlängert – trotzdem stürzte 2006 ein Postflugzeug direkt nach dem Start ins Meer und ist nun eine Unterwasserattraktion.

In ★★**Charlotte Amalie**, der bunten Hauptstadt von St. Thomas, herrscht ein reges Treiben mit fröhlichen Einkaufsbummlern, hupendem Verkehr und munterem Menschengedränge. Die Stadt mit ihren engen Sträßchen und Gassen, an denen sich in ehemaligen dänischen Lagerhäusern Geschäft an Geschäft reiht, zählt zu den beliebtesten Kreuzfahrthäfen der Karibik. Heute kommt hier jedes Jahr über eine Million Menschen mit den Riesenschiffen an – mehr als doppelt so viele wie mit dem Flugzeug. Und Charlotte Amalie breitet als Willkommensgruß einen reich gedeckten (Waren-)Tisch vor ihnen aus.

Die Straßen wurden in dänischer Zeit angelegt, als es noch keine Autos gab: sie sind unglaublich eng. Der ideale Ausgangspunkt für einen Stadtbummel ist der **Emancipation Square**. Ein ganzer Tag ist nicht zuviel, um hier in Ruhe einzukaufen, einen Imbiss zu nehmen,

Oben: Das Kreuzfahrtschiff Carnival Glory im Hafen von Charlotte Amalie, St. Thomas. Rechts: Die Peter- und Paul-Kathedrale von 1848 in Charlotte Amalie.

» Karte S. 88-89, Info S. 106-107

Foto: Ramunas Bruzas (Dreamstime)

Leute zu beobachten und nett zu Abend zu essen. Die Geschäfte bieten die üblichen zollfreien Waren an, die man in jedem Kreuzfahrthafen findet. Aber auch dem, der nicht einkaufen will, macht es einfach Spaß, dem lebhaften Getriebe vor der Kulisse der schönen alten dänischen Architektur zuzusehen.

In der Innenstadt liegt auch das Informationszentrum für Besucher, das **Visitor's Center**, das schräg gegenüber des ehemaligen **Grand Hotels** aus dem 19. Jahrhundert untergebracht ist. Ein weiteres Touristenbüro liegt beim **West Indian Company Dock**. Interessant ist das im Jahr 1671 erbaute **★Fort Christian**, das heute ein Museum mit Ausstellungsstücken zur indianischen Besiedlung und zur dänischen Kolonialzeit beherbergt. Die Verliese des alten Backsteingebäudes wurden noch bis in die 1960er Jahre benutzt! Sehenswert ist auch die lutherische **Frederick Church**, die im 18. Jh. errichtet wurde.

Hinter der Kirche liegt das historische **★Hotel 1829**, das von einem französischen Kapitän gegründet wurde, und östlich davon führen die berühmten **99 Stufen** (in Wirklichkeit sind es 103) zum **★Crown House** hinauf, einer herrschaftlichen dänischen Villa, die 1750 für den Gouverneur gebaut wurde. Ihr Kristalllüster soll aus dem Palast von Versailles stammen. Der US-Gouverneur residiert heute im **Government House**, das in den 1860er Jahren gebaut wurde und dessen beide untere Etagen besichtigt werden können.

In der Nähe erhebt sich das **★Blackbeard's Castle**, das im 17. Jh. als Fort Skytsborg von den Dänen erbaut wurde. Sein Name erinnert an den berüchtigten Edward Teach alias Blackbeard, einen der berühmtesten Piraten der Karibischen See. Verwechseln Sie das Fort nicht mit **Bluebeard's Tower** am Ostrand der Stadt. Ursprünglich als Wachtturm für Fort Christian erbaut, soll es einst das Versteck eines anderen berühmten Piraten namens Bluebeard gewesen sein. Heute sind hier die Flitterwochen-Suiten eines großen Hotels.

Schon früh kamen europäische Juden als Siedler nach St. Thomas. Ihre

» Karte S. 88-89, Info S. 106-107

Foto: Hans-Horst Skupy

1833 erbaute **Synagoge** an der Ecke Crystal Gade und Raadets Gade ist eine der ältesten auf den westindischen Inseln. In sephardischer Tradition ist der Boden zur Erinnerung an den Auszug aus Ägypten immer mit Sand bestreut. Das Haus des impressionistischen Malers Camille Pissarro, dem Sohn eines jüdischen Kaufmanns der Insel, ist heute ein Geschäfts- und Bürogebäude an der Brewer Bay Street. Im **Reichhold-Kunstzentrum** (www.reichholdcenter.org), einem Freilichttheater, wird allerlei Unterhaltung geboten: Jazz, Folklore, Ballett, Reggae- und Sinfoniekonzerte.

Die übrige Insel kann man in einer ein- bis zweistündigen Rundfahrt mit dem Safari-Bus oder dem Taxi erkunden. Viele Hotels arrangieren die Fahrten, Taxen findet man überall. Die Taxigebühr, die gesetzlich festgelegt ist, richtet sich nach dem Fahrziel. Die Hügel sind steil, die Bergstraßen haben viele Serpentinen. Ein öffentlicher Bus verkehrt zwischen Charlotte Amalie, Red Hook und Bordeaux. Mietwagen und Leihmotorroller gibt es ebenfalls, doch ist es für manchen Gast nicht ganz einfach, sich auf der Insel zurechtzufinden, auf der, gewöhnungsbedürftig, Linksverkehr herrscht.

Oben: Rabbi-Parkplatz an der Synagoge von Charlotte Amalie. Rechts: Faszinierende Unterwasserwelt.

Bei einer Inselrundfahrt mit einem Führer kann man unterwegs anhalten, um interessante Blumen und Büsche kennen zu lernen. Viele, zum Beispiel Jasmin und Immergrün, sind vertraut, andere wie der stachelige *catch-and-keep, jumbi cutlass, nothing nut, pink shower*, ein stacheliger Baum mit dem Namen *monkey-don't-climb* und *clashie melashie* kennt wahrscheinlich kaum jemand – zumindest nicht unter ihren witzigen einheimischen Namen. Zu den Besonderheiten zählen weiter kleine scharlachrote Blumen namens *jump-up-and-kiss-me* (dt. spring-auf-und-küss-mich) und die empfindsame Mimose, die ihre Blätter zusammenfaltet, sobald etwas in ihre Nähe kommt. Außerdem gibt es auch Dutzende von Orchideenarten auf den Virgin Islands. Ein guter Führer wird öfter anhalten und einige der köstlichen wildwachsenden Früchte für Sie pflücken.

Zur Vogelwelt der Insel gehören Kormorane, Pelikane und Sittiche. Der Mangrovenkuckuck wird hier „Stummer Vogel" genannt, und der Sperber heißt *killy-dilly.* Spottdrosseln, die jeden Gehweg in eine zwitschernde Konzerthalle verwandeln, gibt es überall.

Ein Standardziel von Besichtigungsrundfahrten ist auch ★**Drake's Seat** im Norden der Insel, wo, wie die Legende sagt, Sir Francis Drake das Meer beobachtet haben soll. Von hier oben hat man einen fantastischen Ausblick, und man erkennt die herzförmige Beschaffenheit von ★**Magens Bay**, einer der beliebtesten Flitterwochen-Buchten der Welt. Ein ähnlich schönes Panorama bietet sich vom ★**St. Peter Mountain**, wo während des Zweiten Weltkrieges eine Sendestation der Alliierten war.

» Karte S. 88-89, Info S. 106-107

Foto: Steve Woron (Dreamstime)

Viele Rundfahrten enden am Unterwasser-Observatorium ★**Coral World Ocean Park**. Diese überwältigende Touristenattraktion am ★**Coki Beach** wurde direkt über einem Riff errichtet. Im Hauptgebäude steigt man auf einer Wendeltreppe in einen riesigen Zylinder hinunter und steht plötzlich direkt auf dem Riff, wo man durch Glas das Leben auf dem Meeresgrund beobachten kann. Andere interessante Schaubecken des zwei Hektar großen Areals sind der **Touch Pond**, ein „Streichelteich“, wo man verschiedene Meereslebewesen anfassen darf, der **Baby Shark Pond** mit den Haifisch-Jungen, der **Sea Turtle Pool** mit den Seeschildkröten, der **Reef Tank** mit Haien, Barracudas und Mantas, und das **Marine Gardens Aquarium** mit 21 Salzwasserbecken für exotische Fische. Um 15 Uhr wird ein geführter Rundgang angeboten, man kann aber auch allein herumstreifen. Man sollte mindestens einen halben Tag für den Besuch einplanen. Auf dem Gelände gibt es Snack Bars, Restaurants und Souvenirgeschäfte. Mit der Tageskarte darf man das Gelände zwischendurch verlassen, um am Coki Beach zu schwimmen. Coral World (http://coralworldvi.com) ist ganzjährig geöffnet.

Besondere Erlebnisse verspricht eine Unterwassersafari, für die mehrere Spezialveranstalter zur Verfügung stehen. **Underwater Safaris** (Tel. 774-3737, www.diveusvi.com) bietet geführte Tauchgänge auf der Südseite von St. Thomas an. Die Gäste werden mit großen Katamaranen (Zulassung für bis zu 49 Taucher) zu den Tauchgründen befördert und erleben dort die Unterwasserfauna und -flora der Kleinen Antillen.

Die Strände von St. Thomas sind ein Traum: Abgesehen vom Coki Beach locken der ★**Brewer's Beach** mit schattigen Picknick-Tischen, **Lindquist Beach** im Nordosten, **Hull Bay**, wenn man an der Nordküste surfen will, **Limetree Beach** in einer malerischen Bucht, **Lindbergh Beach** mit Badehaus und die berühmten Strände ★**Magens Bay**, **Morningstar Beach** und **Sapphire Beach**. **Bluebeard's Beach** ist – besonders am

» Karte S. 88-89, Info S. 106-107

Foto: Randy Morse (Viesti Associates)

Wochenende – bei Windsurfern beliebt.

Privatbesitz endet auf den USVI übrigens an der Hochflut-Grenze, so dass jeder jeden Strand genießen kann. Weitere Aktivitäten sind Parasailing, Fischen, Windsurfen, Bootsfahrten, Segeltouren, Tauchen, Golf und Tennis.

Tauchen vor den USVI

Das Angebot an Tauchbooten, Führern und an neuester Ausrüstung ist auf den USVI sehr gut. Selbst wenn Ihr Hotel keine eigene Tauchbasis hat, kann es gute Adressen von Tauchergeschäften, Lehrern und Booten vermitteln.

Eine familiäre All Inclusive-Ferienanlage, die auch Tauchtouren organisiert, ist **Bolongo Bay** auf St. Thomas, zu der auch der **St. Thomas Diving Club** gehört. Das **Sapphire Beach Resort** und **The West Indies Inn** erweitern die Tauch-Palette von St. Thomas, und schließlich gibt es auch Tauchfahrten auf der **Triworld**, einem 17 m langen und luxuriösen Trimaran.

Oben: Tauchen eröffnet ungewöhnliche Perspektiven. Rechts: Ein Leguan auf St. John.

Auf St. Croix werden Tauchtouren angeboten von **Caravelle**, **The Buccaneer** und dem **Club St. Croix**, außerdem über eine zentrale Reservierungsstelle von: **Cormorant Beach Club, Hotel on the Cay, King Christian Hotel, Pink Fancy Hotel** und **Chenay Bay Beach Colony**. Aktuelle Angebote, auch für die Nebensaison, erfragt man am besten direkt bei den verschiedenen Veranstaltern und den Touristenbüros. Angeboten werden Tauch-Touren für Anfänger und Profis. Unterwasser-Fotoapparate und Videokameras können gemietet werden, einige Tauchgeschäfte drucken auch Fotos.

Die beliebtesten Ziele für Taucher sind: ★**Buck Island** (s. S. 99) vor St. Croix, seit 1961 der einzige **Nationalpark** der USA, der unter Wasser liegt und auch zum Schnorcheln gut geeignet ist; **Frenchcap Cay** vor St. Thomas, wo man einen 24 m hohen Unterwassergipfel erkunden kann; **Sprat Point** vor Charlotte Amalie und **The Tunnels**

» Karte S. 88-89, Info S. 106-107

in **Thatch Cay**. In der **Trunk Bay** vor St. John gibt es (wie auch bei Bucks Island) einen Unterwasserpfad mit Beschreibungen auf verankerten Tafeln. Hinzu kommt das **★★Wrack der Rhone**, ein englisches Paketboot, das 1867 vor der Küste von Salt Island (British Virgin Islands) untergegangen ist.

Wer nachts tauchen will, sollte an den **★Coki Beach** fahren. Tagsüber wird der Strand von Kreuzfahrtpassagieren überrannt, doch nachts teilt man das wunderbare Riff, an dem **Coral World** liegt, nur mit anderen Tauchern und dem glitzernden Tarpon. Die Unterwasserwelt der Virgin Islands ist ein einzigartiges Schauspiel. Man sieht Korallenäste von der Größe eines Hauses und Venusfächer so groß wie Apfelbäume, die sich in der Strömung wiegen und ihr zartes Gelb und Lila der Kamera darbieten.

Nach einem Wrack zu tauchen, ist immer aufregend, nicht nur weil einige der Schiffe Jahrhunderte alt sind, sondern weil jedes gesunkene Schiff, wie *The Barges*, die vor dem Zweiten Weltkrieg unterging, als künstliches Riff zahlreichen Fischen Lebensraum bietet. Das Wrack des 60 m langen Frachters *Cartanser Senior* liegt in drei Teilen in der Nähe von **Little Buck Island**. Tauchführer füttern hier die Fische regelmäßig, um eine ständige Vorführung für ihre Kunden zu sichern. **Packet Rock**, in der Nähe von Bolongo Bay, ist berühmt wegen seiner Wracks, darunter die *HMS Warwick* aus viktorianischer Zeit. Von dem Schiff selbst ist nicht mehr viel übrig, aber Taucher finden manchmal noch Überreste davon auf dem Meeresgrund. Reste der *Major General Rogers*, einem Bojen-Tender der amerikanischen Küstenwache, sieht man in 13,5 m Tiefe vor St. John. Viele Wracks, darunter der 53 m lange Frachter *Rosaomaira* und der Schlepper *Northwind* liegen vor Frederiksted.

Zum Steilwand-Tauchen bietet sich der **Salt River** an, wo der Grund 300 m steil nach unten abfällt. In ungefähr 25 Metern Tiefe wachsen hier schwarze Korallen.

Foto: Dale Walsh (iStockphoto)

ST. JOHN

Schon die Fährüberfahrt von St. Thomas nach St. John ist ein Erlebnis. St. John ist so unberührt wie St. Thomas touristisch ist. An der Anlegestelle in **Cruz Bay** warten Taxis und Führer, die Insel-Safaris in Bussen und Jeeps anbieten; empfehlenswert für einen Kurzbesuch. Für einen längeren Aufenthalt lohnt es sich jedoch, ein Fahrzeug zu mieten.

Zwei Drittel von St. John werden vom **★Virgin Islands National Park** eingenommen; die Insel ist einer der wenigen Orte der Karibik mit guten Campingplätzen. Der **Cinnamon Bay Resort & Campground** (www.cinnamonbayresort.com) liegt an einem Strand des Nationalparkes mit einem berühmten **Unterwasserpfad für Schnorchler**. Man kann dort Häuschen oder einen Platz zum Campen mit und ohne Zelt mieten, doch muss man Monate im voraus reservieren. Die private Anlage **Maho Bay** (www.maho.org) bietet einen luxuriösen Campingplatz am Strand, Verleih

Foto: Christian Heeb

von Wassersportgerät und ein gutes Restaurant.

Die Ranger des Nationalparks halten in der Cinnamon Bay samstags und sonntags kostenlose Vorträge, in denen sie die Geschichte der Insel und das Meeresleben beschreiben. Jeden Dienstag findet die Wanderung **Reef Bay Hike** durch die Mangroven-Lagunen statt. Schnorchel-Anfänger können mit einem Ranger den **Underwater Trail** ausprobieren.

Per Boot kann man interessante Rundfahrten um die Insel machen. ★**Coral Bay** ist ein schöner Ankerplatz, wo auch Getränke und Snacks serviert werden, am Anlegeplatz Hurricane Hole trifft man hingegen meist keine Menschenseele. Von der ★**Caneel Bay** aus, wo sich auch die exklusive Ferienanlage **Caneel Bay Plantage** befindet, und vorbei an Hawks Nest Bay gelangt man zur ★**Trunk Bay**, einem der schönsten Badegebiete.

Oben: Weißer Strand und türkisfarbenes Wasser – die Trunk Bay auf St. John ist ein wunderbarer Badeplatz. Rechts: Carambola Golf Course Beach Resort auf St. Croix.

Sehenswert auf St. John sind die Ruinen der **Annaberg-Plantage** mit der großen **Windmühle**. Die früheren Unterkünfte der Sklaven wurden teilweise restauriert. Mittwochs und freitags wird zwischen 10 und 13 Uhr demonstriert, wie man in den Tagen des dänischen Kolonialismus Heilpflanzen präparierte, webte, backte und die Felder terrassierte. Die Herstellung von Holzkohle, einst ein wichtiger Erwerbszweig befreiter Sklaven, wird ebenfalls erklärt. Eine Wanderung auf der 1780 entstandenen Zucker-Plantage oder ein Rundgang mit einem Ranger lohnt: Folgt man dem Weg der Zuckerrohrtransporte, kommt man über einen steilen und zerklüfteten Hügelpfad zu einem wunderbaren **Strand**.

ST. CROIX

St. Croix unterscheidet sich etwas von den anderen Virgin Islands. Sie ist größer als die anderen, und ihre Ober-

» Karte S. 88-89, Info S. 106-107

Foto: Christian Heeb

fläche ist nicht so bergig und zerklüftet, weshalb sie auch zum Golfsportzentrum der Inselgruppe avancierte. Neben einem ländlichen, ruhigen und wohlhabenden Erscheinungsbild besitzt es die meisten und schönsten historischen Stätten der drei großen amerikanischen Jungferninseln. Und vor der Tür liegt der Nationalpark ★**Buck Island Reef** – ein Mekka für Schnorchler und Taucher, das einen Tagesausflug lohnt, insbesondere der Unterwasser-Schnorchelpfad **Bucks Island Reef Natural Trail**. ★**Buck Island** selbst besitzt einen schönen weißen Naturstrand.

Die Insel St. Croix hat zwei Hauptorte, Christiansted und Frederiksted, beide von gepflegtem, etwas verblasstem dänischem Charme. In beiden Städtchen gibt es Duty-free-Geschäfte, hervorragende Restaurants, zwanglose Bars, wo man bei einem Rumcocktail entspannen kann. Dort herrscht soviel Yankee-Atmosphäre, dass man kaum vergessen wird, hier auf US-amerikanischem Boden zu sein.

★**Christiansted** könnte eine dänische Siedlung aus dem 18. Jh. sein, das – sich den tropischen Passatwinden hingebend – in ein palmenbestandenes Paradies versetzt wurde. Strenge Säulengänge beschatten die Gehwege, die an verführerischen Geschäften, malerischen Boutiquen und versteckten Innenhöfen mit Restaurants vorbeiführen. Auf einem kleinen Rundgang kommt man auch zum **Old Scale House** aus dem Jahr 1856, wo man Waren, die im Hafen umgeschlagen wurden, abwog. Heute ist dort das **Visitors' Bureau**, die Touristeninformation, untergebracht.

Ganz in der Nähe erhebt sich ★**Fort Christiansvaern** aus dem 18. Jh., von dessen Wall sich ein toller Ausblick bietet. Es ist den ganzen Tag geöffnet. Der größte Teil des Hafenviertels ist eine denkmalgeschützte Altstadtzone, sowohl das Fort als auch andere historische Gebäude werden vom National Park Service verwaltet. Deshalb ist es leicht, im Fort einen Aufseher zu finden, der gern Fragen beantwortet.

Gegenüber liegt das **Steeple Building** von 1749, das der Dänischen West-

Foto: Linda Morland (Dreamstime)

indien-Kompanie als Lagerhaus diente. Heute ist darin ein kleines **Museum** mit Kunstgegenständen der Arawak und Kariben untergebracht.

Auch die benachbarte älteste **lutherische Kirche** der Insel (1753) beherbergt ein kleines Museum.

Die **Apothecary Hall** in der **Company Street** vermittelt noch immer die Atmosphäre aus der Zeit, als hier ein dänischer Apotheker wohnte und arbeitete. Von hier kann man zur Ecke **Queens Cross Street** und **King Street** gehen, wo das **Governor's House** steht, dessen älteste Bausubstanz ebenfalls auf das 18. Jh. zurückgeht. Heute wird es als Bürogebäude genutzt, jedoch hat niemand etwas dagegen, wenn man einen Blick auf die prächtige Treppe zum ehemaligen Ballsaal wirft.

Weitere sehenswerte Kirchen sind die neugotische **Anglican Church** und die **Moravian Church** aus dem 18. Jh.

Oben: Die Enkelin wird eingewiesen in die Grundkenntnisse des Segelns. Rechts: Auge in Auge mit einem Rochen.

Seit 1752 dominiert das Fort Frederik den Ort **Frederiksted**. Doch nachdem 1878 ein Brand alle Häuser zerstörte, hat sich diese zweitgrößte Stadt auf St. Croix völlig verändert. Da der Wiederaufbau ganz im Stil der damaligen Zeit durchgeführt wurde, zeigt das Stadtbild deutlich viktorianische Züge. Und auch jede spätere Restaurierung, wie die Wiederaufbau-Arbeiten nach dem Hurrikan „Hugo", lehnte sich an diesen ursprünglich britischen Stil an.

Ein Spaziergang durch die Stadt führt zunächst zum Fort Frederik mit seinem kleinen Museum, dann durch enge Sträßchen zur **Moravian Church**, der Kirche der Herrnhuter aus dem Jahr 1774, weiter zu der nur zwei Jahre später errichteten **Lutheran Church** und zur **Anglican Church** aus dem Jahr 1812. Mit dem Bau der katholischen Kirche von Frederiksted, **St. Patrick's Church**, wurde erst ab 1840 begonnen. Jahrhundertelang war ein riesiger Banyan-Feigenbaum das Wahrzeichen der **Fisher Street**, bis ihn schließlich der Wirbelsturm Hugo entwurzelte. Spenden aus aller Welt trafen zur Rettung des Baumes ein. Ganz in der Nähe kommen die Fischer zusammen, um ihren Fang zu putzen, sie möchten dabei aber nicht fotografiert werden.

Es lohnt sich, ein Auto oder einen Jeep zu mieten und ein bisschen abseits der Strände umherzufahren, um die historischen Stätten zu besichtigen. Die Straßen sind breit und gut beschildert, und hinter jeder Kurve sieht man eine Windmühle oder hat einen atemberaubenden Blick über das Meer. Zwischen Christiansted und Frederiksted verkehrt außerdem ein geräumiges Sammeltaxi.

Unweit von Frederiksted liegt das ★**Whim Plantation Museum**, das restaurierte Herrenhaus einer Plantage aus der Zeit des Zuckerbooms. Die elegante Villa wurde sorgfältig restauriert und mit Antiquitäten aus dem 18. Jh. möbliert. Oft wird hier noch der traditionelle Johnny Cake von St. Croix aus Maismehl gebacken, und draußen vermischt sich

» Karte S. 88-89, Info S. 106-107

Foto: Mark Downey (Viesti Associates)

dann der Duft der Backstube wie in alten Zeiten mit dem Geruch der Blumen, Bäume und Gräser. Man sollte sich ein paar Stunden Zeit nehmen, um das Herrenhaus und die Nebengebäude sowie das zugehörige Gelände zu besichtigen, das nach wie vor weitläufig ist, auch wenn es statt der einstigen 60 ha nur noch 5 ha umfasst. Die Plantage ist täglich geöffnet; im Haus gibt es Führungen.Wenn man weiter über die Insel fährt, sieht man noch andere Herrenhäuser, einige davon in Privatbesitz, andere sind heute Restaurants.

Der **Botanische Garten St. George Village** wurde um eine verlassene dänische Arbeitersiedlung herum eingerichtet, die im 19. Jh. zu einer Plantage gehörte. Am Eingang bekommt man eine Karte und kann auf eigene Faust herumstreifen. Es gibt einen Weg durch den Regenwald, einen Obstgarten, Ruinen der ehemaligen Rumbrennerei und der Zuckerpresse, eine Schmiedewerkstatt und den originalegetreuen Nachbau einer Arawak-Hütte. Bevor die Spanier kamen, befand sich hier die größte Arawak-Siedlung von St. Croix (www.sgvbg.com). Die Gärten sind täglich 9-16 Uhr geöffnet, Spenden sind willkommen.

Die Rumbrennerei von St. Croix, die **Cruzan Rum Distillery** (Besichtigung möglich), füllt auch in großen Mengen Rum für andere Firmen ab – jedoch unter strenger Geheimhaltung für welche –, und so haben die meisten Besucher den Rum schon vorher einmal getrunken. Rum aus St. Croix ist einer der besten, den die Karibik zu bieten hat; es gibt braunen und weißen, mit einem Alkoholgehalt von 21-75,5 %.

Ein einzigartiges Vergnügen ist es, die Insel zu Pferd zu erkunden. Berittene Führer begleiten die Ausflüge, erklären die historischen Stätten und die einheimische Vegetation. Ein Spezialangebot, das in St. Thomas angeboten wird, beinhaltet den Flug nach St. Croix, einen eintägigen Rundritt und eine Übernachtung in Sprat Hall.

Wie auf den anderen Jungferninseln gibt es auch auf St. Croix schöne Strände wie beispielsweise **Cramer**

» Karte S. 88-89, Info S. 106-107

Foto: Christian Heeb

Park, ★**Davis Bay**, **Protestant Bay**, **The Reef**, **Sandy Point**, ★**Sprat Hall Beach**, ★**Rainbow Beach**, ★**Cane Bay**, **Grapetree Bay** und den malerisch mit Kokospalmen gesäumten Strand des ★**Cormorant Beach**. Auch eine Fahrt nach ★**Buck Island** (s. S. 99) ist einfach ein Muss.

BRITISH VIRGIN ISLANDS

Die Virgin Islands wurden zwar erstmals von Kolumbus erwähnt, der alles für Spanien in Besitz nahm, aber es war Sir Francis Drake, der sie in die englische Landkarte eintrug. Die Inseln entwickelten sich anfangs nur langsam. Sie waren klein, karg und schwer zu verteidigen. Doch um 1756, als die Baumwoll- und Zuckerpreise in Europa stiegen, kamen Siedler, brachten Saatgut sowie Sklaven mit und begannen, das Land urbar zu machen. Da in jenen Tagen die Piraterie in der Karibik florierte, suchten die Engländer einen zentralen Ort für ein Seeräubergericht. Ihre Wahl fiel auf die Stadt Road Town der Insel Tortola, die nun zum Zentrum politischer Intrigen wurde – und all der Reichtümer, die daraus hervorgingen. Und seither blieben die Briten auf den Virgin Islands.

Der Wohlstand währte allerdings weniger als ein Jahrhundert. Zucker aus Rüben wurde in Europa zu einer billigeren Alternative zum karibischen Rohrzucker. In England mehrten sich zudem die Stimmen gegen die Sklaverei, und die schwarzen Leibeigenen auf den Inseln wurden immer rebellischer. Zwischen 1834 und 1838 wurden sie auf den britischen Inseln freigelassen, Jahrzehnte vor der Abschaffung der Sklaverei auf den dänischen Inseln (den heutigen US-Virgin Islands). Damit wurde Tortola zu einem Anziehungspunkt für entflohene Sklaven aus St. John.

Im Jahr 1819 vernichtete ein Hurrikan die gesamte Zuckerrohrernte der Insel – ein Schlag, von dem sich die Farmer nie

Oben: British Virgin Islands aus der Vogelperspektive. Rechts: Wer es gern bunt mag, ist auf Tortola richtig.

» Karte S. 88-89, Info S. 106-107

Foto: Lidian Neeleman (Dreamstime)

mehr erholten, zumal sie das Zuckerrohr auch nicht durch eine andere, ähnlich lukrative Frucht ersetzen konnten. Um 1850 gab es nur noch ungefähr 500 Weiße auf den Inseln. Der Tourismus hat seit 1964 Tradition – als Rockefeller das erste Luxusresort gründete: das diskrete **Little Dix Bay** auf Virgin Gorda.

Die British Virgin Islands zählen heute zu den wohlhabendsten Inseln, auch dank ihrer Steuerparadies-Funktion: Für 1500 $ lässt sich hier in 48 Std. eine Tarnfirma gründen; es gibt 800 000 davon – bei 30 000 Einwohnern. Die USA verlangen jedoch neuerdings mehr Austausch von steuerrelevanten Informationen.

Die Inseln des Archipels sind miteinander durch regelmäßige Fährdienste, Charterboote und Privatboote verbunden. Flugverbindungen gibt es zwischen den Hauptinseln Tortola (mit Beef Island), Anegada und den amerikanischen Nachbarinseln St. Thomas und St. Croix oder den etwas weiter entfernten wie St. Maarten, St. Kitts, Antigua, Dominica sowie zwischen San Juan in Puerto Rico und Tortola oder Virgin Gorda.

TORTOLA

Tortola, die größte Insel der British Virgin Islands, ist 20 km lang, 5 km breit und hat etwa 23 500 Einwohner auf 55,7 km^2.

Schiffspassagiere kommen entweder in **Road Town** oder in **West End** an. Dort sowie am **Internationalen Flughafen** von **Beef Island** (durch die Queen Elizabeth II Bridge mit Tortola verbunden) warten Taxis, mit denen man Insel-Rundfahrten unternehmen kann (Preis vorab vereinbaren!). Fahrräder kann man in Road Town mieten, außerdem werden organisierte Rundfahrten angeboten. Tortola hat noch die verschlafene Atmosphäre einer abgeschiedenen Insel, obwohl seine Hauptstadt Road Town der Verwaltungssitz der Inselgruppe ist und das Geschäft mit Charterjachten blüht.

Zu Tortolas Sehenswürdigkeiten zählen der **Botanische Garten** in Road Town und der ★**Mount Sage National Park** im Südwesten der Insel. Von dem 523 m hohen Berggipfel, mitten im tro-

» Karte S. 88-89, Info S. 106-107

pischen Regenwald des Naturschutzgebietes, bietet sich ein fantastischer **Ausblick**. Interessant sind auch die Ruinen von **Fort Recovery**, das die Holländer um 1660 erbauten, an der Küstenstraße zum West End.

Ein beliebter Tagesausflug führt zur ★**Cane Garden Bay**, einem bezaubernden, palmengesäumten Strand an der Nordwestküste, wo auch Bars, Restaurants und **Callwood's Rum Distillery** auf Besucher warten.

EINSAME INSELN

Etwa 60 Inseln und Inselchen bilden die British Virgin Islands. Einige davon sind Privatbesitz, andere unbewohnt, und viele liegen so abgeschieden, dass man sie nur mit einem Charterboot erreichen kann. Im folgenden werden die interessantesten Ziele in alphabetischer Reihenfolge aufgeführt.

★**Anegada** war lange eine Falle für unvorsichtige Kapitäne, deren Schiffe auf den gefährlichen Riffen zerschellten. Die einzige Koralleninsel der BVI erhebt sich nur knapp neun Meter über den Meeresspiegel und ist von einem Riff umgeben, das mit Wracks übersät ist. Heute bestreiten die 200 Einwohner ihren Lebensunterhalt als Fischer oder Fremdenführer und mit den 20 Zimmern des **Anegada Reef Hotels**.

Cooper Island ist unbewohnt – abgesehen vom Personal des *Cooper Island Beach Club*. Wenn man in die **Manchioneel Bay** einläuft, sieht man Manchinell-Bäume mit kleinen grünen, apfelartigen Früchten. Die unscheinbaren Bäume, die Früchte und ihr Saft sind so hochgradig giftig, dass einige Leute, die nur den Rauch eines Leuchtfeuers aus der Bucht einatmeten, vorübergehend erblindet sein sollen.

Die Insel **Jost Van Dyke** wurde zwar nach einem gefürchteten holländischen Piraten benannt, doch ihre ersten Siedler waren Quäker, die Anfang des 18. Jh. hierher kamen, um Zuckerrohr anzubauen. Auf der Insel, die man mit einer Fähre von West End aus erreicht, gibt es schöne Strände wie **White Bay**, die berühmte ★**Foxy's Bar** sowie gute kleine Snackbars. Ein Muss ist die **Soggy Dollar Bar** – die Strandbar ist Kult und gilt als Geburtsort des National-Cocktails „Pain Killer".

Norman Island ist angeblich die sagenhafte Schatzinsel des gleichnamigen Romans von Robert Louis Stevenson. Unter Schnorchlern sind die drei Höhlen südlich von **Treasure Point** besonders beliebt. In der südlichsten soll der Schatz versteckt gewesen sein. Eine besonders schöne Bucht ist ★**The Bight** – mit dem Strandrestaurant *Pirates* und einem gut besuchten Partyschiff.

★★**Peter Island** ist die exklusive Domäne von verwöhnten Feriengästen und Jachtbesitzern. Letztere werden gebeten, ihre Wäsche nicht an die Reling zu hängen, da dies die illustren Gäste an Land stören könnte. Von dem vorgelagerten **Dead Chest Island** soll der Song *Yo ho ho and a bottle of rum* stammen: Der Pirat Blackbeard hat hier angeblich einige seiner Männer ausgesetzt – nur mit einer Flasche Rum und einem Entermesser bewaffnet. Peter Island erreicht man mit der Fähre von Road Town, Tortola.

Auf **Salt Island** gibt es drei Lagunen, aus denen heute noch nach der gleichen Methode wie vor 200 Jahren Salz durch Verdunstung gewonnen wird.

Virgin Gorda ist die größte der abgelegenen Inseln der BVI, war einst ein Kupferabbaugebiet und das Zentrum der Inselgruppe. Während der Glanzzeit der Insel lebten hier 8000 Menschen. Heute sind es nur noch etwa 3000; Kupfer wird längst nicht mehr abgebaut. Der größte Teil der Insel wurde zum Naturschutzgebiet erklärt, das von zahlreichen Wanderwegen durchzogen ist. Im ★**Gorda Peak National Park** gibt es unzählige exotische Pflanzen, von

Rechts: Die Grotten von The Baths, gebildet von riesigen rundgeschliffenen Felsblöcken, faszinieren die Besucher (Virgin Gorda).

» Karte S. 88-89, Info S. 106-107

Foto: Christian Heeb

denen viele nur hier vorkommen. Man kann die Insel auch mit einem gemieteten Jeep auf eigene Faust erforschen. Interessant sind die Ruinen der alten **Kupferminen**, doch es sind ★★**The Baths**, die die meisten Besucher anlocken: Diese **Felsblöcke**, an der Küste aufgetürmt haben, bilden lichtdurchlässige Grotten mit seichten Salzwasserlagunen. Man kann sie durchwandern, hier schnorcheln oder an einem schönen weißen **Strand** entspannen. Von Tortola oder St. Thomas aus arrangieren Hotels Tagesausflüge nach Virgin Gorda. Außerdem pendelt eine Fähre von Road Town, Tortola, nach Virgin Gorda.

Tauchen auf den BVI

Auf dem Meeresgrund vor den British Virgin Islands liegen über 200 Schiffswracks – ein ideales Revier für Taucher: Zu den Hauptattraktionen zählt in 10-20 m Tiefe das ★★**Wrack der Rhone**, ein Passagier- und Postschiff, das 1867 in einem Sturm vor **Salt Island** sank; alle 123 Passagiere starben dabei. Das Wrack war Schauplatz des Films *The Deep* und dient als künstliches Korallenriff. Ein weiteres Wrack liegt in 18 m Tiefe nördlich von **Beef Island.**

Am **Spyglass Reef** vor Peter Island kann man Röhrenschwämme sehen, und an den **Paint Walls** vor der Südspitze von Dead Chest gibt es farbenprächtige Korallen und Schwärme von Riff-Fischen. Canyons, Grotten und Korallenriffe bilden die Unterwasserlandschaft bei den Riffspitzen **The Indians** vor Norman Island. An der **South Bay** vor **Mosquito Island** sieht man in der Tiefe pilzförmige Korallenköpfe.

Die Hotels organisieren Tagesausflüge für Schnorchler und Taucher.

Surfen auf den BVI

Windsurfen zählt auf den BVI zu den beliebtesten Sportarten, die nötige Brise ist fast immer vorhanden. Und die Inseln liegen so nah beieinander, dass Surftrips von Tortola nach Peter Island oder von Virgin Gorda nach Anegada möglich sind.

US-VIRGIN ISLANDS (USVI) (☎ 001 340)

US VIRGIN ISLANDS: Hotel & Tourism Association, Tel. 774-6835, www.virgin-islands-hotels.com, außerdem: www.usvitourism.vi, www.usvi.net.
ST. CROIX: St. Croix Hotel & Tourism Association, Christiansted, Tel. 773-7117, www.stcroixhotelandtourism.com, www.stcroixtourism.com.

EINREISE UND WÄHRUNG: Deutsche, Österreicher und Schweizer benötigen entsprechend der **USA-Visabestimmungen** einen gebührenpflichtigen, genehmigten ESTA-Antrag (www.esta.cbp.dhs.gov), um bis zu 90 Tage als Touristen und ohne Visum in die US-Virgin Islands einreisen zu können. Alle Reisenden müssen einen maschinenlesbaren Reisepass mitführen, das gilt auch für Babys und Kinder. Reisepässe, die später als Oktober 2006 ausgestellt wurden, müssen biometrische Daten enthalten. Weitere Infos bei den US-Botschaften oder im Internet, z. B. unter www. Usembassy.de.
US-Bürger können ohne Pass einreisen.
Zahlungsmittel ist der **US-Dollar**.

Flug: Von San Juan (Puerto Rico) fliegen unter anderem American Airlines und LIAT die US Virgin Islands an. Propellerflugzeuge der VAL (www.viequesairlink.com) und der Seaborne Aviation verbinden Vieques (Puerto Rico) mit St. Croix. Die USA sind auf dem Luftweg direkt mit St. Thomas und St. Croix verbunden, Delta, American Airlines, Jet Blue und US Airways bedienen verschiedene Strecken.
Die **Fährverbindung** zwischen St. Thomas, Virgin Gorda, Anegoda und Tortola bedienen Smith's Ferry Service (www.smithsferry.com). Native Son Ferry Service (www.nativesonferry.com) verbinden British und US Virgin Islands.
Achtung: Die US Virgin Islands sind das einzige US-Territorium mit **Linksverkehr!**

In den meisten Hotels finden Sie ausgezeichnete Restaurants; auf St. Thomas und St. Croix gibt es außerdem unzählige Restaurants, in denen man französische, chinesische, italienische und westindische Küche genießen kann. Für das Dinner sollte man immer reservieren.
Blue Moon, in dem guten kleinen Bistro-Restaurant treten Fr 21-1 Uhr oft Jazzmusiker auf; Strand Street 17, Frederiksted, St. Croix, Tel. 772-2222, http://bluemoon.stcroixrestaurant.com.
Terrace Restaurant, Küchenchefin des zur See blickenden Restaurants ist Erica Miner. Sie gestaltet mit ihrem Team französische und karibische Gerichte. Die in dem familiengeführten Restaurant angebotenen Speisen reichen von karibischem Hummer und fangfrischem Fisch bis zu Bio-Lamm, -Rind und -Geflügel. Gemüse, Kräuter, Brot, Nachspeisen und Eiskrem werden selbst produziert. Gehobene Preise. Nur Dinner: tgl. 17.30-22 Uhr, 3 FA Cruz Bay Quarter, St. John, Tel. 779-8550; www.theterracestjohn.com.
Duffy's Love Shack, eigentlich nur eine Hütte auf einem Parkplatz – und doch eine weithin bekannte Institution auf St. Thomas. Junges Publikum. Drinks, Snacks und Tanz unter freiem Himmel. Live-Musik montags 18-21 Uhr; dienstags ist Taco-Tag, da werden die Parkplätze manchmal knapp. 6500 Red Hook Plaza, St. Thomas, Tel. 779-2080; www.duffysloveshack.com.
Caribbean Fishmarket, bei Touristen und Einheimischen gleichermaßen beliebtes Restaurant mit Poolterrasse. Serviert werden Fisch und Steaks; Piano-Bar; Cocktails und Weinkarte. Tgl. geöffnet. Sonntags Brunch mit Live-Musik. Unweit des Ritz Carlton-Hotels gelegen. Cowpet Bay, 6800 Estate Nazareth, St. Thomas, Tel. 714-7874; www.caribbeanfishmarketvi.com.
The Petite Pump Room, Bar und Restaurant mit Terrasse, die den Blick auf den Hafen erlaubt, tropische Drinks und Seafood; Charlotte Amelie, St. Thomas, Tel. 776-2976, www.petitepumproom.com.
Hull Bay Hideaway, Beachbar mit Live-Musik und berühmten Burger und Sandwiches, Di geschl.; St. Thomas, Charlotte Amalie, Tel. 777-1898, www.hullbayhideaway.com.

Calypso, Steelband, DJ oder Jazz – aktuelle Veranstaltungshinweise finden Sie hier: www.virginislandsthisweek.com.
Quiet Mom Pub, trotz des karibisch klingenden Namens, eigentlich ein gestandener Irish Pub mit Fassbier, Darts, Irish Coffee und Snacks. Cruz Bay, St John, Tel. 779-4799; www.quietmonpub.com.

Ambulanz, Feuerwehr und Polizei sind zu erreichen unter der gebührenfreien Notrufnummer 911.

Der **Karneval** auf St. Thomas findet im April oder Mai statt, mit Festzügen, eigenem Dorf, Steelbands und kostümierten Gruppen; Info: Tel. 776-3112, www.vicarnival.com.
St. Croix Jazz und Kunst Festival, im September für 2 Wochen; Tel. 778-5272.
St. Croix International Regatta, alljährlich im Februrar, www.stcroixregatta.com.

BRITISH VIRGIN ISLANDS (BVI) (☎ 001 284)

British Virgin Islands Tourist Board, c/o TravelMarketing Romberg, Schwarzbachstr. 32, D-40822 Mettmann, Tel. 02104/28 66 71, Fax 91 26 73, bvi@travelmarketing.de, www.bvitourism.de.

EINREISE UND WÄHRUNG: EU-Bürger, die über Puerto Rico oder die US-Virgin Islands anreisen, müssen die Visabestimmungen der USA beachten (siehe US-Virgin Islands). Auf den Inseln wird in **US-Dollar** bezahlt. Die Hotelsteuer beträgt 7 %, die Ausreisegebühr für Flugpassagiere 20 Dollar, per Fähre 5 Dollar, für Schiffspassagiere 7 Dollar. Auf den Straßen herrscht Linksverkehr!

Der Internationale **Flughafen** der BVI Terrence B. Lettsome Airport (EIS) auf Beef Island hat keine direkte Flugverbindung mit Europa. Empfehlenswert ist die **Anreise** über Puerto Rico, St. Maarten oder Antigua mit Anschlussflug auf die BVI (von Puerto Rico 35 Min., von St. Maarten 40, von Antigua 90 Min, z.B. mit American Eagle oder Liat.

Coco Maya, Cocktail-Lounge und Strand-Restaurant; Sandwiches, Salate und japanische Gerichte; tgl. ab 16 Uhr; Spanish Town, Virgin Gorda, Tel. 495-6344, www.cocomayarestaurant.com.
Sugar Mill, von Kritikern hochgelobte Küche, großartiger Blick aufs Meer, freundlicher Service, kontinentale und kreolische Spezialitäten, 8-10 u. 12-14 Uhr sowie 19-21 Uhr; Tortola, Tel. 495-4355, www.sugarmillhotel.com.
The Restaurant at Leverick Bay, Barbecue-Möglichkeit am Strand, Meeresfrüchte, Fischgerichte und Steaks, häufig Live-Musik; an der Leverick Bay, Virgin Gorda, Tel. 495-7154, www.leverickbay.com.
Big Bamboo Restaurant & Bar, empfehlenswerte Hummer und Fischgerichte; Anegada, an der Loblolly Bay, Tel. 499-1680, www.bigbambooanegada.com.
Brandywine Bay, Open-air-Restaurant mit westindischer und französischer Küche, Mo-Sa 18.30-21 Uhr; August bis Oktober geschlossen; Tortola, Richtung Flughafen, Tel. 495-2301, www.brandywinebay.com.

Ambulanz, Feuerwehr und Polizei: 999 und 911.

Foxy's, berühmte Strandbar, täglich Calypso Sessions mit dem singenden Wirt Foxy Callwood und lokalen Bands; Great Harbour, Jost van Dyke, Tel. 495-9258, http://foxysbar.com.
Bomba's Shack, erinnert äußerlich an ein Blues-Juke Joint, stimmungsvolle Full Moon Partys, an der Cappoon's Bay; Tortola, Tel. 495-4148, www.bareboats.bvi. **Pusser's Landing**, Open Air-Bar an der Soper's Hole Marina, im 1. OG Abendrestaurant, tolle Events; Tortola, Tel. 495-4554.

SCHWIMMEN MIT DELFINEN wird im **Prospect Reef** auf Tortola angeboten. In einem abgetrennten Teil des Sir Francis Drake Channels können Teilnehmer in 30- bzw. 60-minütigen Programmen entweder von einer Plattform aus oder im Wasser tägl. von 11-13 Uhr mit Delfinen Kontakt aufnehmen, 85-160 US$ p. P., www.dolphindiscovery.com/tortola.

TAUCHEN: Das Wrack der **RMS Rhone** wurde durch den Spielfilm „The Deep“ einem Millionenpublikum bekannt. Weit beeindruckender als auf Zelluloid ist der von Korallen überwucherte Rumpf des 1867 vor Salt Island gesunkenen Paketboots freilich in natura. Taucher können in den in 23 m Tiefe liegenden Bug hinein schwimmen, wo sich bunt schillernde Fischschwärme im klaren Wasser tummeln. Das Tauchrevier rund um das Schiffswrack der Rhone ist ein Nationalpark der British Virgin Islands.
Es gibt mehrere diverse zertifizierte Tauchschulen.

PYRAT RUM
SPONSOR OF
THE TRANQUILITY
JAZZ FESTIVAL
NOVEMBER
ANGUILLA

Jazz live beim Tranquility Jazz Festival in Meads Bay auf Anguilla

CARIBBEAN SEA
LITTLE SCRUB I.
Graften's Pt.
Scrub Bay
Winward Pt.
SCRUB I.
Captain's Bay
Shoal Bay East B.
PRICKLY PEAR CAYS
SEAL I.
ANGUILLA
(U.K.)
Arawak Beach Inn
Island Harbour
Savannah Bay
Limestone Bay
Flat Cap Pt.
Cauls Pond
East End Village
Crocus Bay
The Valley
Lloyd's B.& B.
Sandy Hill Village
Sandy Ground Beach
North Hill Village
Wallblake House
Sandy Hill West Beach
Sandy Ground Village
The Quater
Carimar
Road Bay
Clayton J. Lloyd Intl. Airport
Frangipani
Long Bay Village
George Hill
Mead's Bay
Viceroy Anguilla,
Anacaona
South Hill Village
Barnes Bay
Blowing Point Village
West End
Cap Juluca
Rendezvous Bay
1 Cuisin Art Resort & Spa
2 Anguilla Great House
ANGUILLITA I.
Rendez-vous Bay B.
Shoal Bay West B.
Maunday's Bay B.
Cove Bay B.
Anguilla Channel
SAINT-MARTIN
(FRANCE)
Le Domaine de Lonvilliers, RIU Palace St. Martin
Anse Marcel
Déchèterie
ILE TIN TAMARRE
Baie Grande Case
Cul de Sac (French)
Grand-Case
Aéroport Grand-Case
ILE PINEL
Hévéa
Baie Orientale
Quartier du Colombier
Pic du Paradis
CAYE VERTE
Club Orient
Pte. Plum
Baie Rouge
Pte. du Bluff
Fort St. Louis
Colombier
424
Quartier d'Orléans
PÉNINSULE DES TERRES BASSES
Baie Nettlé
Baie de l'Embouchure
Pte. du Canonnier
Marigot
Etang aux Poissons
Baie Lucas
Baie Longue
La Samanna
Grand Etang de Simsonbaai
Oyster Pond
Mullet Pond Baai
Cul de Sac (Dutch)
Beneden Prinsen
Boven Prinsen
Princess Juliana Intl. Airport
Sentry Hill 340
Great Salt Pond
Guana Bay Point
Maho Baai
Simson Baai
Fort William
Genève Bay
SINT MAARTEN
(NETHERLANDS)
Kool Baai
Philipsburg
Little Baai
Groot Baai
Fort Amsterdam
Point Blanche
Pt. Blanche Witte Kaap
1 Belair Beach Hotel
2 Divi Little Bay Beach
3 Sonesta Great Bay Hotel & Casino
4 Holland House Beach Hotel
5 Passangrahan Boutique Hotel
6 Simpson Bay Resort & Marina
7 Carl's Unique Inn
8 Mary's Boon Beach Plantation
ANGUILLA
ST. MARTIN/SINT MAARTEN
0 6 km
0 4 miles
© Nelles Verlag GmbH, München

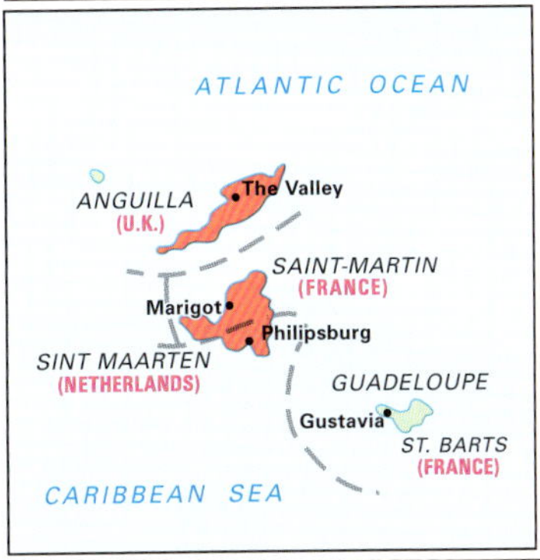

STRANDIDYLLEN UND KREUZFAHRTEN

ANGUILLA
SAINT-MARTIN
SINT MAARTEN

ANGUILLA

Lange war das Britische Überseegebiet Anguilla das Paradebeispiel einer einsamen, abgeschiedenen Karibikinsel. Außer ein paar kleinen Hotels, unberührter Wildnis und den Ziegen der Einwohner gab es hier nicht viel. Inzwischen hat der internationale Tourismus die Trauminsel für sich entdeckt. Nur die Kreuzfahrtschiffe kommen noch nicht, und dank des kleinen Hafens wird das wohl auch noch eine Weile so bleiben. Auch die Straßen wurden noch nicht ausgebaut: Sie sind schmal, und noch gibt es angenehm wenig Verkehr. Anguilla besitzt einige der schönsten weißen Sandstrände der Region, an denen einige der teuersten Hotels und Resorts nicht nur der Karibik, sondern der ganzen Welt liegen. Entsprechend hoch ist das Preisniveau auf der ganzen Insel.

Meist bleiben die Besucher Anguillas unter sich: Es ist gerade die Abgeschiedenheit, die die Feriengäste hierherlockt – man sucht (und findet) hier Ruhe und Erholung, und nicht Trubel und Action. Und vermutlich wird das auch noch eine ganze Weile so bleiben.

Kleine Inselgeschichte

Anguilla war schon immer ein wenig hinter der allgemeinen Entwicklung zurück. Kolumbus verspürte kein Verlangen, die Insel genauer zu erkunden. Man sagt, er habe sie lediglich nach dem italienischen Wort für Aal benannt – weil sie so lang und schmal ist – und sei dann einfach vorbeigesegelt.

Im Jahr 1650 begann ein neues Zeitalter für sie, als sich britische Siedler von St. Kitts niederließen und dann von hier aus weiter auf die Virgin Islands vorstießen. Eineinhalb Jahrhunderte passierte nichts von Bedeutung – nur die Franzosen griffen mehrmals an, wurden aber regelmäßig zurückgeschlagen. Eine Gruppe von Iren war etwas erfolgreicher und konnte sich auf der Insel festsetzen. Anguillas Isolation endete erst im Jahr 1825, als die Engländer sie mit den Nachbarinseln St. Kitts und Nevis zu einer Kronkolonie zusammenschlossen. Die Bewohner der Insel waren von dieser erzwungenen Union nie begeistert, und die Spannung entlud sich im Jahr 1967, als man im fernen London die drei Inseln zu einem fortan unabhängigen Staat mit Regierungssitz in St. Kitts erklärte. Im Zorn verließen die Anguillaner die ungeliebte Union.

Fünf Jahre später änderten die Briten den Status der Insel erneut und machten sie wieder zur Kolonie. 1980 erhielt Anguilla schließlich eine eigene Verfassung und gewählte Regierungsvertreter und begann, nunmehr auf sich selbst gestellt, mit der Entwicklung in Richtung Tourismus und Steueroase.

» Karte S. 110, Info S. 120-121

Foto: Roland F. Karl

Eine Badeinsel par excellence

Der Hauptort des 91 km² großen und mit 15 000 Einwohnern nicht sehr dicht besiedelten Eilandes ist **The Valley**. Bis auf das Museum zur Inselgeschichte im **Wallblake House**, einem Herrenhaus aus dem 18. Jh. und **The Old Salt Factory & Pumphouse**, wo man einen Einblick in den früher blühenden Salzhandel erhält, besitzt Anguilla keine größeren Sehenswürdigkeiten. Daher orientiert man sich am besten an den Häfen, Buchten und schönen Stränden.

An der südöstlichen Küste liegt der Fischerort **Sandy Hill**, wo man fangfrischen Fisch direkt bei den Booten kaufen und außerdem auch im klaren Wasser schnorcheln kann.

Weiter westlich liegen einige wunderbare Strände: **★Rendezvous Bay** mit der Aussicht auf die Nachbarinsel St. Martin, **Cove Bay** sowie **★Maunday's Bay** und **★Shoal Bay West** mit luxuriösen Hotelanlagen.

An der Nordküste ist **Barnes Bay** eine fantastische Bucht zum Windsurfen und Schnorcheln, **Sandy Ground** lockt zum Tauchen. **★Meads Bay** und **★Shoal Bay East** zählen zu den schönsten Stränden der ganzen Region mit den Möglichkeiten zum Tauchen, Segeln und zum Fischen.

Das tägliche Leben auf Anguilla wird vom Meer bestimmt. Zum Nationalsport gehören Bootsrennen, die für unterschiedliche Bootsklassen mehrmals im Jahr ausgetragen werden – willkommene Anlässe zum Feiern für Einheimische und Besucher, ebenso wie Strandpicknicks und Barbecue-Partys. Oder der Karneval, der Ende Juli, Anfang August mit Kostümumzügen, Shows und Calypsofestivals über die Insel wirbelt.

Oben: Anguilla, eine entspannte Badeinsel mit schönen Stränden (hier: Sandy Ground Beach vor Johnno's Bar). Rechts: Souvenirhändlerin in Philipsburg/Sint Maarten.

Sport

An den 33 wunderschönen Stränden und Buchten rund um die kleine Insel

» Karte S. 110, Info S. 120-121

bieten alle Ferienanlagen Möglichkeiten zum Wassersport.

Fahrräder kann man in einigen Hotels und bei zwei Verleihstationen (Exotic Plus, Tel. 497-8803, und Premier Mountain Bike Rentals, Tel. 235-8931) anmieten. **Shoal Bay Watersports** verleiht Boote und Wasserski. Taucher wenden sich an **Choclate-Cruises** (http://sailinganguilla.com). Außerdem gibt es zahlreiche Tennisplätze, z. B. im **Carimar Beach Club** und **★Cap Juluca**.

Einkaufen

Da man nach Anguilla vor allem zum Faulenzen kommt, sind die Einkaufsmöglichkeiten nicht überragend. Gäste von Luxusresorts wie dem Viceroy finden aber in einigen exklusiven Boutiquen die passende Kleidung, wenn sie nicht das Richtige von zu Hause mitgebracht haben sollten.

Kunsthandwerk und Mode werden in der **Eldorado Shopping Mall**, George Hill, oder im **Au Revoir Gift Shop** in **The Quarter** verkauft.

Nachtleben

Anguillas Party-Meile liegt in **Sandy Ground**: Freitag-, Samstag- und sonntagabends wir hier barfuß gefeiert. Im **Pumphouse** gibt es Reggae und Snacks, in **Elvis' Strandbar** Open Air-Kino und im **Johnno's** den klassischen Jump-Up. Die **Dune Preserve** in der Rendezvous Bay ist seit langer Zeit ein angesagter Treffpunkt. Und ganz in der Nähe, an der Cove Bay, wird im **Smokey's** jeden Samstagabend Live-Musik gespielt.

SAINT-MARTIN UND SINT MAARTEN

Sankt Martin ist eine merkwürdige kleine Insel: Auf nur 88 km² beheimatet sie gleich zwei Länder – **Saint-Martin** und **Sint Maarten** – und zwei Kulturen: im Norden die französische, im Süden

Foto: Starryvoyage (Dreamstime)

die holländische. Und so feiert man hier gleich zweimal **Karneval**: im Norden vor Aschermittwoch, im Süden danach, in der zweiten Aprilhälfte. Dies ist das wohl kleinste Fleckchen Erde, das zugleich von zwei europäischen Nationen regiert wird – und das mit am besten erschlossene. Sint Maarten (34 km², 33 500 Ew.) hat den Staus eines eigenständigen Lands innerhalb des Königreichs der Niederlande. Saint-Martin (43 km², 37 000 Ew.) hingegen ist französisches Überseegebiet und verwendet den Euro; dennoch wird hier überwiegend englisch gesprochen.

Besucher kommen weniger wegen der landschaftlichen Schönheit – die ist schon lange in einer unaufhörlichen Bauwut verlorengegangen. Nein, man kommt hierher, weil es eine große Auswahl an Unterkünften, Bars, Sport- und Freizeitaktivitäten gibt; außerdem ist die Anreise problemlos – Direktflüge aus aller Herren Länder landen täglich auf dem holländischen Princen Juliana-Airport, und das ziemlich spektakulär: quasi direkt am Strand.

Foto: Marc Grandmaison (Dreamstime)

Wer ein bisschen mehr vom Zauber der Karibik erleben möchte, kann mit einem kleinen Flugzeug oder mit dem Schiff einen Ausflug zu verlockenderen Inseln wie St. Barts oder Anguilla machen. Einer der Hauptvorteile von St. Martin ist seine Lage: die anderen Inseln sind nur ein paar Minuten entfernt.

Ein historischer Wettlauf

Wie viele andere Inseln dieser Region wurde Sankt Martin zum erstenmal im Zusammenhang mit Christoph Kolumbus erwähnt; ihren Namen verdankt die Insel jedoch dem Navigationsfehler einiger Seeleute, die nach ihm kamen. Man sagt, Kolumbus habe sie und ein paar andere Inseln der Umgebung am St.-Martins-Tag entdeckt. Wahrscheinlich benannte er aber das benachbarte Nevis nach dem hl. Martin, und erst um 1516, nachdem die Inseln von späteren Navigatoren verwechselt worden waren, erschien das jetzige Saint-Martin / Sint Maarten unter diesem Namen auf den damaligen Seekarten.

Oben: Der Landeanflug zum Princess Juliana Airport, Sint Maarten, erfolgt direkt über dem Maho Beach. Rechts: Das ehemalige Gerichtsgebäude von Philipsburg, Sint Maarten.

Obwohl Kolumbus die Insel für die spanische Krone beansprucht hatte, fassten die Spanier nie wirklich dort Fuß. Die Franzosen kamen von Guadeloupe aus auf den Nordteil der Insel, und die Holländer nahmen sich den Süden. 1640 verjagten die Spanier die Holländer, worauf ein längerer Kampf zwischen diesen beiden Staaten entbrannte. 80 Jahre später gaben die Spanier ihren Besitzanspruch auf und zogen sich letztlich freiwillig von der Insel zurück. Mittlerweile aber hatten die Holländer mit den Franzosen ein Abkommen über die Teilung der Insel getroffen. 1648, so heißt es, brachen ein Holländer und ein Franzose am selben Ausgangspunkt auf und umrundeten die Insel. An der Stelle, wo sie sich wieder trafen, wurde eine Grenze gezogen und jeder Nation das Gebiet zugeschlagen, das sein Läufer abgeschritten hatte. Dass die Franzosen

» Karte S. 110, Info S. 120-121

Foto: Roland F. Karl

mehr Land erhielten – 54 km² im Gegensatz zu den 34 km² der Holländer –, hat man dem Gin-Konsum des Holländers zugeschrieben. Wahrscheinlich lag es aber eher an der überlegenen französischen Flottenpräsenz in dieser Region.

Im 18. Jh. gestalteten sich die nachbarlichen Beziehungen nicht immer reibungslos, und schließlich annektierten die Holländer 1793 das französische Saint-Martin. Als offizielle Begründung gab man an, dass die Engländer die ganze Insel bedrohten und die Holländer sie lediglich verteidigten. Einige Jahre behielten sie die Macht über die französische Seite, bis sich durch die politischen Machtverhältnisse in Europa die Rollen umkehrten.

Gestärkt durch seinen Stützpunkt auf Guadeloupe, forderte nun Frankreich die Holländer zum Rückzug auf und nahm schließlich die ganze Insel ohne Widerstand ein. 1801 marschierten die Briten dann zwar tatsächlich auf der Insel ein, doch bereits innerhalb eines Jahres wurden sie wieder vertrieben.

1802 entschlossen sich Franzosen und Holländer, einen weiteren Versuch freundlicher Koexistenz zu wagen – im Rahmen der Wettlauf-Grenzen von 1648. Seither sind die Beziehungen friedlich – wenn auch von Rivalitäten kräftig durchtränkt. Ein Beispiel ist der Ausbau des Fremdenverkehrs, der seit den 1960er Jahren floriert. Als man auf der holländischen Seite begann, direkt am Strand einen großen internationalen Flughafen zu bauen – der bei Plane-Spottern sehr beliebt ist – wurden auch die Franzosen aktiv und legten in ihrem Nordteil wenigstens einen Regionalflughafen an.

Eine Rundfahrt „ohne Grenzen“

Die Hauptstadt des holländischen Inselteils ist **Philipsburg**, das mit seiner Fülle von Geschäften in der ★**Front Street** ein wahres El Dorado für leidenschaftliche Einkaufsbummler ist. Meist herrscht hier ein ziemliches Gedränge, denn die Vielfalt des Angebots in den Duty-Free-Shops ist der Traum jeder Schnäppchenjägerin.

Foto: Christian Heeb

Praktisch bekommt man das gesamte internationale Warenangebot zu sehen: Designermode, schwedisches Kristall, finnische Töpferwaren, französischen Schmuck, japanische Kameras, italienische Lederwaren oder westindisches Kunsthandwerk.

Rund um die **Great Bay**, die große Bucht von **Philipsburg**, liegen mehrere Forts: im Südwesten thront das über 300 Jahre alte holländische **Fort Amsterdam** auf einer Landzunge zwischen Great Bay und **Little Bay**, das auf den Ruinen eines spanischen Forts errichtet wurde. **Fort William** erhebt sich auf dem **Fort Hill** westlich von Philipsburg, und am **Point Blanche**, der östlichen Landspitze in der Great Bay liegen die Ruinen von **Fort Bel-Air**.

Wenn man von Philipsburg nach Westen fährt, kommt man gleich hinter dem **Princess Juliana Airport** zur **Maho Bay**. Diese Gegend ist derart amerikanisch, dass man sich fast an einen Strandort in den Vereinigten Staaten versetzt fühlt – ein Merkmal des gesamten holländischen Inselteils.

Oben: Konfitüren und Liköre auf Basis der Guavaberry (Frucht des Myrciaria floribunda-Baumes) gelten als Spezialität von Sint Maarten. Rechts: Markt in Marigot (Saint- Martin).

Die nächste große Strandbucht ist die einladende **Mullet Pond Bay**.

Fährt man weiter Richtung Nordwesten und überquert so die französische Grenze, erreicht man die ★**Baie Longue**, einen kilometerlangen Strand, den nicht wenige für den schönsten der ganzen Insel halten.

Nahebei erstreckt sich die **Baie Rouge**, eine etwas abgeschiedene Bucht, an der Nacktbaden erlaubt ist. FKK-Strände sind eine speziell französische Domäne auf der Insel. Der beliebteste Strand in dieser Hinsicht ist die **Baie Orientale** an der Nordostküste.

Gleich hinter dem Point du Bluff liegt ★**Marigot** (6000 Ew.), die Hauptstadt der französischen Seite, die eine bezaubernde Mischung aus französischem Raffinement und westindischer Atmosphäre bietet. Es gibt hier zwar nicht so viele Geschäfte wie in Philipsburg, aber

» Karte S. 110, Info S. 120-121

Foto: Volkmar E. Janicke

dafür gute **Restaurants** in Hülle und Fülle und einen attraktiven **Jachthafen**.

Jeden Samstagmorgen findet auf dem **Market Square** ein malerischer Wochenmarkt statt. Den Rest der Woche kann man Forts besichtigen, dieses Mal in französischem Stil. Auf einem Hügel über Marigot liegt z. B. das **Fort St. Louis** aus dem Jahr 1786. Der **Paradise Peak** an der Hauptstraße östlich von Marigot ist mit 424 m der höchste Punkt der Insel, und man hat einen großartigen Rundblick vom Gipfel.

Weiter im Norden liegt die winzige Küstenstadt **★Grand-Case**. Ihren Beinamen „Restaurant-Hauptstadt der Karibik" trägt sie zu Recht, denn hier ist jede Art von Küche vertreten, und von den meisten Restaurants hat man noch dazu einen herrlichen Meerblick.

Fährt man von Grand-Case weiter nach Osten, kommt man bald zum französischen Jachthafen **★Cul-de-Sac**, einer der landschaftlich schönsten Gegenden der Insel. Tiefgrüne Hügel bilden einen schönen Kontrast zu den roten Dächern der Häuser, doch auch hier wird das Panorama allerdings oft von Baukränen gestört.

Weiter südlich, hinter der Baie Orientale, liegt **★Orléans**, die älteste Siedlung der Insel, die auch „French Quarter" genannt wird. Der Ort ist klein, malerisch und blieb bisher noch von der Bauwut verschont. Südlich von Orléans liegt an der Küste **Oyster Pond**, ein historisch bedeutender Punkt, auch wenn man das auf den ersten Blick kaum vermuten würde. Hier soll 1648 der Ausgangspunkt für den historischen Wettlauf der Franzosen und Holländer um die Insel gewesen sein (s. S. 114).

In Richtung Süden, auf dem Weg zurück nach Philipsburg, kommt man an der Ostküste am relativ einsam gelegenen **★Guana Bay Point** vorbei. Von hier aus sieht man ein paar verlassene Eilande und etwas weiter weg die französische Insel Saint-Barthélemy.

Sport

Wie alle Inseln bietet auch St. Martin alle Arten von Wassersport an. **Bobby's**

Foto: Christian Heeb

Marina und **Great Bay Marina** auf der holländischen Seite offerieren ganztägige Segeltouren. Man kann auch eine Fahrt mit einem 15 m langen Zweimaster machen oder mit dem Katamaran *Bluebeard II*, der von Marigot aus rund um Anguilla zur Insel **Prickly Pear** segelt. **Caribbean Watersports** vermietet ebenfalls Segelboote.

Wegen der schönen Korallenriffe und dem glasklaren Wasser zählen Schnorcheln und Tauchen zu den beliebtesten Wassersportarten. Ausflüge werden organisiert von **Watersports Unlimited**, **Ocean Explorers** in der Simpson Bay, **Maho Watersports** im Mullet Bay Resort, **Little Bay Watersports**, **St. Maarten Diving and Watersports** in der Great Bay, dem **Grand-Case Beach Club** und von **Le Galion Beach**.

Maho Watersports hat auch Helm-Tauch-Gerät im Programm – eine spezielle Ausrüstung, mit der man auf dem Meeresgrund herumstreifen kann. Neben der Baie Orientale und dem Oyster Pond sind die besten Plätze für Unterwasser-Aktivitäten **Cole Bay**, **Ile Pinel**, **Cay Bay** und **Maho Bay**.

Oben: Sonnenbaden an der Great Bay, Philipsburg. Rechts: Kein Mangel an zollfreiem Alkohol und Zigarren (Werbung in Philipsburg)

Wer lieber über Wasser bleibt und Fische fangen möchte, kann Angeltouren unternehmen. Die angebotenen Törns dauern unterschiedlich lange, von ein paar Stunden bis zu ein paar Tagen. In den hiesigen Gewässern tummeln sich unter anderem Wahoos, Barracudas, Thunfische, Marlins und Goldmakrelen. Angelausflüge aller Art werden angeboten von **Bobby's Marina**, **Great Bay Marina** und **The Marina de Lonvilliers** auf der französischen Seite in Anse Marcel.

Sonnenanbeter haben die Auswahl unter mindestens 37 Stränden. Auf der französischen Seite ist die Baie Orientale der führende **FKK-Strand**, und überhaupt ist im französischen Teil – ganz im Gegensatz zum holländischen Teil! – knappe Badebekleidung akzeptiert. Der Komfort an den französischen Stränden ist außerordentlich gut.

An der **Mullet Bay** liegt der einzige **18-Loch-Golfplatz** der Insel, für jedermann offen, allerdings auf relativ niederem Standard.

Die großen Hotels (La Belle Creole, La Samanna, Le Galion, Grand Case Beach Club, Maho Beach und Great Bay) haben alle eigene **Tennisplätze**. Auch wenn man nicht dort wohnt, kann man gegen eine geringe Gebühr auf den Plätzen spielen.

Nachtleben

Das Nachtleben ist auf beiden Inselteilen recht unterschiedlich. Auf der holländischen Seite ist es lebhafter, und es geht insgesamt etwas rauer zu. Ein beliebter Zeitvertreib sind die acht Spielkasinos. Die meisten befinden sich in Hotels, wie z. B. im Great Bay Beach Hotel, Divi Little Nay Beach Hotel und Pelican Resort. Das größte Kasino ist das **Casino Royale** (www.playmaho.com) im *Maho Village*. Lassen Sie sich aber nicht vom Namen täuschen: Das Casino Royale entspricht weniger den europäischen Kasinos, sondern ist eher mit den Glücksspieltempeln von Las Vegas vergleichbar. Wer das Spielen weniger reizvoll oder zu teuer findet, kann in eine der Diskotheken gehen. Über dem Casino Royale befindet sich ein beliebter Treffpunkt der Einheimischen und der Urlauber, die im nahen Maho Beach Resort (www.mahobeach.com) wohnen. Oder man setzt sich nebenan ins 1988 eröffnete Freiluftcafé **Cheri's** (Tel. 545-3361, www.cheriscafe.com). Tanzen kann man hier auch: Fast täglich spielen großartige Live-Bands wie die „Sunset Chocolate Band".

In der Simpson Bay gibt es mehrere schwimmende Lagunen wie beispielsweise Jab Jabs oder Pink Iguana.

Auf der französischen Seite gestaltet sich das Nachtleben etwas gediegener. Die Einheimischen gehen in die Diskos und Bars am Jachthafen **Port La Royale Marina** oder am nördlichen Küstenabschnitt **Anse Marcel**.

Foto: Roland F. Karl

Wein auf dem Vormarsch

Passend zum kultivierteren Nachtleben auf der französischen Inselhälfte gilt Saint Martin als das kulinarische Zentrum der Karibik. Mehr noch: Importierte Weine werden hier immer beliebter und schicken sich an, den mit Rum gemixten traditionellen Cocktails wie *Pina Colada* oder *Planters Punch* den Rang abzulaufen. Schon zu Zeiten der Großsegler beobachtete man den vom Schwanken der Schiffe rührenden Reifeprozess der transportierten Weine. Heute weiß man, dass vor allem die hohe Luftfeuchtigkeit und der zur Hurrikansaison oft extrem niedrige Luftdruck der Karibik das Aroma der Weine positiv beeinflussen.

ANGUILLA (☎ 001 264)

The Anguilla Tourist Board, Exclusive & Different, Bruckmannring 6, 85764 Oberschleissheim, Tel (089) 5434-8763, www.anguillainsel.de, www.ahta.ai, www.ivisitanguilla.com.

Flüge von den umliegenden Inseln (Trans Anguilla Air, Seaborne Airlines und Tradewind) landen auf dem kleinen **Clayton J. Lloyd Airport**, die Fähre von St. Martin legt am **Blowing Point Harbour** an. **Taxis** warten an beiden Ankunftsorten, Taxifahrer bieten auch ihre Dienste als Fremdenführer an.

EINREISE UND WÄHRUNG: Zur **Ein- und Ausreise** benötigen Sie stets einen noch sechs Monate gültigen Reisepass. Die *temporary drivers licence* kostet 25 US-Dollar (bei den Autovermietern).

Offizielle Währung ist der **East Caribbean Dollar** (EC$); 1 Euro entspricht etwa 3 EC$. Der US-Dollar wird als Barzahlungsmittel fast überall akzeptiert. Euros können auf Anguilla kaum getauscht werden.

Kreditkarten (am besten von Mastercard oder Visa) werden in fast allen Strandhotels und in den gehobenen Restaurants akzeptiert.

Blue, herrliche Aussicht bis nach St. Maarten, feine Fischgerichte, Meeresfrüchte und empfehlenswerte Desserts, tägl. Frühstück u. Mittagstisch, mittwochs Beach-BBQ; im Cap Juluca, Tel. 497-6666, www.capjuluca.com.

Hibernia, seit vielen Jahren konstant unter den besten Restaurants des Eilands, der französische Koch und seine irische Frau verstehen sich auch auf asiatische Spezialitäten, teuer; Island Harbour, Ost-Anguilla, Tel. 497-4290, www.hiberniarestaurant.com.

The Pumphouse, Nachos, Chili con Carne, Salate, Rum-Punsch, Do Livemusik; Sandy Ground, Road Bay, Tel. 497-5154.

Nat's Palm Grove, Hausspezialitäten sind u. a. Hummergerichte, Spare Ribs und „Johnny Cakes" genannte Biskuits; Junks Hole Beach, Ost-Anguilla, Tel. 497-4224.

Scilly Cay, auf kleiner vorgelagerter Insel, nur mittels Bootstransfer erreichbar, exzellente Hummergerichte, nur mittags geöffnet, teuer; Island Harbour, Ost-Anguilla, Tel. 497-5123, www.scillycayanguilla.com.

Smitty's, eher als uriger Treffpunkt und „Hangout" denn als herkömmliches Speiserestaurant angesagt; Shrimps, Lobster, Steaks, Ribs und Hühnchen; Island Harbour, Ost-Anguilla, Tel. 497-4300, www.smittys.ai.

Smokey's, authentischer Beach-Grill mit kreolischer Küche, mittags und abends geöffnet; Cove Bay, West-Anguilla, Tel. 497-6582.

Anguillas kulturelle Highlights sind das **Moonsplash Music Festival** (vor Ostern), The Dune Preserve an der Rendezvous Bay, ein Reigen karibischer und internationaler Talente, und das 14-tägige **Summer Festival** (Musik, Tanz, Wettbewerbe, Märkte und Straßenparaden, (Ende Juli/Anfang August), www.anguillasummerfestival.com.

SINT MAARTEN (☎ 001 721) UND SAINT-MARTIN (☎ 005 90)

ANREISE: Internationale Flüge (z. B. American Airlines, Air France, KLM) nach Saint-Martin oder Sint Maarten landen am großen **Juliana Airport** im niederländischen Süden. „Insel-Hüpfer" benutzen kleinere Maschinen (Air Caraïbes, LIAT, Insel Air, WIN AIR) und kommen auf dem Juliana Airport oder vereinzelt auch auf dem kleineren **Grand Case-L'Esperance Airport** im französischen Teil an.

Fähren von den Nachbarinseln legen in Marigot und, weniger regelmäßig, Philipsburg an.

EINREISE UND WÄHRUNG: Zur **Ein- und Ausreise** benötigen Sie in jedem Fall einen gültigen Reisepass sowie ein Ticket zur Rück- bzw. Weiterreise.

Die **Abflugsteuer** bei der Ausreise beträgt 30 Euro, 10 US$ bei Weiterreise auf andere niederländische Inseln.

Die Landeswährung im niederländischen **Sint Maarten**, der **Antillen-Gulden** (fester Kurs zum US-Dollar: 1 $ = 1,79 CMG) soll irgendwann vom *Karibischen Gulden* abgelöst werden. Im französischen Teil der Insel, **Saint-Martin**, wird mit **Euro** bezahlt.

US-Dollar, Kreditkarten und Travellerschecks werden fast überall akzeptiert.

Am **11. November** feiern beide Inselteile – ein jeder auf seine Art – den Tag der niederländisch-französischen Freundschaft mit Paraden und besonderen Festlichkeiten an der Grenze.
Karneval wird im französischen Teil vor Aschermittwoch, im holländischen Teil in den letzten beiden Aprilwochen gefeiert.
Im französischen Teil feiert man am 14. Juli den **Sturm auf die Bastille** und am 21. Juli den **Victor-Schoelcher-Gedenktag** zur Erinnerung an die Sklavenbefreiung im 19. Jh.

Segelfans sollten erwägen, ihren Reisetermin auf Anfang zu März legen, wenn Sint Maarten die große **Heineken Regatta** (www.heinekenregatta.com) veranstaltet.

***ÖRTLICHE VERKEHRSMITTEL**:* **Taxis** und **Minibusse** verkehren von den Flug- und Seehäfen zu allen Orten der Insel. Es gibt einen offiziellen Taxi-Tarif, der für alle Unternehmen verbindlich ist. Die Preise können in den Hotels oder in der Tourismus-Information erfragt werden.
Busse verkehren zwischen Philipsburg, Marigot und Grand Case.
Zwar gibt es **Mietwagen** am Flughafen, aber eine Verordnung der Taxi-Gewerkschaft besagt, dass der Mietwagen in jedem Fall zuerst zu Ihrem Hotel gebracht werden muss; Sie können also am Flughafen einen Wagen anmieten, müssen jedoch mit einem Taxi zum Hotel fahren.

Niederländischer Teil

Tourist Office, Krippa Building, Unit 10, Juanchó Yrausquin Blvd. 6, Philipsburg, Tel. 549-0200, info@st-maarten.com, www.st-maarten.com.

Big Fish, schwimmendes Restaurant, Seafood, saftige Steaks vom Grill; Emerald Merit Road 14, Oyster Pond, Tel. 559-3704 u. 543-6288, www.bigfishsxm.com.
Jimbo's Rock & Blues Café, um einen Pool mit zwei Wasserfällen erstreckt sich diese Tex-Mex-Bar, spezielle vegetarische Gerichte, Hamburger und Hummer, tgl. geöffnet; Simpson Bay Marina, Tel. 544-3600, www.jimboscafe.com.
L'Escargot, in einem farbenfroh bemalten Holzhaus im Zentrum von Philipsburg wird seit drei Jahrzehnten beste französische Küche geboten – Schnecken, Hummer, Lamm, Ente, Meeresfrüchte sowie kreolische Spezialitäten, täglich 11-15 und 18-23 Uhr, Freitags lustige Varieté-Aufführung; Front Street 96, Philipsburg, Tel. 542-2483, www.lescargotrestaurant. com.
Vesna Taverna, dieses griechisch inspirierte Restaurant entstand 2008 aus einem ehemaligen Bagle House; das Frühstück (ab 7 Uhr) ist noch immer außergewöhnlich, Dinner wird Mi-Sa angeboten. US-Steaks, griechischer Joghurt, Obst, Muscheln und Lachs aus Nova Scotia, Kanada; tgl. geöffnet, La Palapa Marina, Airport Road 18, Tel. 524-5283; www.vesnataverna.com.

Französischer Teil

Touristenbüro Saint Martin, Route de Sandy Ground, Marigot, Tel. 875-721, Fax 875-643, www.st-martin.org.

Le Tastevin, Terrassen-Restaurant direkt am Wasser, Meeresfrüchte und Desserts unter Kokospalmen, tägl. geöffnet, in der Hochsaison auch Mittagstisch; Boulevard de Grand Case, Tel. 875-545, www.letastevin-restaurant.com.
L'Auberge Gourmande, ausgezeichnete burgundische Spezialitäten, 15% Service-Zuschlag, 89 Grande Case, Tel. 877-337, www.lauberge-gourmande.com.
La Villa, französische Küche, mediterranes Ambiente, tägl. 18-22.30 Uhr, September geschlossen; Boulevard de Grand Case 93, Tel. 523-659, www.lavillasxm.com.
Bistrot Caraïbes, vorzügliche Meeresfrüchte, Fleischgerichte sowie Desserts, angenehme Atmosphäre, umfangreiches Weinangebot; Boulevard de Grand Case 81, Tel. 290-829, www.bistrot-caraibes.com.
Spiga, zeitgenössische italienische Küche, Meeresfrüchte und handgemachte Pasta, kein aufgesetztes Karibik-Ambiente, gehobene Preisklasse, 4 L' Esperance Road, Grand Case 97150, Tel. 524-783; www.spiga-sxm.com.
Le Cottage, feine innovative Küche zu bezahlbaren Preisen: Geröstete Ente auf geschmortem Gemüse oder gekochte Garnelen auf mit Knoblauch abgeschmecktem Yams zählen zu den Hausspezialitäten; Boulevard de Grand Case 97, Tel. 290-330, www.restaurantlecottage.com.

Christian Heeb

Nachmittags am Hafen von Gustavia, St. Barts

Foto: Christian Heeb

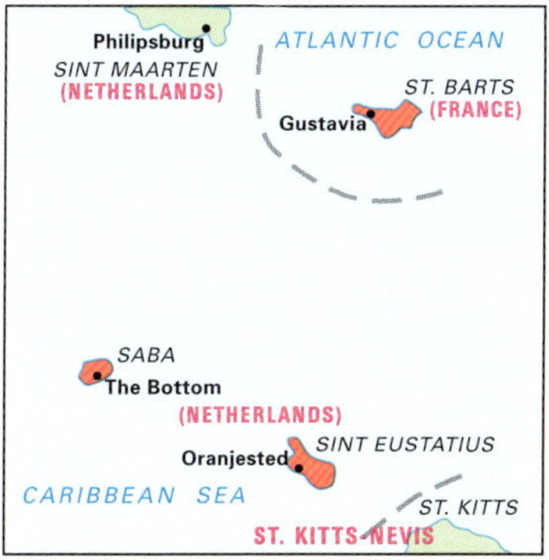

PARADIESE FÜR MILLIONÄRE UND TAUCHER

ST. BARTHÉLEMY
SABA
ST. EUSTATIUS

SAINT-BARTHÉLEMY (ST. BARTS)

Das französische Saint-Barthélemy (kurz: *Saint-Barth*; Anglophone sagen St. Barts – ist einzigartig, das merkt man schon beim Landeanflug: Das kleine Flugzeug nähert sich der Landebahn im Tiefflug zwischen zwei Bergen, die dem Piloten wenig Spielraum lassen. In dem Moment, in dem das große weiße Kreuz auf dem Hügel mit dem Friedhof in Sicht kommen, setzt es auf, und gleich darauf endet die Rollbahn direkt am Meer. Doch kaum ist man ausgestiegen, beruhigen sich die Nerven beim Anblick der backsteinroten Lebkuchenarchitektur des Flughafengebäudes.

Hier herrschen Luxus und Eleganz, diese Atmosphäre spürt man überall. Seit David Rockefeller 1957 eine Luxusvilla auf dem 22 km² kleinen St. Barts baute, ist die Insel In der Wintersaison ein Treffpunkt der Prominenz aus den USA, Europa und Russland.

Eingebettet in die wunderschöne tropische Hügellandschaft liegen bezaubernde Luxushotels mit fantastischem Meerblick, ausgezeichneter Küche und hervorragendem Service – was in der Karibik nicht selbstverständlich ist. Es scheint als wären hier alle schön, schlank und in Designer-Mode gehüllt.

Links: Im originellen Restaurant Le Tamarin am Grande Saline Beach auf St. Barts.

Auf einen Nenner gebracht: Die Insel ist schick – und teuer.

Kolumbus entdeckte die Insel 1493 und taufte sie nach seinem Bruder Bartholomeo. Die Kariben, die sich hier länger als irgendwo sonst behaupten konnten, vertrieben die ersten französischen Siedler kurz nach ihrer Ankunft im Jahr 1656. 40 Jahre später kamen weitere Siedler, diesmal aus der Normandie und der Bretagne, aber auch sie konnten die Insel nicht lange halten. Schließlich verkauften die Franzosen sie 1784 an König Gustav III. von Schweden, der die Hauptstadt Gustavia erbauen ließ und St. Barts in einen florierenden Handelshafen verwandelte. Doch Erdbeben und verheerende Wirbelstürme vertrieben viele Einwohner, und 1878 kam Frankreich erneut an die Macht. Heute ist St. Barts als französisches Überseegebiet Teil der EU, aber mit eigenen Steuergesetzen – möglicherweise ein künftiges Steuerparadies. Bezahlt wird mit Euros. Die nur 7500 Köpfe zählende Bevölkerung – Nachkommen der französischen Siedler – ist, anders als sonst in der Karibik, mehrheitlich weiß; man spricht Französisch und Patois.

Inselrundfahrt

Saint-Barthélemy ist nur 22 km² groß, doch sehr vielfältig. Außer herrlichen Stränden und exquisiten Restaurants

» Karte S. 128, Info S. 133

Foto: Larry Ebbs (iStockphoto)

gibt es zwar nicht viele Sehenswürdigkeiten, doch eine Rundfahrt um die Insel ist ein schöner Tagesausflug. Meist beginnt sie in der Hauptstadt ★**Gustavia** im Südwesten. Man kann in der netten Stadt mit ihren Puppenstuben-Häusern, eleganten Boutiquen und Straßencafés leicht einen ganzen Tag verbringen. Interessant ist der malerische Hafen, in dem dicht gedrängt luxuriöse Jachten liegen. Bezaubernd ist die Architektur der ★**Swedish Town Hall**, des alten Rathauses aus schwedischer Zeit. Da St. Barts Freihandelszone ist, gibt es gut sortierte, aber relativ teure Duty-Free-Geschäfte. Ein Schaufensterbummel durch Gustavia ist verlockend, v. a. wenn man an den Auslagen von **Stephane & Bernard**, **Vali Baba** und **Alma and Samson** vorbeikommt.

Nordwestlich von Gustavia erreicht man nach 2 km das Fischerdorf **Corossol**, wo die Menschen oft französische Regionaldialekte sprechen und ältere Frauen zu besonderen Anlässen manchmal noch die traditionellen gestärkten weißen Hauben tragen, die *calèches* aus dem Frankreich des 17. Jh. (auch *quichenottes* genannt; von „kiss me not"). Frauen flechten Strohhüte und Taschen und verkaufen sie am Straßenrand. Sehr interessant ist das **Inter-Oceans Museum** in der Nähe von Corossol mit seiner Muschel-Ausstellung.

Oben: Blick auf den Guanahani Beach in der Bucht Grand-Cul-de-Sac, St. Barts Rechts: Abendessen bei Kerzenlicht im Restaurant Le Patio in St. Jean.

Nördlich der Stadt **Colombier** mit der Bucht ★**Anse de Colombier** erstreckt sich der hübsche Strand ★**Anse des Flamands**. Auf dem Hügel darüber ist der Krater des erloschenen Vulkans zu sehen, der die Insel formte.

Sozusagen um die Ecke liegt **St. Jean**, der dichtestbesiedelte Flecken der Insel und der beliebteste **Strand** von St. Barts. Gute Einkaufsmöglichkeiten gibt es im **St. Jean Commercial Centre**, oder im **Villa Creole Shopping Center** im westindischen Baustil.

An der Straße Richtung Osten liegt **Lorient**, wo sich einst die erste französische Ansiedlung erhob, und etwas

» Karte S. 128, Info S. 133

Foto: Christian Heeb

weiter entfernt ★**Marigot**, ein schöner Strand zum Fischen und Schnorcheln.

Hinter der nächsten Siedlung **Grand-Cul-de-Sac** liegt die ★**Toiny Coast**, die mit ihren steilen Abhängen und Felsen an die Atlantikküste Frankreichs erinnert und für Hobbyfotografen einen Schatz an Motiven birgt.

Dahinter erstreckt sich der einladende ruhige Strand ★**Grande-Saline**, gefolgt von der **Anse du Gouverneur**, einer Badebucht mit schönem Blick auf die Nachbarinseln.

Sport

Sonnenbaden an unberührten Stränden – das ist der Hauptzeitvertreib auf St. Barts. „Oben ohne" wird überall akzeptiert, FKK aber nicht. Segeln ist ausgesprochen beliebt. Tagestouren können etwa über die Agenturen Yacht Charter Agency und La Marine Service Boat Rental arrangiert werden. Kleinere Boote kann man über das **Tom Beach Hotel** und das luxuriöse **Guanahani Resort** mieten. Tauchen und Schnorcheln sind an einigen Stränden möglich, und die meisten Hotels verleihen die nötige Ausrüstung. Veranstalter von Segeltouren organisieren auch Tauchtouren; bei **Pelican** an der **St. Jean Beach** bekommt man die gesamte Ausrüstung, die man dazu braucht.

Das Angeln ist zwar sehr beliebt, kann aber gefährlich enden, da viele Fische wegen der Oxidation der Algen in den Gewässern südlich der Insel zeitweise giftig sind. Die Fischer empfehlen daher, den Fang gegebenenfalls prüfen zu lassen – sie selbst angeln nur nördlich der Insel. Touren können über die Yacht Charter Agency und La Marine Service gebucht werden. Zum Hochseeangeln steht u. a. die *Bertram*, ein Spezialschiff, zur Verfügung.

Es gibt Strände für Windsurfer, wie z. B. die Baie des Flamands, St. Jean und Grand Cul-de-Sac, wo man Surfbretter mieten kann. Unterricht erteilen die St. Barts Wind School, Wind Wave Power im St. Barths Beach Hotel, Grand Bay Watersports im Guanahani und Atlantis Windsurfing in Grand-Cul-de-Sac.

» Karte S. 128, Info S. 133

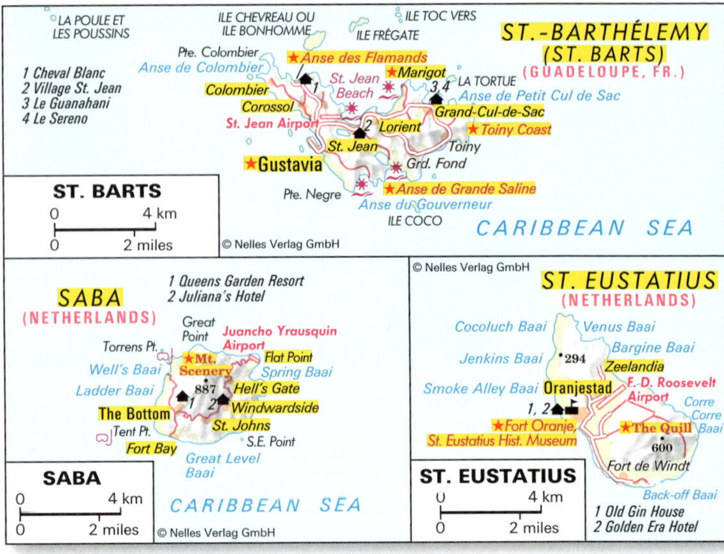

Tennisfreunde sind im Guanahani Hotel, im Sports Center von Colombier, im Le Flamboyant Tennis Club, im St. Barths Beach Hotel oder in Manapany an der richtigen Adresse.

Nachtleben

Dem eleganten Flair der Insel entsprechend, verbringt man die Nächte in stilvollem Ambiente. Diskotheken wie **La Licorne** (nur Sa) in Lorient sind die Ausnahme. Jazz-Liebhaber können den Sonnenuntergang im **L'Hibiscus** in Gustavia beobachten. Popfans gehen in die **Bar des Yacht Clubs** in Gustavia oder in den **Nikki Beach Club** in St. Jean, Segler treffen sich iin der **★Bar Le Select**. Romantiker bleiben nach dem Abendessen noch hoch oben auf dem **★Morne Lurin** im **Castelets** oder in einem der anderen schön gelegenen Restaurants von Saint-Barthélemy.

Rechts: Blick vom Mount Scenery auf Windwardside, Saba.

SABA

Verursacht der Anflug auf Saint-Barthélemy vielleicht etwas Herzklopfen, so löst die Landung auf Saba fast eine Herzattacke aus. Auf dieser kleinen, grünen Vulkaninsel drängen sich auf engstem Raum scharfkantige Bergspitzen, und der einzig flache Teil der Insel ist die unglaublich kurze Landebahn. Das Landemanöver erfordert Präzision und gute Nerven. Doch sobald man sich davon erholt hat, findet man sich in einer scheinbar vom Lauf der Zeit und dem Tourismus kaum veränderten Märchenwelt wieder – nur rund 25 000 Naturliebhaber pro Jahr kommen hierher, meist Tagesausflügler aus St. Maarten.

Die Bewohner der Insel nennen Saba die „unberührte Königin der Karibik"; Kolumbus entdeckte sie 1493, aber erst 1623 bevölkerten englische Schiffbrüchige Saba, wo sie weder Menschen noch Bodenschätze vorfanden. 1635 beanspruchten die Franzosen die Insel. Als sich fünf Jahre später holländische Siedler niederließen, wurden sie umge-

Foto: Edwin van Wier (iStockphoto)

hend von den Engländern, Franzosen und Spaniern vertrieben. 1816 wurde sie schließlich für immer holländisch – die Umgangssprache ist jedoch Englisch, nur die Amtssprache Niederländisch.

Heute ist Saba zwar als „Besondere Gemeinde" Teil der EU – aber mit dem US-Dollar als Zahlungsmittel.

Nachdem die Holländer ihre Position gefestigt hatten, begannen sie zu bauen. Die 13 km² große Insel (1850 Einwohner) ist so bergig, dass kein einziger Ort leicht zu erreichen ist. So wurde eine Treppe mit 800 Steinstufen in den Felsen gehauen, um das Städtchen **The Bottom** zu bauen und zu versorgen. Weitere Stufen benötigte man für die anderen Inselorte Windwardside, Hell's Gate, Fort Bay und St. John's. **The Road**, die einzige Straße auf Saba, wurde von 1933-47 gebaut, der Airport 1963.

Elektrizität gibt es erst seit 1970 ganztägig, den Hafenpier von Fort Bay gar erst seit 1972 – die Insulaner sind keine Hektiker. 1700 Menschen teilen sich heute die 13 km² des Eilands.

Quer durch Saba

Die Serpentinenstraße *The Road* windet sich vom Juancho-Yrausquin-Flughafen am **Flat Point** hinauf zur Ortschaft **Hell's Gate** und vorbei an Bananenplantagen und tropischem Grün weiter nach **Windwardside**, dem zweitgrößten Ort der Insel. Hier gibt es kleine Häuser, noch viel kleinere Geschäfte und die meisten Gasthäuser.

Lohnend ist der Besuch des **Harry L. Johnson Memorial Museum**, das im 19. Jh. das Wohnhaus eines Seekapitäns war. Von Windwardside aus führen 1064 Stufen durch üppige tropische Vegetation zum Gipfel des ★**Mount Scenery** (887 m), dem „höchsten Berg der Niederlande", wo sich ein atemberaubendes Panorama bietet.

Vorbei an **St. John's** geht es dann hinunter nach **The Bottom** (250 m ü. d. M.), der „Hauptstadt" der Insel mit ihren typisch holländischen Häusern, die sich eng in die Sohle eines Tals schmiegt. Am anderen Ende der Stadt führt von einem Aussichtspunkt der historische

Foto: Roland F. Karl

Treppenweg **The Ladder** zur **Ladder Bay** hinab, einem der ersten Landungspunkte der frühen Siedler. Fährt man auf der Straße weiter nach Süden, kommt man zur Bucht von **Fort Bay** mit dem heutigen kleinen Hafen.

Sport

Auf Saba gibt es keine Strände außer einen kleinen schwarzen, steinschlaggefährdeten Beach, dafür erfreuen sich Wanderungen großer Beliebtheit. Die Conservation Foundation, eine Naturschutzgesellschaft, hat gute **Wanderwege**, wie den **Sandy Cruz Trail** durch sekundären Regenwald, angelegt. Eine Tour führt auf den Mount Scenery, eine andere zum Sonnenaufgang nach Hell's Gate, eine weitere zum Sonnenuntergang an die Fort-Bay-Bucht.

Oben: Die Tauchgründe im Unterwasser-Nationalpark von Saba zählen mit zu den schönsten der Welt. Rechts: Eine kleine Kirche aus dunklem vulkanischen Gestein in der typischen Architektur der Insel Saba.

Vor Saba liegen paradiesische **Tauchgründe**. Die gesamte Küste mit ihren Riffen und Höhlen ist als ★★**Saba Marine Park** ausgewiesen. Die Korallen-Unterwasserwelt ist noch intakt, samt Zackenbarschen, Rochen und Meeresschildkröten.

Getaucht werden darf nur an bestimmten Stellen, z. B. am **Torrens Point**, **Big Rock Market**, **Tent Reef** oder **Diamond Reef**. Tauchgänge werden vom Sea Saba Dive Center auf der Windwardside oder vom Saba Deep Dive Center und vom Wilson's Dive Shop in Fort Bay arrangiert.

Nachtleben

Auf Saba geht es recht ruhig zu, doch in **Guido's Disco** in Windwardside oder im **Lime Time** in The Bottom kann man bis zum Morgengrauen tanzen.

Wer nur ruhig sitzen, entspannen und etwas trinken möchte, ist mit dem **Capitain's Quarters** oder der **Bar am Scout's Place** in Windwardside gut bedient.

» Karte S. 128, Info S. 133

SINT EUSTATIUS (STATIA)

Schon beim Anflug auf **Statia**, wie man die Insel salopp nennt, bietet sich ein herrlicher Blick auf den 600 m hohen erloschenen Vulkan Quill und den Regenwald am inneren Kraterrand. In den letzten Jahren ist die ehedem so ruhige Insel etwas geschäftiger geworden. Archäologische Fundstellen locken Studenten aus aller Welt an. Ein gewichtigerer Grund sind aber die großen Kreuzfahrtschiffe, die gelegentlich hier anlegen. Dennoch bleibt Statia mit seinen 4000 Einwohnern auf 21 km^2 ein Ort für alle, die Abgeschiedenheit genießen wollen.

Die Geschichte Statias haben die Holländer geprägt. 1636 kamen die ersten Siedler auf die Insel, aber wie im benachbarten Saba mussten die Holländer ihre Vormacht in langen Kämpfen gegen die Engländer und Franzosen behaupten. Und so wechselte Statia nicht weniger als 22 mal die Flagge, bevor es dann im Jahr 1816 endgültig holländisch wurde.

Interessanterweise ist die Geschichte der Insel nicht nur mit Europa verknüpft: Während der britischen Blockade im amerikanischen Unabhängigkeitskrieg (1775-83) wurden Munition und Waffen für die US-Freiheitskämpfer über das neutrale Statia geschickt. Doch die Briten rächten sich dafür, fielen im Jahr 1781 auf der Insel ein und plünderten sie. Zehn Jahre später, nachdem die Franzosen die Engländer vertrieben und die Insel den Holländern zurückgegeben hatten, wurde Statia wieder ein florierender Handelsplatz und zählte rund 20 000 Einwohner. Seit es dann aber im 19. Jahrhundert mit dem Handel bergab ging, lebt der einstige Reichtum Statias nur noch in der Erinnerung weiter.

Von 1954 bis 2010 Teil der Niederländischen Antillen, ist Sint Eustatius heute als „Besondere Gemeinde" Teil der Niederlande und somit der EU – allerdings mit dem US-Dollar als Zahlungsmittel.

Foto: Cay-Uwe Kulzer (iStockphoto)

Rund um Oranjestad

Oranjestad, die einzige Stadt und damit auch die Hauptstadt der Insel, ist eine architektonische Besonderheit, denn die Klippen, auf denen sie errichtet wurde, teilen sie in Ober- und Unterstadt. In der Oberstadt liegt hoch über dem Meer das sehr gut erhaltene ★**Fort Oranje** von 1636, wo 1776 auf Befehl des holländischen Gouverneurs Johannes de Graeff der symbolträchtige erste Salut für die amerikanische Flagge abgefeuert wurde: Ein Kriegsschiff des Amerikanischen Kontinentalkongresses, die *Andrew Doria*, hatte sie gehisst. Ein britisches Geschwader nahm daraufhin später mit 3000 Mann Statia ein und brachte den Holländer Graeff als Gefangenen nach London.

Ganz in der Nähe lohnt das ★**St. Eustatius Historical Museum** zur Kulturgeschichte der Insel einen Besuch (Van Tonningen Weg 12). In einem restaurierten Haus aus dem 18. Jh. präsentiert es eine hervorragende Sammlung präkolumbischer Exponate.

Foto: G.A. Rossi (Arco Images)

Sehenswert sind in der Oberstadt die Überreste der 1738 erbauten **Synagoge** und der **Holländisch-Reformierten Kirche** aus dem Jahr 1775. Sorgfältig im Kolonialstil restauriert wurden das **alte Rathaus** (Fort Oranjestraat) und das „Dreiwitweneck" – **Three Widows Corner** – mit seinem tropischen Garten (Kerkweg). Die **Fortstraat** führt in die Unterstadt, die im 17./18. Jh. mit geschäftigem Treiben erfüllt war, heute aber fast völlig verlassen ist.

Das bescheidene Nachtleben der Insel spielt sich in Oranjestad ab, wo man entweder ins **Cool Corner** oder zur Live-Musik ins **Golden Era Hotel** geht.

Wegen der interessanten Vegetation ist das beliebteste Ausflugsziel der Insel der Weg zum mächtigen Vulkankrater des ★**Quill** (601 m ü. M.), der mit oder ohne Führer zu besteigen ist. Eine **Wanderung** durch die besonders im Krater üppige Tropenvegetation empfiehlt sich. Auch das **Tauchen** nach den Wracks von mehr als 200 Schiffen lockt manchen; 2003 wurde der 120 m lange Kabelleger **Charles L. Brown** als Unterwasserattraktion versenkt. Beim Schnorcheln sieht man Korallen und Fische. Die Tauchbasis der **Saba Divers** bietet Ausrüstung und Unterricht an.

Oben: St. Eustatius mit dem seit 1700 Jahren schlafenden Vulkan Quill, der mit seinem Krater die Hauptbesucherattraktion der Insel darstellt.

Auf Statia gibt es keine weißen Sandstrände, sondern beigen und vulkanischen schwarzen Sand, wie etwa an der **Smoke Alley Beach**. An manchen Stränden, wie dem **Crooks Castle Beach** nördlich von Oranjestad, findet man noch die blauen Glasperlen, die die holländische Westindien-Kompanie im 17. Jh. als Zahlungsmittel verwendete.

Ein weiteres lohnendes Ausflugsziel ist **Zeelandia**, 3 km nordöstlich von Oranjestad. Der Dorfname erinnert an die ersten holländischen Siedler. Die Brandung macht das Schwimmen zu gefährlich, aber der dunkle **Sandstrand** eignet sich für Spaziergänge: Häufig findet man hier angeschwemmtes Strandgut. Der breite Strand ist auch ein Eiablageplatz für Meeresschildkröten.

» Karte S. 128, Info S. 133

SAINT-BARTHÉLEMY (ST. BARTS; ☎ 005 90)

Office du Tourisme de Saint-Barthélemy, Quai du Général de Gaulle, Gustavia, Tel. 278-727, Fax 277-447, www.saintbarth-tourisme.com, www.st-barths.com, www.aux-antilles.fr.

ANREISE: Windward Islands Airways, Air Caraïbes und Virgin Air landen auf dem **St. Jean Airport**, Kreuzfahrtschiffe legen im Hafen von **Gustavia** an. Fähren ab St. Martin.

EINREISE UND WÄHRUNG: Zur Ein- und Ausreise benötigt man einen gültigen Reisepass. Offizielle Währung ist der **Euro**. US-Dollar, Kreditkarten und Travellerschecks werden fast überall akzeptiert.

Bonito St. Barths, internationale Fusion-Küche von Ceviche bis Lachs, von „Cochon du Lait" bis „Fillet du Boeuf"; gehobene Preisklasse. Oberhalb des Hafens von Gustavia; 4 rue Lubin Brin, Gustavia, Tel. 279-696, http://ilovebonito.com.
Le Tamarin, exzellente Küche – Fisch, Sushi, Salate – zu vernünftigen Preisen, nettes Ambiente: Tische unter einer alten Tamarinde; Grande Saline Beach, Tel. 292-774, www.tamarinstbarth.com.
La Gloriette, legeres Strandcafé, kreolische Küche und Salate, 12-15 u. 19-22 Uhr, Mi geschl.; am Strand der Lagune von Grand-Cul-de-Sac, Tel. 298-571.
Le Repaire, gute französische Küche, Mo-Sa 18-1 Uhr, an der Hauptstraße; Rue de la République, Gustavia, Tel. 277-248.
L'Indigo, tgl. frischer Hummer und Fisch in mediterranen Variationen; Grand Cul de Sac, im Hotel Guanahani, Tel. 529-000, www.leguanahani.com.

SABA (☎ 005 99)

Saba Tourist Board, Mo-Fr 8-17 Uhr, Windwardside, Tel. 416-2231, Fax 416-2350, www.turq.com/saba, www.sabatourism.com.

ANREISE: Der **Flug** von Sint Maarten nach Saba (mit WinAir) dauert 15 Minuten. Die **Fähren** *The Egde* und *Dawn II.* verkehren 3x pro Woche zwischen Fort Bay/Saba und Oyster Bay/Saint Martin (1 Std.). Auf Saba ist es durchaus üblich und auch sicher, **per Anhalter** zu fahren.

WÄHRUNG: Bezahlt wird mit **US-Dollar**.

Brigadoon, internationale und kreolische Spezialitäten in einem Haus aus dem 18. Jh.; Windwardside, Tel. 416-2380.
Queen's Garden, internationale und vegetarische Küche, Troy Hilldrive 1, The Bottom, Tel. 416-3494.

TAUCHEN: Der **Saba Marine Park**, www.sabapark.org, bietet mehr als 30 unberührte, mit Bojen versehene Tauchplätze. Geführte Tauchgänge in 5-40 m Tiefe. Saba besitzt zwei Druckkammern. PADI-Tauchschule: **Saba Divers**, Windwardside, Saba, Tel. 416-2526, www.sabadivers.com.

SINT EUSTATIUS (☎ 005 99)

Tourist Office, Fort Oranje, Oranjestad, Tel./Fax 318-2433, www.statiatourism.com.

ANREISE UND ÖRTLICHE TRANSPORTMITTEL: WINAIR bedient beide Inseln der Niederländischen Antillen.
Kreuzfahrtschiffe legen nur in Oranjestad / Sint Eustatius an. Taxis und Mietwagen sind auf beiden Inseln erhältlich, Taxifahrer fungieren gern als Fremdenführer.

EINREISE UND WÄHRUNG: Zur Ein- und Ausreise benötigen Sie einen Reisepass sowie ein Ticket zur Weiterreise. Währung ist seit 2011 der **US-Dollar**. Travellerschecks werden fast überall, Kreditkarten aber nur vereinzelt akzeptiert.

Old Gin House, renommierte kreolische u. internationale Küche; Oranjestad, Tel. 318-2319, Fax 318-2136, www.oldginhouse.com.
Blue Bead Restaurant & Bar, der Pub serviert gute Hausmannskost, am Freitag ist Fischtag; Bay Road, Tel. 318-2873.

Blick vom Conaree Hill auf die Half Moon Bay, St. Kitts

ST. KITTS
(ST. CHRISTOPHER)
ST. KITTS AND NEVIS
CARIBBEAN SEA
The Narrows
★NEVIS
Willett's Bay
★Dieppe Bay
Dieppe Bay Town
Parsons Ground
Sadlers
St. Paul's Pt.
Convent Bay
St. Pauls
Newton Ground
Belle Tete
Sandy Point Town
Tabernacle
Mansion
★Mt. Liamuiga
1156
NORTH WEST RANGE
Molineux
Philips
Pump Bay
Grange Bay
★Brimstone Hill Fortress National Park
Godwin Ghut
Ottley's Ghut
Lodge
Ottley's
Hermitage Bay
Half Way Tree
Cayon
Middle Island
St. Thomas Church
Wingfield Estate (★Petroglyphs)
Key
Ocean Waves GH.
Romney Manor
Stapleton
Old Road Town
★St. Kitts Scenic Railway
SOUTH EAST RANGE
Callengers
Fountain Estate
Monkey Hill
402
Old Road Bay
Robert L. Bradshaw Intl. Airport
Bloody Point
Old Sugarcane Railway Track
Church of St. George
St. Kitt's Sugar Factory
Palmetto Bay
Palmetto Point
Half Moon Bay
Muddy Point
Basseterre
St. Kitts Marriott Resort & Royal Beach Casino
North Frigate Bay
Frigate Bay R.
Island Paradise Beach Village
★Frigate Bay
North Friar's Bay
Turtle Bay
SALT POND ESTATE
South Friar's Bay
Canoa Bay
Sand Bank Bay
Great Salt Pond
Ballast Bay
Mosquito Bluff
Green Point
Turtle Beach
Major's Bay
Cockleshell
Horse Shoe Pt.
Vance W. Amory Intl. Airport
Nisbet Plantation Beach Club
Windy Hill Pt.
Mosquito Bay
Newcastle
4
3
Scarborough
Cades Bay
308
Hick's Cove
Fountain
Cotton Ground
Westbury
Brick Kiln
Barnes Ghaut
Fountain Ghut
Four Seasons Resort Nevis
★Pinney's Beach
Vaughans
Eden Brown Estate
Nevis Peak
985
Pinney's Beach Hotel
Craddocks
Golden Rock Inn
Charlestown
St. John's Church
Fig Tree
Mannings
Fort Charles Ruin
1
2
Zion
Bath House
Gingerland
Nelson Museum
Clay Ghaunt Estate
Pembroke
★Montpelier Plantation Inn
380
Holmes Hill
White Bay
1 The Hermitage
2 Old Manor Hotel
3 Mount Nevis Hotel & Beach Club
4 Hurricane Cove Bungalows
ST. KITTS - NEVIS
0
6 km
0
4 miles

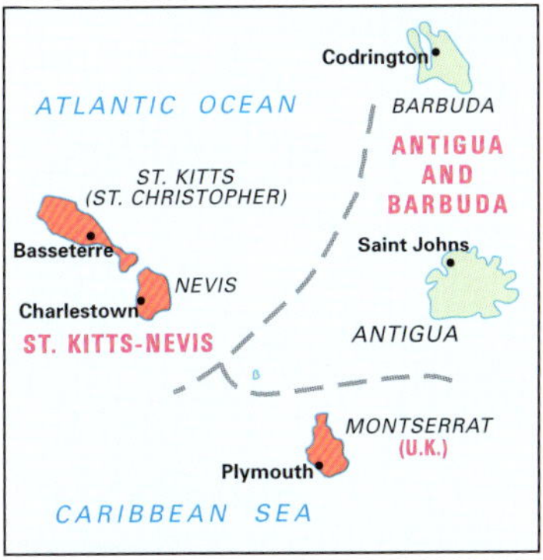

UNVERFÄLSCHTER KARIBISCHER CHARME

ST. KITTS
NEVIS
MONTSERRAT

ST. KITTS UND NEVIS

St. Kitts, Nevis und Montserrat haben alle drei eine englische Vergangenheit, doch **St. Kitts und Nevis** bilden seit 1983 eine unabhängige Föderation, während die Vulkaninsel Montserrat eine der letzten britischen Kolonien ist. Wie Antigua, Barbuda und Anguilla gehören die drei Inseln zur Gruppe der British Leeward Islands, dem nördlichsten Archipel der *Inseln über dem Wind*.

ST. KITTS

St. Kitts ist mit 39 000 Einwohnern die größte und touristisch am besten erschlossene der drei Inseln. Ihre ersten Bewohner waren Kariben, in deren Sprache die Insel *Liamuiga*, „die fruchtbare Insel", hieß. Kolumbus taufte sie 1493 San Cristóbal – zu Ehren des hl. Christophorus, des Schutzpatrons der Reisenden. Als die Briten im Januar 1623 auf die Insel kamen, anglisierten sie den Namen zu *St. Christopher* und verkürzten ihn später zu St. Kitts, das zudem den stolzen Beinamen der „Mutterkolonie Westindiens" erhielt, da von hier aus zahlreiche britische Inseln besiedelt wurden.

Als Sir Thomas Warner auf St. Kitts die erste britische Kolonie Westindiens gründete, wurden die neuen Siedler von den Kariben anfangs herzlich aufgenommen. 1625 kam eine Gruppe französischer Kolonisten dazu, die nach dem Kampf mit einem spanischen Kriegsschiff hier Zuflucht suchten. Doch bereits ein Jahr später endete der Inselfrieden, als die Kariben aus Angst vor dem raschen Wachstum der Kolonien versuchten, die Siedler zu vertreiben. Daraufhin töteten die Briten und Franzosen die 200 Eingeborenen der Insel und weitere 2000 Indigene, die ihnen zu Hilfe geeilt waren.

In der Folge legten die Siedler Tabak- und Zuckerrohr-Plantagen an und kolonisierten die umliegenden Inseln. Obwohl sich Briten und Franzosen in einem merkwürdigen Abkommen die Insel geteilt hatten – die britische Inselmitte wurde von französischem Terrain flankiert – brachen von Zeit zu Zeit erbitterte Kämpfe zwischen ihnen aus. Um ihr Territorium zu schützen, begannen die Engländer 1690 mit dem Bau der mächtigen Festung von ★★**Brimstone Hill**. Deren immense Ausmaße erforderten Tausende von Sklaven, die 100 Jahre lang daran bauten. Von der Anhöhe des Forts bietet sich ein fantastischer Ausblick auf die benachbarten Inseln Nevis, Montserrat, Saba, Sint Eustatius, Sint Maarten und Saint-Barthélemy. Die Briten hielten ihre 250 m hoch über dem Meer gelegene Festung für uneinnehmbar. Doch 1782,

» Karte S. 136, Info S. 146-147

Foto: Jason P. Ross (Dreamstime)

noch vor Beendigung der Bauarbeiten, griffen die Franzosen an. 950 britische und schottische Soldaten kämpften tapfer gegen 6000 Franzosen, bevor sie schließlich kapitulieren mussten. Als Zeichen des Respekts durften die Briten in geordneter Marschformation abziehen. Ein Jahr später eroberten die Engländer die Festung zurück und erwiesen den Franzosen die gleiche Ehre.

Nachdem St. Kitts im Vertrag von Versailles 1783 den Briten zugesprochen wurde, konzentrierten sich die Inselbewohner auf den Zuckerrohranbau. Mit dem Ende des Zuckerbooms begann für St. Kitts ein Dornröschenschlaf, der erst in den letzten Jahrzehnten endete, als die Erschließung der Insel in größerem Stil einsetzte und die Föderation St. Kitts & Nevis 1983 ihre Unabhängigkeit erhielt.

Oben: Das Gibraltar der Karibik – Brimstone Hill, St. Kitts. Rechts: Thomas Berkeley Memorial am Circus, Basseterre, St. Kitts.

Blumengarten der Karibik

St. Kitts, das die englische Prinzessin Margaret in ihrer Begeisterung einmal den „Blumengarten der Karibik“ nannte, hat etwa die Form eines Kricketschlägers, dessen breites Ende von Regenwäldern, Bergen und Zuckerrohrfeldern beherrscht wird. Die Insel ist 37 km lang und 11 km breit und wird in der Mitte von einer zerklüfteten Bergkette durchzogen, deren höchster Gipfel, der ★**Mount Liamuiga** (früher Mount Misery) eine Höhe von 1156 m erreicht. Geübte Wanderer bewältigen den Aufstieg in acht Stunden, doch sollte man einen ortskundigen Führer als Begleitung mitnehmen. Den ersten Teil des Weges kann man noch mit einem Geländewagen zurücklegen, doch dann beginnt der lange Aufstieg zum Rand des 240 m tiefen Kraters, in den man, an Wurzeln und Lianen hangelnd, hinabsteigen kann.

Die Hauptstadt der Insel ist **Basseterre** (13 200 Einwohner). Ihr französischer Name geht auf die Zeit der fran-

» Karte S. 136, Info S. 146-147

zösischen Besetzung zurück, aber das Stadtbild hat eher britisches Flair.

Auf dem Hauptplatz ★**The Circus** steht das **Thomas Berkeley Memorial** (mit Uhr). Daneben, am **Independence Square,** nimmt eine Parkanlage den Platz des einstigen Sklavenmarktes ein.

Die anglikanische **St. George's Church** wurde seit ihrer Grundsteinlegung 1670 von diversen Katastrophen heimgesucht; ihr heutiges Kirchenschiff stammt aus dem Jahr 1868, der alte Kirchturm stürzte 1974 bei einem Erdbeben ein. Im **Court House** sind alte Bücher und Karten über Westindien sowie präkolumbische Zeichnungen und Steinwerkzeuge ausgestellt.

Eine Rundfahrt um die Insel dauert etwa zwei Stunden, doch sollte man mehr Zeit dafür einplanen, um die schönen Ausblicke und historischen Plätze wirklich genießen zu können. Die Hauptstraße folgt der Küste rund um die Insel, teils parallel zur diesellokbetriebenen ★**Schmalspurbahnlinie** (www.stkittsscenicrailway.com), die heute mit Aussichtswaggons Touristen, früher aber Zuckerrohr zur Raffinerie beim Flughafen transportierte. Noch bis 2005 arbeitete die *St. Kitts Sugar Factory*, einst der Nabel der Zuckerrohr-Monokultur auf der Insel. Dann endete der unrentabel gewordene Zuckerrohranbau; die Raffinerie wurde zum Teil demoliert und die Eisenträger verkauft, um die Staatsverschuldung von St. Kitts & Nevis zu reduzieren. Geblieben ist nur die heutige Touristenbahn auf den alten Plantagengleisen. Ein Museum ist in Planung.

Nächster Halt ist **Old Road Town**, die erste Siedlung der Briten auf den Westindischen Inseln und bis 1727 die Hauptstadt des britischen Inselteils. Im nahegelegenen **Wingfield Estate** können Sie auf mehreren Felsblöcken ★**Petroglyphen** (Felszeichnungen) der karibischen Ureinwohner sehen.

Nach kurzer Fahrt durch den Regenwald erreicht man **Romney Manor**, ein altes Landhaus und Sitz der **Caribelle Batik Factory** (www.caribellebatikstkitts.com). Dort kann man zusehen, wie die farbenfrohen Tücher und Kleider, die vor und in dem Gebäude ausgestellt sind, mit Hilfe von Wachs und verschiedenen Farbbädern hergestellt werden.

Foto: Christian Heeb

In **Middle Island Village** liegen unter einer alten Marmorplatte in der **St. Thomas Church** die sterblichen Überreste Sir Thomas Warners, des Anführers der ersten britischen Siedler.

Bald darauf kommt man zur Abzweigung nach ★★**Brimstone Hill**, dem „Gibraltar der Karibik". Obwohl diese **Festung** über die Jahrhunderte schwer beschädigt wurde, blieben ihre Hauptbefestigungsanlagen erhalten. Seit 1999 steht sie auf der UNESCO-Welterbeliste. Innerhalb der massiven, 2-3 m dicken Wehrmauern und Bastionen, die noch mit alten Kanonen bestückt sind, liegen die Ruinen eines Krankenhauses, Munitions- und Lagerräume, ehemalige Küchen, ein Friedhof sowie eine Trinkwasserzisterne. 1973 wurde die sorgfältig restaurierte **Prince-of-Wales-Bastion** von Prinz Charles eingeweiht.

Foto: Robin Daniel Frommer

Dazu gehören ein Besucherzentrum, ein Souvenirladen und ein Restaurant.

Ganz im Norden von St. Kitts erstreckt sich die sanft geschwungene ★**Dieppe Bay**, die mit ihrem grauschwarz gefärbten Vulkanstrand zum Baden und Picknicken einlädt. Nordwestlich von Basseterre liegt der 402 m hohe **Monkey Hill**, der seinen Namen den schwarzgesichtigen Samtaffen verdankt, die die Franzosen auf die Insel gebracht haben sollen. Vom Gipfel bietet sich ein herrlicher Rundblick.

★**Frigate Bay**, südöstlich von Basseterre, wurde zu einem Touristenzentrum ausgebaut. Neben zahlreichen größeren Hotels und Anlagen mit Ferienwohnungen steht dort auch ein 9-Loch-Golfplatz zur Verfügung. Das Gebiet hat außerdem zwei schöne Sandstrände, von denen einer an der Atlantikküste und der andere an der windgeschützten Küste des Karibischen Meers liegt.

Oben: Christmas Sports – mit akrobatischem Wagemut vorgeführt von den St. Peter's Actors aus St. Kitts.

Karneval an Weihnachten

Die interessanteste Zeit, um St. Kitts einen Besuch abzustatten, ist zwischen Weihnachten und Neujahr. Denn das fruchtbare Eiland feiert seinen originellen Straßenkarneval genau in der Woche, in der man früher den Sklaven eine kurze Verschnaufpause vom harten Frondienst auf den Zuckerrohr-Plantagen gönnte.

St.Kitts gehört zu den Karibikinseln, die besonders nachhaltig vom Zuckerrohranbau geprägt wurden. Sklaverei und Großgrundbesitz waren lange Begleiterscheinungen der importierten Monokultur.

Die totale Unterordnung der gesamten Lebensweise unter das Diktat der Erntezyklen wurde nur zu Weihnachten kurz ausgesetzt. Allerdings war das Christfest der europäischen Großgrundbesitzer nicht in der Vorstellungswelt der aus Westafrika verschleppten Sklaven verankert. Die zwischen den Jahren angeordnete Ruhe nutzten die Geknechteten für ihre ★**Christmas**

» Karte S. 136, Info S. 146-147

Sports, wettkampfähnlichen Veranstaltungen. Das – bis heute beibehaltene – zeitgleiche Nebeneinander religiösernster und sportlich-heiterer Feste mag auf den ersten Blick merkwürdig erscheinen, ergab sich jedoch aus dem engen Zusammenleben von Angehörigen unterschiedlichster Kulturkreise unter dem gemeinsamen Dach der Zuckerfarmen.

Im ursprünglichen, etwas derberen Straßenkarneval Basseterres, der aus den Christmas Sports hervorging, spiegelt sich noch das Lebens auf den großen Plantagen wider. *Dr. Jardine und der Stier*, die *Cakewalk Aristocrats* oder die *St. Peter's Actors* sind Kostümgruppen, die auf die Sklavenzeit zurückgehen. Der akrobatischen Wagemut der St. Peter's Actors erinnert an die einstigen Christmas Sports: auf der Bauchdecke zertrümmerte Steinblöcke oder spektakuläre, über aufgerichtete Heugabeln gesprungene Flugrollen.

Entstanden sind diese nicht ungefährlichen Mutproben am Hof des französischen General-Gouverneurs Philippe Chevallier Lonvilliers de Poincy. Auf seinem 1640 unweit der Ortschaft **St. Peter** erbautem Schloss, zwang Poincy seine Sklaven zur Belustigung seiner gelangweilten Hofschranzen zu solch riskanten Darbietungen. Von Château Poincy blieb nach dem Vertrag von Utrecht, mit dem 1713 die Alleinherrschaft der Briten auf St. Kitts besiegelt wurde, nicht viel übrig. Auch das auf seinen Resten erbaute Herrenhaus der Plantage **Fountain Estate** kann nur mit Erlaubnis der Eigentümer besucht werden.

Andere Anwesen aus der Zeit des Zuckerbooms wurden in luxuriöse Hotels oder Restaurants umgestaltet. Einen Eindruck vom – auf gnadenloser Ausbeutung zahlloser schwarzer Sklaven begründeten – verschwenderischen Lebensstil der Kolonialzeit kann man sich also heute noch verschaffen, sowohl auf St. Kitts als auch auf der Nachbarinsel Nevis.

★NEVIS

Auch ★**Nevis** (11 100 Einwohner, 93 km²) wurde von Christoph Kolumbus auf seiner zweiten Reise 1493 entdeckt. Er gab der runden Insel den Namen Las Nieves („der Schnee") – wegen der schneeweißen Wolke, die den höchsten Gipfel der Insel fast immer verhüllt.

Die nächsten Seefahrer, die die Insel ansteuerten, waren 1607 Kapitän John Smith und seine englische Mannschaft. Auf dem Weg nach Virginia, wo sie die Jamestown-Kolonie gründen sollten, fanden sie genügend Zeit für einen Aufenthalt auf Nevis, wie John Smith schreibt: „Hier fanden wir einen großen Teich, in dem wir mit viel Vergnügen badeten". Außerdem erhängten die Briten auf Nevis noch einige Meuterer. Erst als 1628 Kapitän Anthony Hilton mit 80 Pflanzern hier landete, wurde die Insel ständig besiedelt. Im 17. und 18. Jahrhundert war Nevis wohlhabender als St. Kitts und gefiel als „Königin der Karibik" vor allem dem englischen Adel.

1755 wurde Alexander Hamilton, der als Mitglied des amerikanischen Verfassungskonvents in die Geschichte einging, in einer Villa in der Inselhauptstadt **Charlestown** geboren. Auf der Nachbarinsel Antigua hatte ein berühmter Zeitgenosse Hamiltons, Admiral Horatio Nelson, sein Hauptquartier. Nevis war für ihn mehr als nur eine geeignete Trinkwasser-Station auf dem Weg in den amerikanischen Unabhängigkeitskrieg: Der englische Seeheld heiratete hier die Einheimische Frances Nisbet auf der Montpelier-Plantage. Heute ist das ★**Montpelier Plantation Inn** ein kleines, exklusives Hotel mit einem ausgezeichneten Restaurant.

Der „große Teich", von dem Kapitän John Smith berichtet hatte, wurde wegen seiner schwefelhaltigen heißen Quellen und dem Heilwasser berühmt. Ende des 18. Jh. wurde dort das **Bath House** erbaut, ein imposantes Thermalbad mit luxuriöser Ausstattung hoch auf einem Hügel im Süden von Charles-

» Karte S. 136, Info S. 146-147

town. Heute ist nur noch ein offener Pool der **heißen Quellen** zu benutzen. Das unmittelbar angrenzende ★**Bath Hotel & Spring House** fiel einem Hurrikan zum Opfer.

Bath Village war das wichtigste Kurbad der westindischen Inseln im 18. und 19. Jh., und zog jährlich mehr als 4000 Besucher an – eine bemerkenswerte Zahl für die damalige Zeit. Hier überwinterte die britische Hautevolee des frühen 19. Jh., und Gertrude Asherton beschrieb das Bath House von Nevis in ihrem Roman *The Gorgeous Isle* so: „Das ganze Haus wirkte wie ein orientalischer Palast mit hängenden Gärten, ein Lustschloss, entworfen für einen extravaganten und ausschweifenden Potentaten."

Heute jedoch dreht sich das Leben in Charlestown hauptsächlich um die Ankunft der Vormittagsfähre aus dem 3 km entfernten St. Kitts. Man kann die 1660 gegründete Miniatur-Hafenstadt mit einem Stadtplan auf eigene Faust in etwa einer Stunde erkunden. Das Geburtshaus Alexander Hamiltons steht nicht mehr, doch ein originalgetreuer Nachbau an derselben Stelle beherbergt das **Historische Museum** von Nevis, das auch unter dem Namen **Alexander Hamilton Museum** bekannt ist. Die Exponate beziehen sich sowohl auf Hamilton als auch auf die Geschichte und Kultur der Insel.

Oben: Segeltörn vor Nevis. Rechts: Der beliebte Pinney's Beach mit Four Seasons Hotel und dem Nevis Peak, der vulkanischen Ursprungs ist.

Die Errichtung der anglikanischen **St. Paul's Church** geht bis ins 17. Jh. zurück, doch wurde sie seitdem mehrmals umgebaut. Die **St. Thomas Church** am anderen Ende der Stadt stammt aus dem Jahr 1640 und musste nach zahlreichen Wirbelstürmen und Erdbeben immer wieder restauriert werden.

Nicht weniger sehenswert ist der alte **Jüdische Friedhof**, auf dem hauptsächlich aus Brasilien eingewanderte Juden begraben sind, die einst mehr als die Hälfte der Bevölkerung von Nevis ausmachten.

Rund um die Insel scheint sich das

» Karte S. 136, Info S. 146-147

Foto: EQRoy (Shutterstock)

Leben nur wenig verändert zu haben seit den Tagen, als vor allem Zucker und Baumwolle Hauptanbauprodukte waren. Nur wenige Kilometer außerhalb von Charlestown lohnt die **St. John's Church** in Fig Tree Village einen Besuch. Im Kirchenregister findet sich der Eintrag von Lord Nelsons Heirat mit der Gouverneurs-Nichte Frances Nisbet im Jahr 1787. Die moosbewachsenen Grabsteine auf dem alten Friedhof gehen zurück bis auf das Jahr 1682.

Zahlreiche Erinnerungsstücke an Lord Nelson besitzt das 1992 entstandene **Nelson Museum** ganz in der Nähe der Morning Star Plantation. Zu den Exponaten zählt ein verblasster Brief Nelsons, Gemälde, die die Romanze zwischen Nelson und Lady Emma Hamilton illustrieren, Porzellan, Bilder, Bücher und Stühle aus dem Esszimmer der *Victory*, dem Flaggschiff des Admirals. Die Standuhr des Museums wurde just zu der Stunde angehalten, als Königin Elizabeth II. das Museum am 22. Februar 1966 betrat.

Nicht weit von Montpelier liegt **Clay Ghaunt Estate** mit der **Eva Wilkin Gallery**. Das Atelier der 1989 verstorbenen, aber noch immer von den Einheimischen verehrten Malerin liegt an einem Kap, von dem man einen herrlichen Ausblick auf die Insel hat. Heute kann man hier Bilder von jungen Künstlern aus Nevis und von den Nachbarinseln kaufen.

Überall auf Nevis gibt es Ruinen, eine der beeindruckendsten ist sicher das Herrenhaus des **Eden Brown Estate** im Osten der Insel, das ein wohlhabender Plantagenbesitzer im 18. Jh. als Hochzeitsgeschenk für seine Tochter erbauen ließ. Außer den Fundamenten, einigen dicken Mauern und einer Treppe mit einem breiten Treppenabsatz ist jedoch nichts mehr erhalten. Man kann sich dennoch recht gut vorstellen, wie man die Gäste hier einst zum Dinner oder auch zu einem Ball empfing. Doch in Wirklichkeit wurde hier nur ein einziges Fest gefeiert – am Vorabend der Hochzeit. Dabei kam es zu einem Streit zwischen dem Bräutigam und seinem Trauzeugen, beide Männer starben im

» Karte S. 136, Info S. 146-147

Foto: Christian Heeb

Duell. Niemand hat also je in dem Haus gelebt, doch seither heißt es, dass das Schluchzen der Braut Julia jeden Morgen vor Sonnenaufgang zu hören sei.

Der schönste Strand der Insel ist der 6 km lange ★**Pinney's Beach** nördlich von Charlestown. Das Wasser ist klar und ruhig, da es durch ein Riff geschützt wird. Hier steht das führende Hotel der Insel, das **Four Seasons**.

Eine Tageswanderung führt auf den 985 m hohen Berg **Nevis Peak**, einen erloschenen Vulkan, an dessen sattgrünen Hängen viele **Affen** (Äthiopische Grünmeerkatzen) leben. Einst von den Franzosen eingeführt, soll ihre Zahl inzwischen die der 8000 Einwohner von Nevis übertreffen. Den Sonnenuntergang kann man bei Salsa und Merengue in der **Lime Beach Bar** am Strand verbringen.

Oben: Die Äthiopischen Grünmeerkatzen, einst von den Franzosen am Nevis Peak ausgesetzt, haben sich dort stark vermehrt. Rechts: Der aktive Vulkan Soufrière auf Montserrat hat mit seinen Ausbrüchen viele der Insulaner ins Exil getrieben.

MONTSERRAT

Die **Britische Kronkolonie** Montserrat galt als Inbegriff einer paradiesischen Karibikinsel – bis 1995. Dann verwüstete der ★★**Soufrière-Vulkan** mit verheerenden Ausbrüchen zwei Drittel des nur 102 km^2 großen Eilands. Explosionsartig breiteten sich 1500 °C heiße Gesteinswolken vom Gipfel bis zum Meer aus. Im April 1996 war die Südhälfte Montserrats, einschließlich der Hauptstadt Plymouth, aufgegeben worden; die meisten der 11 000 Bewohner hatten sich vorsorglich in den – zuvor kaum besiedelten – Norden des Eilands zurückgezogen. Doch auch hier lastete Schwefelgeruch auf den Atemwegen, verdunkelte der Vulkanstaub zeitweilig das Tageslicht. Der Zusammenbruch des Schulsystems veranlasste viele Familien, auf Nachbarinseln auszuwandern. Im September 1996 brachen besonders viele spektakuläre Lawinen von der Nordostflanke der über 900 m hohen Lavakuppe herab und verwüsteten

» Karte S. 136, Info S. 146-147

Foto: starekase (iStockphoto)

im Osten bereits evakuierte Täler. Was davon verschont blieb, wurde unter einem Ascheteppich begraben.

Am 25. Juni 1997 erwachte die Insel in einem Regen von Asche, als der Vulkan erneut ausbrach: Gesteinslawinen stürzten mit einer Geschwindigkeit von über 100 km/h die Vulkanflanken herab, verwandelten weite Teile der Insel in ein Inferno. Die Einwohner hatten Glück im Unglück – nur 19 Tote waren zu beklagen. Aber der Berg gönnte der Insel keine Verschnaufpause: Schon im August rasten erneut glühendheiße Lawinen alle Seiten des Berges hinunter. Plymouth versank unter Asche, alle Häuser brannten aus. Das ehemalige Zentrum erinnert seither an ein Kriegsgebiet. Es lohnte nicht mehr, die Innenstadt freizuräumen, zudem gab der Vulkan noch immer keine Ruhe. Der gesamte Westteil der Insel war bereits vernichtet, als kurze darauf ein erneuter Ausbruch den nördlich gelegenen Flughafen zerstörte – für viele Insulaner die letzte Mahnung der Natur, die Insel endlich zu verlassen. Die meisten setzten mit der Fähre nach Antigua über und wanderten dann schließlich in das Mutterland England aus.

Im Juli 1998 brach der Vulkan nach scheinbarer Ruhe erneut aus; 2002 und 2010 grummelte er wieder verdächtig. Heute leben nur noch 5000 Menschen auf der Insel, alle im Norden. Seismologen haben eine Beobachtungsstation eingerichtet, doch Vorhersagen künftiger Vulkanausbrüche sind schwierig. Für die Menschen, die in Montserrat ihre Heimat verloren haben, mag es ein schwacher Trost sein, dass der Berg die Insel nicht für alle Zeiten verwüstet hat, sondern dass er sie letztlich fruchtbarer und größer als zuvor zurücklassen wird. Langsam hält der Tourismus wieder Einzug. Die wenigen Besucher finden kleine, menschenleere Buchten, schwarze Strände, Regenwald und Ehrfurcht gebietende Vulkane vor. Seit 2005 gibt es wieder einen Flughafen, den **John A. Osborne Airport**, und im sichereren Norden, in **Little Bay**, soll die neue „Hauptstadt" entstehen – vorläufig ist das Dorf **Brades** Regierungssitz.

ST. KITTS (☎ 001 869)

St. Kitts Tourism Authority, Pelican Mall, Bay Road, P.O. Box 132, Basseterre, St. Kitts, W.I., Tel. 465-4040, Fax 465-8794, www.stkittstourism.kn.

***ANREISE**:* British Airways (London-Gatwick), Air France, American Airlines (Miami, New York), Delta (Atlanta) und US Airways (Charlotte) sind die wichtigsten Zubringer. LIAT verbindet St. Kitts mit anderen Inseln der Karibik und fliegt von St. Kitts nach Nevis. Winair fliegt nach Nevis (www.fly-winair.com). Taxis ab Airport zu allen Zielen auf St. Kitts liegen zischen 18 und 72 EC$. Kreuzfahrt-Reedereien wie Carnival, Costa, Cunard, Holland America, NCL, Princess Cruises, Royal Cruises und Seabourn laufen regelmäßig St. Kitts an. Fähren pendeln ca. 8x täglich zwischen St. Kitts und Nevis.

***EINREISE UND WÄHRUNG**:* Sie benötigen einen gültigen Reisepass sowie ein Ticket für die Rück- bzw. Weiterreise.
Offizielle Währung von St. Kitts & Nevis ist der **East Caribbean Dollar** (EC$). Für 1 € bekommt man etwa 3 EC$. Allerdings können Sie fast überall auch mit US-Dollar bezahlen. Hotels akzeptieren meist auch Kreditkarten, in Restaurants oder in kleineren Geschäften dagegen sollte man nicht darauf vertrauen.
Flughafengebühren: 60 EC$, Kinder unter 12 Jahren sind davon befreit; außerdem wird eine Ökosteuer von 4 EC$ pro Pers. erhoben.

Ballahoo, eines der beliebtesten Restaurants im Zentrum von Basseterre, westindische Küche, Reservierung ist grundsätzlich sinnvoll, seine große Veranda ist manchmal der kühlste Platz im ganzen Ort, Mo-Sa 8-21 Uhr; Ecke Bank Street / Fort Street, Tel. 465-4197, www.ballahoo.net.
Spice Mill, stylishes Strandrestaurant im äußersten Südosten der Insel, exzellente Küche mit kulinarischen Einflüssen aus Afrika, Asien, Spanien Frankreich und den Niederlanden. Direkt an der Brandung der Cockleshell Beach, montags geschlossen, 11.30-16 Uhr und 17.30-21.30 Uhr, Tel. 762-2160 und 765-6706, Reservierung ratsam, www.spicemillrestaurant.com.
Fisherman's Wharf, zwangloses Restaurant direkt am Wasser, hier werden Steaks, Lobster und Schwertfisch an schlichten Picknicktischen serviert, beliebt bei Einheimischen, Mo-Sa 18.30-23 Uhr; Bay Road, Basseterre, Tel. 465-2754, www.fishermanswarfstkitts.com.
Royal Palm, ein mehrfach preisgekrönter innovativer Feinschmecker-Tempel in Ottley's Plantation Inn, einem Herrenhaus aus dem 18. Jh., Reservierung nötig; Ottley's Village, Tel. 465-7234, www.ottleys.com.
Star of India, das einzige „ostindische" Restaurant auf St. Kitts & Nevis bietet eine Vielzahl von Curry- und Tandoori-Gerichten, bei den beliebten Freitagsbuffets ist Reservierung anzuraten, Mo-Sa geöffnet; Victoria Road, Basseterre, Tel. 466-1537, http://starofindia.letseat.at.
Marshall's, jamaikanische Spezialitäten, Steaks und Meeresfrüchte, Mo-Sa 18-22 Uhr, Reservierung erforderlich; im Horizons Villa Resort, Frigate Bay, Tel. 466-8245, http://marshallsdining.com.
Lemongrass, Veranda, karibische und indo-karibische Küche, einheimische und internationale Gäste, Mo-Sa 10-22 Uhr; Bay Road, Tel. 465-0143.

Der urwüchsige und farbenfrohe **Karneval** von St. Kitts ist aus den Christmas Sports hervorgegangen und findet zwischen Weihnachten und den ersten Tagen im Januar statt. Mitte Juni lockt das **St. Kitts Music Festival** mit Calypso, Jazz, Reggae, Rap und Soca, www.stkittsmusicfestival.com.

***ÖRTLICHE TRANSPORTMITTEL**:* Am besten erkundet man die Insel mit dem **Taxi** (kein Taxameter). Die Tarife sind offiziell festgelegt, man sollte sich aber zuvor vom Fahrer den Preis bestätigen lassen.
Der **Busverkehr** zwischen den Dörfern der Insel ist unregelmäßig und nichts für Eilige.
Mietwagen sind leicht erhältlich und kosten ab 60 US$ pro Tag, plus 50 EC$ für die obligatorische 3-Monate-Fahrerlaubnis. Einige Agenturen bieten Mietwagen einschließlich Fahrerlaubnis und Transfer vom bzw. zum Hotel an. Vorsicht: **Linksverkehr**!

***WASSERSPORT**:* **Blue Water Safaris**, der vielseitige Veranstalter bietet Schnorchel-Ausflüge, Hochseefischen und Segel-Törns an,

Prince's Street, Basseterre, Tel. 466-4933, Fax 466-6740, www.bluewatersafaris.com.
St. Kitts Scuba, PADI-Tauchbasis, 25 Jahre Erfahrung, beim Bird Rock Beach Hotel, Tel. 466-8744, Fax 465-1675, www.stkittsscuba.com.

NEVIS (☎ 001 869)

INFORMATION: **Nevis Tourism Authority**, Main Street, Charlestown, Tel. 469-7550, Fax 469-7551, www.nevisisland. com.

ANREISE: Air Sunshine, Seaborne Airline, Fly CHL, Tradewind Aviation, Trans Anguilla Airways und Winair landen auf Nevis. Fährboote aus St. Kitts laufen die Anleger bei Charlestown bis zu 12 Mal täglich an; Sonntags nur vier Verbindungen. Außerdem werden Wassertaxis angeboten.

EINREISE UND WÄHRUNG: Siehe St. Kitts.

Auf Nevis sind die meisten Frischprodukte örtlicher Herkunft und deshalb von außergewöhnlich guter Qualität. Außerhalb der luxuriösen Plantagen gibt es jedoch nur relativ wenige Restaurants.
Miss June's, feinste karibische Küche, die Räumlichkeiten erinnern eher an einen herrschaftlichen Salon als an ein Restaurant, Reservierung nötig; Jones Bay, Tel. 469-5330.
Lime Beach Bar, zwangloses Strandrestaurant in Bestlage, tgl. ab 11 Uhr; Pinney's Beach, Tel. 469-1147.
Unella's By The Sea, zentral gelegen, preiswerte karibische Gerichte, Fisch und Currys, täglich geöffnet; Charlestown, Tel. 469-5574.
Coconut Grove, karibische und französische Küche, Spezialität Meeresfrüchte; Main Island Road, Clifton's Estate, Tel. 469-1020, www.cocnutgrove-restaurantnevis.com.

ÖRTLICHE TRANSPORTMITTEL: Die offiziellen Gebühren der **Taxis** sind, wie in St. Kitts, in den Touristen-Broschüren aufgelistet. Der **Busverkehr** zwischen den Dörfern ist unregelmäßig.
Mietwagen (kleine Jeeps, die auch *mini-mokes* genannt werden) eignen sich gut für die überwiegend holprigen Straßen. Preise ungefähr 30-50 US$ pro Tag, Fahrerlaubnis für Nevis ca. 50 EC$. Vorsicht **Linksverkehr**!

NOTRUF: **Ambulanz** u. **Polizei**: 911, **Feuerwehr**: 469-3444.

TAUCHSCHULE: **Scuba Safaris**, Qualie Beach, Nevis; Tel. 469-9518, www.divenevis.com.

MONTSERRAT (☎ 001 664)

Montserrat Tourist Board, E. K. Osbourne Building, Little Bay, Tel. 491-4700 u. 491-2230, www.visitmontserrat.com.

WÄHRUNG: **Eastern Caribbean Dollar** (s. S. 146).

ANREISE: Die Anreise zum bewohnten Inselnorden ist von Antigua aus möglich; Fähren von Twin Island Ferries pendeln werktags zwischen beiden Inseln. Propellermaschinen von Winair halten den Flugbetrieb nach Montserrat aufrecht, derzeit 3 Flüge tgl. ab Antigua. Die **Flughafensteuer** bei Ausreise beträgt für Europäer US$ 21 (EC$ 45).

TAUCHSCHULE: **Scuba Montserrat**, die Tauchbasis wird von Andrew Myers und Emmy Aston geleitet, Tauchgänge, Kayaktouren, Schnorchelausflüge und Beach Trips, Brades, Tel. 496-7807, www.scubamontserrat.com.

Montserrat verfügt wieder über eine aufstrebende touristische Infrastruktur. Das Angebot für Gäste reicht von Bed & Breakfast-Unterkünften in Privathäusern oder Guest Houses bis zu kleinen Hotels wie den Tropical Mansion Suites (Tel. 491-8767, www.tropicalmansion.com), und luxuriösen Villen.
Einzelne Hoteliers bieten neben Gästezimmern und Speisen auch Vulkan-Sightseeing und Trekking an oder verleihen Mountainbikes und Mietwagen, wie **Gingerbread Hill Accommodations**, familiäre Unterkunft für Selbstversorger, St. Peters, Tel. 491-5812, www.volcano-island. com.

Viesti Associates

Getanzte Lebenslust beim Straßenkarneval

Foto: Christian Heeb

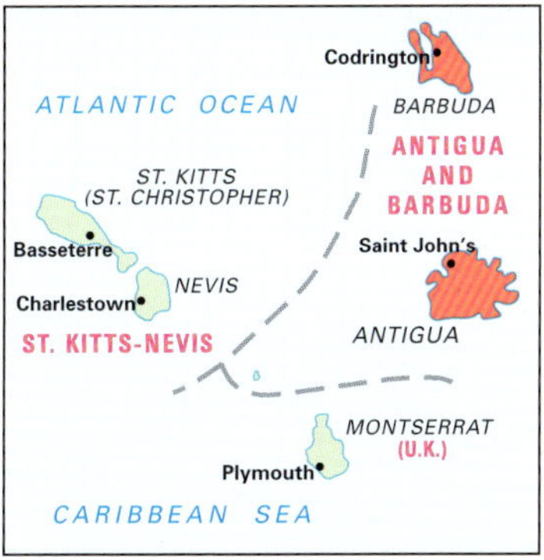

EIN STRAND FÜR JEDEN TAG

ANTIGUA UND BARBUDA

Antigua, mit 280 km^2 und 94 000 Bewohnern die größte der Inseln über dem Wind, bietet für jeden Tag des Jahres einen Strand. Man mag sich über die genaue Anzahl streiten, fest steht jedoch, dass sich an Antiguas Küste eine Perlenkette weißsandiger Buchten reiht. Jeder findet hier seinen persönlichen Lieblingsstrand. Wahrscheinlich war es die Half Moon Bay, die die Künstlerin Georgia O'Keefe so bezaubernd fand, als sie 1975 hier Urlaub machte. In ihren Aufzeichnungen beschreibt sie, wie entzückt sie war von „einem herrlichen weißen Sandstrand an einer palmengesäumten Halbmond-Bucht." Und sie genoss es, bei ihren Strandspaziergängen Muscheln zu sammeln oder sich im Schatten einer Palme von der Hitze des Tages auszuruhen.

Antigua, Barbuda und Redonda bilden heute die kleine Nation **Antigua und Barbuda**. Vollständige Unabhängigkeit von England erreichte der Staat erst am 1. November 1981, obwohl er schon seit 1967 assoziiertes Mitglied des British Commonwealth war. Redonda ist ein unbewohntes felsiges Eiland von rund 1,5 km^2 Fläche, 55 km südwestlich von Antigua. Das 40 km nördlich von Antigua gelegene Barbuda ist ebenfalls nur sehr dünn besiedelt. Seine 160 km^2 sind von Buschwerk bedeckt, aber von wunderschönen breiten Sandstränden mit mächtigen vorgelagerten Korallenriffen eingerahmt.

Links: Sonnenuntergang am Hawksbill Beach Resort, Antigua.

ANTIGUA

Die ersten Siedler auf Antigua waren Indianer vom Stamm der Siboney, die im 1. Jh. n. Chr. von Arawak-Indianern verdrängt wurden. Christoph Kolumbus entdeckte die Insel 1493 und benannte sie – nach der Heiligen Jungfrau in der Kathedrale von Sevilla – Santa María la Antigua. Die ersten englischen Kolonisten trafen 1632 aus St. Kitts ein. Nach einer kurzen französischen Besetzung wurde Antigua den Briten 1667 im Vertrag von Breda offiziell zugesprochen. In den nächsten 200 Jahren bauten die Engländer entlang der Küste mehrere Festungen sowie die große, hurrikansichere Hafenanlage ★★**English Harbour** (s. S. 155) – immer in Erwartung französischer Angreifer, die sich die Insel schon irgendwann zurückholen würden. Doch die Franzosen kamen nicht.

Seit Beginn des 18. Jh. war English Harbour der Flottenstützpunkt der britischen Marine in der Karibik. Als einer der sichersten Naturhäfen der Karibik

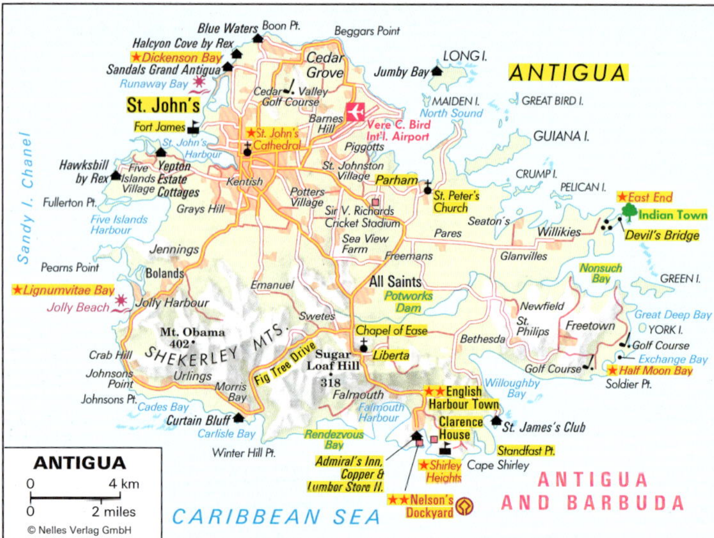

bot die Bucht Schutz vor Plünderern und Hurrikanen und war damit ein geeigneter Ort, um Kriegsschiffe zu überholen und den Mannschaften ein wenig Amüsement zu bieten. **★★Nelson's Dockyard**, die einzige noch erhaltene georgianische Werft der Welt, ist seit 2016 UNESCO-Weltkulturerbe. Sie wurde nach Englands gefeiertem Seehelden Horatio Nelson benannt, der hier 1784-87 stationiert war. Nelsons Aufenthalt war allerdings nicht allzu glücklich: Er verärgerte die ansässigen Kaufleute, indem er den *Navigation Act*, mit dem England die westindischen Häfen für amerikanische Schiffe schließen wollte, vehement durchzusetzen versuchte. Von den Fenstern seines Hauses aus konnte Nelson seine Fregatte, die *HMS Boreas*, auf Dock liegen sehen. „Ich bin allein in der Kommandantur, während mein Schiff überholt wird, und von Sonnenauf- bis Sonnenuntergang kann ich mit keiner Menschenseele sprechen", beklagte er sich bei der schönen Witwe Mrs. Nisbet aus dem benachbarten Nevis, die er später dort heiratete. Trauzeuge war einer von Nelsons besten Freunden, Prinz William Henry, der Herzog von Clarence und spätere König William IV.

Rechts: St. John's Cathedral wurde aufwändig restauriert (St. John's, Antigua).

Nelsons Kommando über das Leeward-Geschwader war ein überaus geschickter Schritt auf der Karriereleiter des ehrgeizigen Mannes. Während jener Zeit waren die Antillen-Inseln wichtiger als die nordamerikanischen Kolonien. Zucker war so wertvoll, dass die britische Regierung ein Vermögen in die Werften von English Harbour investierte, um die Stärke der Flotte zu erhalten und Franzosen oder andere mögliche Eroberer abzuschrecken.

Als die Schiffe größer und die Querelen in Westindien weniger wurden, verlor Antigua an Bedeutung, so dass der Marinestützpunkt zu Beginn des 19. Jh. offiziell aufgegeben wurde. Mitte des 20. Jh. waren die Werften so verfallen, dass einige engagierte Antiguaner und ansässige Ausländer die Organisation

 » Karte S. 152, Info S. 159

Foto: Christian Heeb

Friends of the English Harbour gründeten, um den Dockyard zu retten. Seit 1985 gehören die mittlerweile renovierten Docks und Werftanlagen sowie das umliegende Land mit einer Gesamtfläche von ungefähr 38 km² zu einem Nationalpark.

Ende des 18. Jh. war die Insel noch mit Zuckerrohrplantagen bedeckt. Und so sind die meisten Bewohner Antiguas Nachkommen der schwarzen Sklaven, die für die Arbeit auf den Pflanzungen aus Westafrika verschleppt wurden. Die Sklaverei wurde 1834 abgeschafft, doch der Zucker blieb bis Anfang des 20. Jh. die Haupteinnahmequelle der Insel. Heute arbeiten die meisten Antiguaner in der Tourismusindustrie, und das Land durchlebt Probleme wie jede junge Nation, die versucht, ihre Wirtschaft auf neue Industriezweige auszudehnen.

St. John's

Die rund 280 km² große Insel Antigua besteht überwiegend aus Kalkstein, nur im Süden und Südwesten ist sie von vulkanischen Formationen durchsetzt. Die jahrhundertelange britische Herrschaft spiegelt sich deutlich in Sprache und Gebräuchen wider – und im Nationalsport Kricket. Wenn ein wichtiges Spiel stattfindet, ist das ganze Land wie paralysiert.

Die Hauptstadt des Landes, **St. John's**, liegt im Nordwesten der Insel. Hier leben 25 000 der rund 68 000 Inselbewohner. Mehr als 50 % aller Hotels von Antigua konzentrieren sich im nahen Umkreis der Stadt. Die im Winter fast täglich einlaufenden Kreuzfahrtschiffe machen seit der Modernisierung des Hafens meist am **Heritage Quay** im Stadtzentrum fest.

Die anglikanische ★**St. John's Cathedral** an der Church Lane ragt aus dem Stadtbild. An der heutigen Kirche wurde ab 1845 gebaut, sie ersetzte einen älteren Steinbau aus dem Jahr 1745, der bei einem Erdbeben zerstört worden war. Sein Vorläufer wurde bereits im Jahr 1683 an dieser Stelle erbaut. Die schönen Statuen von Johannes dem Täufer und Johannes dem Evangelisten

» Karte S. 152, Info S. 159

Foto: Christian Heeb

am Südportal der Kathedrale sollen von einem napoleonischen Schiff stammen und von den Engländern, die das Schiff gekapert hatten, nach Antigua gebracht worden sein. Nach Erdbebenschäden begann man 1973, den Innenraum aus Pechkiefernholz zu restaurieren.

Antiguas Einkaufszentrum ist der **Heritage Quay**, ein Multi-Millionen-Komplex mit 40 Duty-Free-Läden, einem Kasino und einer Arkade, in der einheimische Kunsthandwerker und Künstler ihre Produkte verkaufen. Mehrere Restaurants bieten eine breite Palette internationaler Spezialitäten und einen schönen Blick auf den Hafen.

Auch am **Redcliffe Quay** kann man gut einkaufen. Früher war hier ein Sklavenmarkt, doch nach der Abschaffung der Sklaverei siedelten sich am Kai Rumläden und andere Geschäfte mit einem bunt gemischten Sortiment an. Das Kaiviertel wurde in jüngster Zeit saniert und beherbergt heute – teils in alten Warenlagern – interessante Restaurants und Geschäfte.

Oben: Skulptur von Sir Vere Cornwall Bird Sr., erster Premierminister des unabhängigen Staats Antigua und Barbuda. Rechts: Blick von Shirley Heights auf English Harbour (Antigua).

Das **Old Court House** an der Market Street enthält heute das **Nationalmuseum** von Antigua und Barbuda mit einer Sammlung historischer Dokumente und Akten von Antigua.

Gut 10 Minuten Fußweg südlich des **Redcliffe Quay**, gegenüber der am Stadtrand gelegenen West Bus Station, wird in der **Markthalle** täglich frisches Obst und Gemüse angeboten. Oberhalb des Redcliffe Quay erhebt sich **Fort James**, ein früherer Beobachtungsposten, über der Hafenbucht. Von den Ruinen der Burgwälle (frühes 18. Jh.) zeigen alte Kanonen aufs Meer.

Ausflüge ab St. John's

Im Süden von St. John's beginnt der **Fig Tree Drive**, eine etwa 35 km lange Straße quer durch die Shekerly-Hügelkette im Süden der Insel. Die Straße führt durch Antiguas Regenwald und durch die Fischerdörfer der Südküste. Sie windet sich vorbei an Hütten und Dörfchen mit Kirchen, Kindern und Ziegen, und vorbei an Feldern mit der für Antigua typischen und sehr süßen „schwarzen" Ananas. Außerdem säumen Mango-, Avocado-, Brotfrucht- und Guavenbäume die Wegstrecke. Erwarten Sie aber keine Feigen, denn *fig tree* heißt auf Antigua die Bananenstaude.

Antigua hat eine Nord-Süd-Ausdehnung von 18 km; von West nach Ost sind es sogar ganze 24 km. Trotzdem könnte man tagelang auf den verschlungenen Küstenstraßen unterwegs sein, um zu schönen Stellen und Buchten wie z. B. **★Lignumvitae Bay** (Jolly Beach), **Standfast Point**, **Rendezvous Bay**, **★Half Moon Bay, Nonsuch Bay** oder **Indian Town Point** zu fahren.

Jedes kleine Dorf hat eine Kirche, von denen jede einzelne die Geschichte ihrer Umgebung erzählt. Eine der bekannteren ist **St. Barnabas Church** in

» Karte S. 152, Info S. 159

Foto: Christian Heeb

Liberta. Sie ist weit und breit als **Chapel of Ease** bekannt – und wurde vor mehr als hundert Jahren mit grünem Stein aus Antigua erbaut.

Eine bezaubernde Kirche ist die 1840 im italienischen Stil errichtete **St. Peter's Church** in Parham im Osten der Insel. Die äußerste Ostspitze der Insel, ★**East End**, ist wildromantisch und einsam. Hier liegen das Naturschutzgebiet **Indian Town** und eine besondere Attraktion: die **Devil's Bridge**, eine natürliche Felsenbrücke, die die Brandung des Atlantik im Lauf von Jahrtausenden aus den Felsen der Küste ausgewaschen und modelliert hat. Sie ist von zahlreichen bizarren Felslöchern mit schäumender, weißer Gischt umgeben. Außerdem befindet sich hier eine **archäologische Grabungsstätte** mit präkolumbianischen Funden.

Eine Sehenswürdigkeit jüngeren Datums ist der **Potworks Dam**, der große Stausee der Insel, ein wichtiges Trinkwasserreservoir. Ergänzend wird Trinkwasser mit Meerwasserentsalzungsanlagen gewonnen. Natürlich zählen das Strandleben und der Wassersport auf einer Insel mit rund 365 Stränden zu den Hauptattraktionen. Die nordwestlich gelegene ★**Dickenson Bay** ist einer der schönsten, meistbesuchten Strände. Es gibt auch Tauchgründe rund um Antigua. In jedem größeren Hotel kann man einen Platz auf einem der Ausflugsboote buchen. Diese segeln die Küste entlang und bieten Unterhaltung, Mittagessen und Rumpunsch sowie einen Stopp zum ausgiebigen Schnorcheln.

★★English Harbour

Der Höhepunkt einer Inselrundfahrt ist ein Besuch im alten englischen Marinestützpunkt ★★**English Harbour** im Süden der Insel. Die renovierten Hafen- und Werftgebäude rund um ★★**Nelson's Dockyard** flankieren die geschützte Bucht. Die Restaurierung hat aus Nelson's Dockyard ein munteres Zentrum für Segler, Geschichtsfreunde und jene gemacht, die einmal in einem Himmelbett aus dem 18. Jh. übernach-

» Karte S. 152, Info S. 159

Foto: Greg Nikas (Viesti Associates)

ten wollen. Die Gebäude des Dockyard sind aus hiesigem Naturstein und aus Ziegeln erbaut, die als Ballast europäischer Segelschiffe nach Antigua gelangten. Das ehemalige Ingenieurshaus wurde zum 13-Zimmer-Hotel **Admiral's Inn**. Zu den illustren Gästen der Nobelherberge mit Terrasse und Rasen bis zum Meer zählt auch Pop-Star Madonna. Aus einem Lagerhaus für Kupfer und Holz ist das **Copper & Lumber Store Hotel** geworden mit 14 Suiten, die nostalgisches Flair mit modernem Komfort vereinen. Die Suiten sind nach den Segelschiffen der Schlacht von Trafalgar benannt: *Dread Thought*, *Boreas*, *Collingwood*, *Agamemnon* und *Britannia*.

Das **Admiral's House** beherbergt ein Museum mit Erinnerungsstücken an Nelson und einen Souvenirladen. Allerdings hat der Admiral hier nie gewohnt, auch wenn man sein Himmelbett hier ausstellt. Im Gästebuch des Museums beindrucken die Autogramme königlich-britischer Hoheiten wie: „Philipp, 1964" und „Margaret, 21. Oktober 1981" und „Elizabeth R.(egina)".

Oben: Das Admiral's House in Nelson's Dockyard erinnert an Lord Nelson.

Prinz William Henry erbaute das **Clarence House** auf einem Hügel gegenüber dem Hafen, wo er der größten Hitze und dem Lärm entfliehen konnte. Clarence House beherbergte später auch königliche Nachfahren wie die englische Prinzessin Margaret auf ihrer Hochzeitsreise oder Ende 2016 Prinz Harry. Heute ist es der Landsitz des Gouverneurs und steht für Besichtigungen offen, wenn keine offiziellen Gäste anwesend sind.

Das Gebiet von Nelson's Dockyard wurde zum Nationalpark erklärt und ist, wie der gesamte Nationalpark, seit 2016 Teil der Weltkulturerbeliste der UNESCO. In dem 40 km^2 Gelände liegen Falmouth Harbour, Cobb's Cross und **English Harbour Town**. Oberhalb der Stadt liegt eine Hügelkette, die General William Henry Shirley im Jahr 1787 befestigt hat und die nach ihm den Namen ★**Shirley Heights** erhielt. Entlang der Straße zum Gipfel erheben sich star-

» Karte S. 152, Info S. 159

ke Befestigungsanlagen, Baracken und Pulvermagazine der Truppen, die den Hafen vor Angreifern schützen sollten. Das angeschlossene Restaurant lädt mit einem atemberaubenden Ausblick über den Hafen und mit Erfrischungen zum Verweilen ein. Gelegentlich finden hier auch Empfänge mit karibischen Buffets oder Theaterabende mit Stücken westindischer Autoren statt. Auf **Dow's Hill** wurde ein Interpretation Center eröffnet, in dem (u. a. auf Deutsch in einer Multivisionsschau) die abwechslungsreiche Geschichte des Landes dargestellt wird.

Die beste Zeit für einen Besuch des Dockyard ist die **★Antigua Sailing Week** Ende April/Anfang Mai mit Bootsrennen, vielen Beach-Partys, Karneval auf dem Wasser und kuriosen Wettbewerben. Begründer dieser Festwoche waren der Archäologe und Museumsdirektor Desmond Nicholson und Howard Halford, der Besitzer des Curtain Bluff Hotels. Ihre ursprüngliche Idee Ende der 1960er Jahre war es, ein „kleines Bootsrennen" zu veranstalten, um die Wintersaison etwas zu verlängern. Heute rangiert die alljährliche Segelwoche von Antigua unter den fünf wichtigsten Bootsrennen der Welt und gilt als die angesehenste Regatta der Karibik. Shirley Heights ist ein guter Aussichtspunkt, um die Rennen oder den Sonnenuntergang zu beobachten.

Nach jedem Rennen finden ausgelassene Strandfeste statt, zu denen Einheimische und Besucher gleichermaßen zusammenströmen, um bei der Musik von Steel- und Reggaebands, den Leckereien der Imbisszelte und bunten Straßenständen die ganze Nacht lang ausgelassen zu feiern.

Der *Dockyard Day* am Samstag beschließt die Regatta mit Spaß und Spielen in Nelson's Dockyard. Am Abend findet der *Lord Nelson Ball* statt, eines der großen gesellschaftlichen Ereignisse Antiguas. Der Generalgouverneur überreicht während des Festaktes im Admiral's Inn eigenhändig die Preise.

★BARBUDA

Barbuda ist einer der letzten echten Außenposten der Karibik. Die 161 km² große, flache Koralleninsel ist kaum berührt und ein Geheimtipp auch für Taucher. Dabei liegen ihre herrlichen, rosa schimmernden **Sandstrände** nur 15 Flugminuten von Antigua entfernt. Eine Alternative ist die Fähre von St. John's, oder die anderthalbstündige Anreise mit einem Katamaran, der Tagesausflügler nahe der exklusiven Coco Point Lodge direkt am kilometerlangen feinsandigen Strand absetzen kann. Prinzessin Diana flog übrigens mehrmals zum Ausspannen nach Barbuda.

Barbudas Hauptort **Codrington** (1400 Ew.) trägt den Namen des grausamen Gouverneurs der Leeward Islands, Christopher Codrington, der fremde Schiffe an den Riffen auflaufen ließ und Barbuda als Zuchtstation für Arbeitssklaven für die Zuckerplantagen benutzt haben soll. Er bekam die Insel 1691 als Kronlehen für den Preis „eines fetten Schweins pro Jahr". Viele Insula-

Foto: Paul Spierenburg

ner heißen Codrington. Die meisten der Einwohner Barbudas leben in und um Codrington. Touristen tun sich außerhalb der Resorts etwas schwer: Es gibt nur Sandstraßen, der größte Teil der Insel hat kaum Infrastruktur.

Das sehenswerte ★**Frigate Bird Sanctuary**, eines der größten Vogelschutzgebiete der Welt, liegt nur rund drei Bootskilometer von der Anlegestelle in Codrington entfernt. Auf kleinen Motorbooten tuckert man durch die von Mangroven bewachsene Lagune, wobei man die **Fregattvögel** beobachten kann, wie sie balzen (August-November), sich in die Lüfte schwingen, sich auf ihren bevorzugten Nist- und Schlafbäumen niederlassen oder im Sturzflug ins Meer herunterstoßen. Die Mangroven erstrecken sich kilometerweit in der **Codrington Lagoon**, über der stets Tausende von Vögeln kreisen.

In der **Indian Cave**, im Norden nahe der Two Feet Bay, sind kleine Felsgravuren der Taino und Kariben erhalten. 6 km südlich von Codrington ragt der alte Festungsturm **Martello Tower** aus dem 19. Jh. auf. Auf der wildreichen Insel leben noch Perlhühner, Damhirsche, Tauben und Wildschweine. Wer Tarpon oder Knochenfisch angeln will, kann sich dazu ein Boot mieten. Meist wird Barbuda als Tagesausflug von Antigua besucht, doch es gibt auch einige Gästehäuser und zwei exklusive Hotels. Die Ferienanlage **Coco Point Lodge** an der Südspitze zieht Gäste wegen ihrer abgeschiedenen Lage und der privaten Atmosphäre an, bietet u.a. Tennisplätze, Angel-, Schnorchel- und Windsurfequipment. Sie hat eine eigene **Landebahn**, so das man bald nach der Landung seinen Rumpunsch am Hotelstrand trinken kann, der Teil des langen, öffentlich zugänglichen, feinsandigen ★**Coco Point Beach** ist.

Am **Palaster-Riff**, heute ein gut zum Schnorcheln geeignetes **Meeresschutzgebiet**, sind im Lauf der Zeit Dutzende Schiffe gesunken, die als **Wracks** am Meeresboden liegen.

Oben: Segelregatta während der Antigua Sailing Week.

» Karte S. 157, Info S. 159

ANTIGUA UND BARBUDA (☎ 001 268)

Antigua & Barbuda Tourism Authority, 45 Crawford Place, London W1H4LP, Tel. 044 203 668 3800, www.visitantiguabarbuda.com, www.antigua-barbuda.org.

ANREISE: British Airways fliegt fünf- bis siebenmal nonstop ab London, Virgin Atlantic dreimal wöchentlich nonstop von London, British Midland (Bmi) einmal wöchentlich ab Manchester. Aus den USA und Kanada wird Antigua von mehreren Airlines täglich angeflogen. Condor verbindet Frankfurt und Antigua 1 Mal wöchentlich. LIAT (www.liatairlines.com) verbindet Antigua mit 22 Inseln der Karibik. Winair fliegt täglich nach Barbuda (20 Minuten). Antigua ist außerdem ein beliebtes Anlaufziel für Kreuzfahrtschiffe. Flughafensteuer wird fällig bei Ausreise: 20 US$ p. P. (Kinder unter 16 Jahren ausgenommen). Ist aber in der Regel im Ticketpreis eingeschlossen.

FORMALITÄTEN UND WÄHRUNG: Zur Ein- und Ausreise benötigen Sie einen nach Rückreisedatum noch sechs Monate gültigen Reisepass sowie ein Rück- bzw. Weiterflugticket. Währung ist der **Eastern Caribbean Dollar** (EC$), der an den US$ gekoppelt ist (1 € entspricht etwa 3 EC$).

Karneval findet auf Barbuda Mitte Juni und auf Antigua Ende Juli / Anfang August statt. Sehenswert sind auch die **Antiqua Classic Yacht Regatta** (April) und die **Stanford Antigua Sailing Week** (April/Mai).

ÖRTLICHE TRANSPORTMITTEL: Taxis warten vor vielen Hotels, in St. John's und am Flughafen. Alle **Taxis** sind an feste Tarife gebunden, Preislisten (in EC$ und US$) sind in Touristenbüros und Hotels erhältlich. Vor Fahrtantritt nach dem Preis erkundigen und darauf achten, ob in US$ oder EC$ angegeben. Taxifahrer bieten auch ihre Dienste als Fremdenführer an. Auf Antigua gibt es ein öffentliches **Busnetz**. Zwei Busbahnhöfe befinden sich im Zentrum von St. John's. Zahlreiche Haltestellen sind über die ganze Insel verteilt und von vielen Hotels bequem zu Fuß zu erreichen. Am besten erforscht man die Insel mit einem **Mietwagen** (Vorsicht Linksverkehr!). Eine lokale Fahrerlaubnis wird benötigt, die gegen Vorlage eines gültigen nationalen Führerscheins und eine Gebühr von 20 US$ beim Autoverleiher erhältlich ist. Preise für Mietwagen ca. 50 US$ pro Tag oder 270 US$ pro Woche.

ANTIGUA

Papa Zouk, hervorragendes Fischrestaurant mit karibischem Flair, Rum-Shop mit bis zu 200 Sorten Rum, deutsche Leitung; keine Kreditkarten; Helda Davis Drive, Dickenson Bay, St. John's, Tel. 464-0795.
Coconut Grove, Open-Air-Restaurant direkt an der Dickenson Bay, ein Karibik-Traum; im Siboney Beach Club, Tel. 462-1538, www.coconutgroveantigua.com.
Le Bistro, französische und internationale Küche, geöffnet Di-So (nur abends), Reservierung erbeten; an der Hodges Bay ungefähr 12,8 km nordöstlich von St. John's, Tel. 462-3881, www.antigualebistro.com.
Shirley Heights Lookout, lautes Restaurant in einem Gebäude aus dem 18. Jh., karibische Küche, täglich 9-22 Uhr, sonntags (und während der Hochsaison – Dezember bis April – auch donnerstags) Live Steelpan- und Reggae-Musik mit Barbecue, ab 16 Uhr läuft die beliebteste Outdoor-Party Antiguas; Tel. 728-0636, www.shirleyheightslookout.com.

BARBUDA

Auf Barbuda gibt es Snack Shops, einige Bars und nur wenige Restaurants.
Palm Tree Restaurant, die einheimisch geprägte Küche bietet Hummer, Fisch, Meeresfrüchte, Reh und Hühnchen, die Eigentümerin vermietet zudem Zimmer in ihrem Guest House, und ihr Gatte Terry betreibt eine florierende Bäckerei; Tel. 722-5496 oder 784-4331 und 721-2838, Reservierung empfohlen.
Uncle Roddy's, Strandbar mit preiswerter karibischer Küche, von Lobster über Kingfish bis Chicken; netter Service; tgl. 10-16 Uhr geöffnet. Ocean Drive, Coral Group Bay Beach, Tel. 722-3050.
It's a Bit Fishy, Bar/ Grill, leckere Meeresfrüchte; River Rd, Codrington, Tel. 772-3525, www.itsabitfishy.com.

Christian Heeb

Kunst und Kunsthandwerk der Karibik tragen zur angenehmen Atmosphäre des Hotels Les Petits Saints auf Terre de Haut bei (Guadeloupe)

Foto: Christian Heeb

BUCHTEN, WÄLDER, VULKANE

GUADELOUPE

DOMINICA

Gäbe es eine Attraktivitätsskala der westindischen Inseln, Dominica und seine französische Nachbarinsel Guadeloupe wären unter den Spitzenreitern. Die Vulkaninseln am östlichsten Punkt des Antillen-Bogens, dort wo die Leeward- mit den Windward Islands zusammentreffen, zählen zu den landschaftlich schönsten der Karibik.

GUADELOUPE

Auf seiner zweiten Reise 1493 entdeckte Christoph Kolumbus das 1628 km² große Guadeloupe, *Karukera*, das „Land der schönen Wasser", wie die Insel in der Sprache der Kariben hieß. Er nannte sie nach Santa María de Guadelupe de Estremadura, ein Versprechen bei den Mönchen des dortigen Klosters einlösend. Erst auf seiner dritten Reise betrat Kolumbus eines der küstennahen Inselchen vor Guadeloupe, dem er den Namen seines Schiffes Maria Galanda gab. 1635 begannen die Franzosen mit der Kolonisation und brachten 1650 die ersten Sklaven für die Zuckerrohrplantagen hierher. 1674 wurde Guadeloupe vom französischen König Ludwig XIV. annektiert. Als es 1759-1763 vorübergehend in englischer Hand war, trat Ludwig XV. den Engländern ostkanadische Gebiete ab, um die westindischen Besitzungen wiederzubekommen.

Links: Der Badeplatz Emerald Pool im Regenwald Dominicas.

Während der Französischen Revolution ließ der Gouverneur von Guadeloupe, Victor Hugues, zahlreiche Plantagenbesitzer hinrichten und gab ihren Leibeigenen die Freiheit. Doch bereits ab 1802 florierten die Plantagen aufs neue: Sklaverei wurde wieder legal. Erst 1848, 14 Jahre nach den englischen Karibikinseln, entließ Guadeloupe seine Sklaven in die Freiheit und ersetzte sie ab 1854 durch Kontraktarbeiter aus Indien. Doch seine Plantagen erlebten nie mehr eine vergleichbare Blüte.

Seit 1946 ist Guadeloupe französisches Übersee-Département. Mit heute über 405 500 Einwohnern ist es Teil der EU, und zusammen mit Martinique bildet es die Französischen Antillen. Es wird von einem Präfekten und einer gewählten Legislative verwaltet und in Paris von zwei Senatoren sowie von vier Abgeordneten vertreten. Die Subventionen aus Frankreich sind lebenswichtig für die Wirtschaft von Guadeloupe, deshalb mangelt es der kleinen radikalen Bewegung, die die Unabhängigkeit durchsetzen möchte, an Zulauf. Jedoch ist die Arbeitslosigkeit hoch. Die allermeisten Guadelouper haben schwarzafrikanische Vorfahren und sind Katholiken. Amtssprache ist Französisch, man bezahlt in Euro.

» Karte S. 164-165, Info S. 173

Pointe de la Grande Vigie
Anse Pistolet
Anse-Bertrand
Massioux
Anse Fontaine
Campêche
Pointe d'Antigues
Haut de la Montagne
Beauport
Port-Louis
Gros Cap
les Mangles
Petit-Canal
Ste.-Marguerite
Anse du Canal
Pointe à Retz
Roujol
Guadeloupe Passage
ILET À KAHOUANNE
Pointe Allègre
Anse de Vieux Fort
ILET À FAJOU
ILET MACOU
Vieux Bourg
Morne-à-L'Eau
Sainte-Rose
La Grande Anse
Duzer
Deshaies
le Dos d'Ane 611
la Ramée R.
Musée du Rhum
Mne. Rouge
Grand Cul-de-Sac Marin
Pte. de la Grde. Rivière
Pointe Lambis
La Rivière
GRANDE-
Chateau-Gaillard
Bosrédon
Jabrun
Sofaia
Baie Mahaut
Le Raizet Airport
Quatre-Chemins
TERRE
Riv. Moustique
la Boucan
Pte. Ferry
Lamentin
Les Abymes
Belle Hôtesse 777
Castel
Baie-Mahault
Bouliqui
Baille-Argent
Trace des Contrebandiers
Grande Riv. à Goyaves
C. Fermière de Grosse Montagne
Pont de la Gabarre
★★Mémorial ACTe
GRANDS FONDS
Pointe-Noire
Morne Jeanneton 744
Rivière Salée
★Pointe-à-Pître
La Toubana Hôtel & Spa
Riv. Petite Plaine
Prise d'Eau
ILET À BOISSARD
★Fort Fleur d'Epée
BASSE -
★Le Gosier
Club Med La Caravelle
ILET À COCHONS
St. Felix
Morne á Louis 743
Morne Léger 631
1,2
Petit-Cul-de-Sac Marin
La Creole
Mahaut
La Traversée
Petit-Bourg
★★ILET PIGEON
Vernou
Pte. de Roujol
1 Salako Karibea Beach Resort
2 Auberge de la Vieille Tour
Cousteau Underwater Park
Maison de la Forét
★Cascade aux Ecrevisses
Montebello
Pigeon
★★Parc
Anse à Douville
GUADELOUPE
(FRANCE)
Pointe à Lézard
Viewpoint
Pitons de Bouillante 1088
la Moustique R.
Goyave
Rav. Bouteiller
Pte. de la Rivière à Goyaves
Anse de Sable
Bouillante
1155
Morne-Bel-Air
National
TERRE
Riv. des Vieux Habitants
Pte. dei Anse à la Barque
Grand-Sans-Toucher 1354
Matéliane 1298
FORÊT DE SAINTE-MAIRE
Ste.-Marie
Marigot
Gr. Riv. de la Capesterre
La Madeleine
Guadeloupe
Vieux-Habitants
Riv. des Pères
★★La Soufrière
Pte. de la Capesterre
1467
Routhiers
Capesterre-Belle-Eau
Baillif
Savane á Mulets
★Chutes du Carbet
Airfield
St.-Claude
Anse à la Fontaine
Botanical Garden
Gourbeyre
Bananier
Basse-Terre
Fort St. Charles
★Parc Archéologique des Roches Gravées
Anse Grand Ravine
Grande Point
Anse Turlet
Trois-Rivières
Vieux-Fort
la Grande Anse
Point du Vieux-Fort
GUADELOUPE
0 10 km
0 5 miles
© Nelles Verlag GmbH, München
LES SAINTES (FRANCE)
Baie du Marigot
ILET À CABRIT
Fort Napoléon
TERRE-DE-BAS
Bois-Joli
Terre-de-Haut
Grande Anse
Passe du Sud
Airfield
Petites Anses
309
TERRE-DE-HAUT
Gros Cap
P. du Grand Ilet
LA COCHE
GRAND ILET

Die Insel hat die Form eines Schmetterlings. Eine Meerenge, **La Rivière Salée**, trennt **Grande-Terre**, den östlichen „Flügel", von **Basse-Terre**, dem westlichen. Grande-Terre ist flach und wird durch Zuckerrohr- und Bananenplantagen und Viehzucht landwirtschaftlich intensiv genutzt. Die Küste Grande-Terres, die man gern als „Normandie der Tropen" bezeichnet, besteht überwiegend aus weißen Sandstränden. Basse-Terre hingegen ist bergig, landschaftlich reizvoller und bekannt für seine schwarzen Vulkanstrände.

Pointe-à-Pitre auf Grand-Terre, in der Nähe der Meerenge La Rivière Salée, ist Guadeloupes größte Stadt und Wrtschaftszentrum der Insel mit einem großen Flughafen. Architektonisch und inhaltlich toll gemacht ist das neue 7800 m^2 große Museum **★★Memorial ACTe**, das die Geschichte der Sklaverei zum Thema hat.

Verwaltungszentrum ist die Stadt **Basse-Terre**, nach der der andere Inselflügel benannt ist.

BASSE-TERRE

Eine Rundfahrt um den Inselflügel Basse-Terre beginnt für die meisten Besucher am **Pont de la Gabarre**, der Brücke über die Rivière Salée. An der Baie Mahault gabelt sich die Schnellstraße. Nimmt man die nördliche Route, kommt man zunächst nach **Lamentin** inmitten eines weitläufigen Zuckerrohr-Anbaugebietes. Interessant ist unterwegs ein Besuch der Zuckerraffinerie **Compagnie Fermière de Grosse Montagne** und, 2,5 km südlich von **St. Rose**, das **Musée de Rhum**, das die Geschichte der hiesigen Rumproduktion dokumentiert und zudem eine exzellente **★Insektensammlung** präsentiert.

Die Straße entlang der Westküste ist kurvenreich, aber mit ihren schönen schwarzen Stränden und den malerischen Buchten sehr reizvoll. Im Südwesten erreicht man schließlich die Hauptstadt **Basse-Terre**. Das hübsche,

1640 gegründete Städtchen lädt mit alten Häusern im Kolonialstil und dem schönen **Jardin Botanique** zu einem Bummel ein. Im Süden erhebt sich über dem **Rivière du Galion** die mächtige Festung **Fort St. Charles**, die aus der Zeit der Stadtgründung stammt.

Von Basse-Terre führt eine gut ausgebaute und landschaftlich schöne Strecke nach **Trois-Rivières** mit dem **★Parc Archéologique des Roches Gravées**. In dem archäologischen Freilichtmuseum sieht man eine Vielzahl von Felszeichnungen der Arawak-Indianer, die etwa um das Jahr 1000 n. Chr. auf der Insel lebten (8.30-17 Uhr).

Kurz hinter **Bananier**, dem Zentrum des Bananenanbaus, führt eine Straße zu den **★Chutes du Carbet**, sehenswerten Wasserfällen.

Vorbei an **Capesterre-Belle-Eau**, wo viele Inder leben, und schönen Badebuchten erreicht man nördlich von Petit-Bourg die **Route de la Traversée**. Sie führt über **Vernou** quer durch den ausgedehnten Guadeloupe-Nationalpark bis hinüber nach **Mahaut** an der Westküste.

Oben: Felszeichnungen der Arawak im Parc Archéologique des Roches Gravées, Basse-Terre, Guadeloupe. Rechts: Fangfrischer Fisch im Angebot; im Hintergrund: die historische Markthalle von Pointe-à-Pitre, Grande-Terre.

★★Parc National

Im Herzen von Basse-Terre liegt einer der landschaftlichen Höhepunkte der Westindischen Inseln: der **★★Parc National de la Guadeloupe**, ein 25 000 ha großes tropisches Naturwunder mit rauschenden Wasserfällen, dichtem Regenwald und malerischem Hochland. Zu den Hauptattraktionen zählt Guadeloupes höchster Berg, der Vulkan **★★La Soufrière** (1467 m), den man über die Orte Basse-Terre und St. Claude erreicht. Bei den letzten großen Eruptionen 1956 und 1976/77 entstanden Fumarolen und neue Bruchspalten. Die beiden Vulkanschlote rauchen und zeigen, dass der Berg noch aktiv ist. Vom Parkplatz **Savane à Mulets** kann man auf einem teils beschwerlichen Weg bis zum Gipfelfeld aufsteigen.

Eindrucksvoll sind auch die beiden Wasserfälle des Naturschutzgebietes: Die **★Cascade aux Ecrevisses** (nahe der Transversale Vernou – Mahaut) ergießt sich über eine Wasserstufe in ein idyllisches Becken; die **★Chutes du Carbet** stürzen an der Ostseite der Soufrière über drei übereinander liegende Felsstufen in die Tiefe.

GRANDE-TERRE

Guadeloupes wirtschaftliches Zentrum **★Pointe-à-Pitre** (16 000 Einwohner) wurde 1759 an einem geschützten Naturhafen der Südküste von Grande-Terre gegründet. Nach einem Erdbeben 1843 wiederaufgebaut, hinterließen Feuersbrünste und Wirbelstürme immer wieder schwere Schäden.

Das Herz von Pointe-à-Pitre ist die **Place de la Victoire**. Der frühere

» Karte S. 164-165, Info S. 173

Foto: Christian Heeb

Marktplatz ist heute eine lebendige, attraktive Parkanlage, in deren Umkreis noch einige typische Stadthäuser mit charakteristischen Eisenbalkonen stehen. Beherrschend ist die **Basilique de St. Pierre et St. Paul** aus dem Jahr 1847. Wegen ihres Eisenstützwerks zum Schutz vor Sturm- und Erdbebenschäden heißt sie im Volksmund „die eiserne Kathedrale".

Bürogebäude, die belebte historische ★**Markthalle**, Märkte und der geschäftige Hafen runden das Stadtbild ab. Besuchen sollte man das **Musée Schoelcher** mit Erinnerungsstücken an den Vorkämpfer der Sklavenbefreiung und das **Musée Saint-John Perse**, das dem französischen Diplomaten und Literaturnobelpreisträger (1960) gewidmet ist. Mit dem **Centre des Arts et de la Culture** bietet die Stadt ein pulsierendes Kulturzentrum. Die **Librairie Générale**, eine Buchhandlung mit Galerie, hat sich auf die Werke einheimischer Maler und Schriftsteller spezialisiert.

Eine ★**Rundfahrt** auf der Küstenstraße von Grande-Terre bietet viele bezaubernde Landschaften, idyllische Dörfer, quirlige Badeorte und aufregende Küstenabschnitte mit struppigen Mangrovensümpfen, windgeschützten Buchten und feinsandigen Stränden.

Auf der Fahrt nach ★**Le Gosier**, dem südlich von Pointe-à-Pitre gelegenen Zentrum des Badetourismus, passiert man das gut erhaltene ★**Fort Fleur d'Épée** aus dem 18. Jh. ★**Ste. Anne** und ★**St. François** sind ebenfalls beliebte Strandorte an der Südküste. Am wildromantischen Aussichtspunkt ★**Pointe des Châteaux**, an der Ostspitze von Grande Terre, mischen sich Karibik und Atlantik.

Kurz vor **Le Moule**, der einstigen Hauptstadt Guadeloupes an der Ostküste, erhebt sich die **Villa Zevallos**, die in der Kolonialzeit der prunkvolle Herrensitz einer riesigen Zuckerrohrplantage war. Interessant ist auch das präkolumbische Arawak-Dorf **Morel** ganz in der Nähe. Das **Musée d'Archéologie Précolombienne Edgar Clerc** in **La Rosette** stellt Objekte aus, die bei Ausgrabungen geborgen wurden.

IDYLLISCHE EILANDE

Die benachbarten Inseln Marie-Galante südlich von Grande-Terre und die Îles des Saintes, eine Gruppe von acht kleinen Inseln südlich von Basse-Terre, sind lohnende Ziele für einen Tagesausflug. ★**Marie-Galante** (158 km^2, 3 400 Einw.) ist ruhig und ideal für Rad- und Motorradtouren. Zuckerrohr, aus dem Rum gebrannt wird, ist hier noch immer das wichtigste Anbauprodukt. In der preisgekrönten **Distillerie Poisson** gibt es ein kleines Rum-Museum. Fahren Sie auf jeden Fall zum **Château Murat**, einem Herrenhaus aus dem 18. Jh. mit der Ruine einer Windmühle und einer Zuckerfabrik. Höhepunkte der landschaftlichen Schönheiten von Marie-Galante sind der felsige Steilabfall **Guele du Gouffre** an der Atlantikküste, die grüne Bruchzone von **La Grande Barre**, die die Insel in zwei unterschiedlich hohe Plateaus trennt, und der **Trou à Diable**, eine Kalksteinhöhle mit einem See, die man mit Führer besichtigen kann.

Nur zwei der **Îles-des-Saintes** sind bewohnt – hauptsächlich von Fischern. Die größte ist **Terre-de-Haut**. Ihre zerklüftete Küste mit Felsenbuchten und ruhigen Stränden ist ideal für Wassersportfans, die Abgeschiedenheit suchen. Hauptsehenswürdigkeit ist das restaurierte **Fort Napoléon** aus dem 19. Jh., das eine kleine Gemäldesammlung beherbergt.

Strände

Guadeloupe besitzt viele zauberhafte Strände, von denen die meisten öffentlich sind. An manchen werden Gebühren fürs Parken oder die Umkleidekabinen erhoben. An den meisten Hotelstränden kann man oben ohne baden, was man an den öffentlichen Stränden hingegen nicht tun sollte. Der beliebteste unter Guadeloupes FKK-Stränden ist **Pointe Tarare**. **La Creole Beach** in Le Gosier wird oft als Riviera von Guadeloupe bezeichnet: Hier gibt es feinsandige, weiße Strände. Schöne Badebuchten finden sich auch in **Port Louis**, in **Le Moule** – wo auf Surfer bei Damencourt die passende Welle wartet – und **Petit-Canal**. Malerisch sind die schwarzen Strände von Basse-Terre, einsam und spektakulär die honigfarbenen Sandstrände von Marie-Galante am türkisgrünen Wasser: ★**Anse Canot**, ★**Vieux Fort** und ★**Capesterre**.

Rechts: Bootsfahrt auf dem Indian River, von Portsmouth durch die Mangroven-Sümpfe im Nordwesten Dominicas.

Sport

Guadeloupe war eine der ersten Karibik-Inseln, die vom Surf-Fieber ergriffen wurde. Als einer der besten Tauchgründe der Welt gilt der um ★★**Pigeon Island**, im **Cousteau Underwater Park**. Im benachbarten ★★**Parc National** kann man wandern und klettern. Es gibt außerdem einen 18-Loch-Golfplatz, 41 Tennisplätze sowie gute Möglichkeiten zum Segeln und Hochseefischen, zudem Pferderennen und Hahnenkämpfe.

Kreolische Gaumenfreuden

Guadeloupe ist die tropische Version einer französischen Provinz: Man spricht und kocht kreolisch, aber denkt und fühlt französisch; Geschäfte und Büros schließen für ein gepflegtes Mittagessen, und man serviert zum Essen Wein – mitten im Reich des Rums.

Französische Küche, sowohl klassische als auch *Nouvelle Cuisine*, gibt es überall auf Guadeloupe, doch wirklich unvergesslich bleiben die kreolischen Rezepte. Zu den typischen Gerichten gehören *palourdes* (kleine Muscheln in Kräuterbrühe), *crabe farci* (Landkrabben mit würziger Füllung) und *colombo* (Ziegencurry indischer Art), außerdem *blaff* (gedünsteter Fisch mit Zitrone und Knoblauch), *cribiches* (Süßwasserkrebse), *migan* (Brotfrüchte mit Zitronensaft und Pökelfleisch), *cristophènes*

» Karte S. 164-165, Info S. 173

Foto: Christian Heeb

(ein delikates Gemüsemus) und *oursins* (Seeigel). Sogar Spitzenrestaurants wie **La Canne à Sucre** in Pointe-à-Pitre und die **Auberge de la Vieille Tour** in Gosier bieten kreolische Spezialitäten wie *lambi* (Meeresschnecken mit Auberginen, Schnittlauch und Pilzen) oder *red snapper* in Seeigelsoße.

Musik und Nachtleben

Mag Guadeloupes Küche auch sehr französische Züge tragen, orientiert sich die Musik mehr an afrikanischen Wurzeln. *Gwoka* ist eine traditionell afrikanische Musik, die man tagein, tagaus hört, während der neuere *Zouk* europäische Instrumente und Klänge mit den mächtigen Trommelrhythmen des afrikanischen *Ka* und *Gwoka* verbindet.

Einheimische Klubs, in denen man *Gwoka* hören und zum *Zouk* tanzen kann, locken unternehmungslustige Musik-Fans, doch die meisten Hotels bieten zahmere Folkloreshows an mit der typisch karibischen Mischung aus Calypso und Steeldrums. Viele Diskotheken und Nachtklubs gibt es in Le Gosier und St. François.

DOMINICA

Dominica ist die größte und gebirgigste der englischsprachigen Inseln, aber mit 72 700 Einwohnern auf 746 km^2 Fläche relativ dünn besiedelt und wenig erschlossen, aber reich an landschaftlicher Schönheit.

Kolumbus entdeckte Dominica 1493, an einem Sonntag. 1635 erstmals von Franzosen missioniert, konnten sich die unbeugsamen karibischen „Ureinwohner“ dennoch lange gegen englische und französische Siedler behaupten. Im Pariser Friedensvertrag von 1763 bestimmten die siegreichen Engländer über die Köpfe der Karib-Indianer und der Franzosen hinweg, dass die Insel im Besitz Britanniens bleiben sollte. Aber die Franzosen errichteten trotzdem überall Plantagen und versuchten mehrmals, die Insel zurückzuerobern, so dass die Kariben ihre Insel bald

» Karte S. 171, Info S. 173

Watukubuli, „Land der vielen Schlachten", nannten. 1805 wurde Dominica endgültig britische Kolonie, doch erst nachdem die Franzosen die Hauptstadt Roseau niedergebrannt hatten. 1979 zerstörte Hurrikan Hugo unzählige Häuser. Seit 1978 ist die Insel unabhängiger Mitgliedsstaat des Commonwealth; 1980-1995 wurde sie von Mary Eugenia Charles, der ersten Premierministerin der Neuen Welt, regiert.

Zwei Wochen vor Aschermittwoch beginnt der Karneval, eine Mischung aus französischer Tradition und afrokaribischen Kostümen, Rhythmen und Tänzen. Höhepunkt sind die Straßenumzüge am Rosenmontag. Der Einfluss der Nachbarinseln Martinique und Guadeloupe macht sich auch in der Sprache bemerkbar; obwohl Englisch Amtssprache ist, sprechen viele Patois, das kreolische Französisch.

★Roseau

★**Roseau**, Dominicas kleine, ruhige und altmodische Hauptstadt (15 000 Einw.), liegt 1,5 km von ihrem Hafen entfernt. Nach dem Brand von 1805 wurde sie völlig neu mit einem rechtwinkligen Straßennetz wiederaufgebaut. Sie hat noch einige schöne Häuser im Kolonialstil aufzuweisen. Der ★**Old Market**, heute eine Fußgängerzone, trägt mit seinen Holzhäusern zur malerischen Atmosphäre der Stadt bei. Doch der samstägliche ★**New Market** wird nicht hier, sondern an der **Bay Street** abgehalten, an der Mündung des **Roseau River**.

Wer an Kunsthandwerk interessiert ist, findet hübsche Flechtarbeiten im **Tropicrafts**, einer winzigen Manufaktur, die kurz nach dem Zweiten Weltkrieg von belgischen Missionsschwestern begründet wurde. Ihre Spezialität sind feine Grasmatten, Handtaschen und Puppen. Im Stadtzentrum gibt es einige **Handicraft Centers**, die Kunsthandwerk herstellen und verkaufen.

Am östlichen Stadtrand von Roseau liegen die ★★**Botanical Gardens** (6-19 Uhr) mit interessanten einheimischen und importierten Pflanzen.

Bei einer Rundfahrt um die Insel lohnen **Soufrière** und **Scott's Head** im Süden, **Canefield**, **Massacre** und **Portsmouth** an der Westküste und **Rosalie**, **Castle Bruce** und **Marigot** an der Ostküste einen Besuch. Ost- und Westküste werden auf der Hauptroute zwischen Marigot und Roger durch die **Transinsular Road** verbunden. Die kurvenreichen, nicht ungefährlichen Küstenstraßen bieten herrliche Aussichtspunkte.

Dominicas schönste Strände sind einsam. ★**Prince Rupert Bay** beispielsweise, ein langer, goldfarbener Strand an der Nordwestküste, oder ★**Pointe-Baptiste**, ★**Calibishie** und ★**Hampstead** an der Nordküste. Letztere sind klein und weißsandig, während sich nördlich von Marigot schwarze Vulkanstrände erstrecken. Die größtenteils felsige Küste Dominicas haben auch die Taucher entdeckt: Die **Douglas Bay** bei Portsmouth ist ein Meeresschutzgebiet des Cabrits-Nationalparks.

Regenwald und Vulkane

Dominica ist eine der letzten unberührten Inseln: üppig grünes Land vulkanischen Ursprungs mit nebelverschleierten Bergen von verführerischer Schönheit. Regenwälder, Gebirgsbäche, die in Kaskaden aus schwindelnden Höhen herabstürzen, bizarre Meeresklippen und eine unvergleichliche Vielfalt an Pflanzen und Tieren machen es zu einem Paradies für Naturfreunde.

Zwischen 300 m und 760 m ü. M. gelegen, bildet der Regenwald ein üppiges Ökosystem, in dem viele Pflanzen immense Ausmaße erreichen. In größeren Höhen herrschen Nebelwälder mit dichtem niedrigem Bewuchs vor. Man hat auf Dominica über 135 Vogelarten gezählt, von denen einige, wie Kaiser- und Rotnackenpapagei, vom Aussterben bedroht sind. 2010 wurde der **Waitukubuli National Trail** fertig gestellt. Der 184 km lange Pfad führt in

» Karte S. 171, Info S. 173

8 Guadeloupe / Dominica

Foto: Christian Heeb

14 Abschnitten durch verschiedenste Landschaften Dominicas; sein Ausbau wurde mit EU-Mitteln gefördert (www.dominica.dm). Den Naturbadeplatz ★**Emerald Pool** im Regenwald erreicht man zu Fuß in 15 Minuten von der Straße Pont Cassé – Castle Bruce. Fast der gesamte Südosten der Insel wurde zum ★★**Morne Trois Pitons National Park** erklärt und bietet Gelegenheit für fantastische Wanderungen – sicherheitshalber am besten mit Führer. Wege wie die **Middleham Trails** erschließen den Regenwald im Nordwesten des Parks, andere Pfade führen ins Hochland.

Östlich von Roseau führt ein Weg durch das Tal des Roseau River zu den etwa 8 km entfernten, 40 m hohen ★**Trafalgar Falls**, eine Kette heißer und kalter Wasserfälle, die teils für ein Wasserkraftwerk gestaut werden. Etwas weiter nordwestlich kommt man zunächst zur Schlucht ★**Ti Trou Gorge**, wo ein Warmwasserstrom aus dem Boiling Lake mit einem kalten Gebirgsbach zusammenfließt, und schließlich weiter zum **Freshwater Lake**, einem unberührten Kratersee.

Oben: Wanderer auf dem Boiling-Lake-Trail im Morne Trois Pitons National Park.

Der ★**Boiling Lake**, zu dem man von Laudat aus eine ca. 9 km lange geführte Wanderung unternehmen kann, gehört zu den Attraktionen des Parks. Mit 100 m Durchmesser ist er der zweitgrößte „kochende See" der Welt. Er liegt im „Tal der Trostlosigkeit", ★**Desolation Valley**, wo die Schwefeldämpfe den angrenzenden Wald vernichtet haben.

Bis ins Zentrum der Vulkaninsel breitet sich das ★**Northern Forest Reserve** aus, wo Dominicas höchster Berg, der sagenumwobene, 1447 m hohe **Morne Diablotins** aufragt. In Begleitung eines Führers kann man ihn besteigen.

Auf einer kleinen Halbinsel im Nordwesten, an der von Kreuzfahrtschiffen angelaufenen Prince Rupert Bay bei Portsmouth, liegt der an Papageien (u. a. *Sisserau*) und Orchideen reiche ★★**Cabrits National Park** mit dem teils von Tropenwald überwucherten **Fort Shirley** aus dem 18./19. Jh. Ein kleines **Museum** informiert über Geschichte und Natur, hier beginnen auch **Wanderwege**. Zum Park gehört das Korallen-Schnorchelrevier der **Douglas Bay** mit markiertem **Unterwasserweg**.

An der rauen Ostküste leben die rund 3000 Nachfahren der Kariben-Indianer Dominicas in einem 1800 ha großen Reservat. Das ★**Carib Territory**, das man von **Salibia** aus erreicht, ist die letzte Enklave der mit entlaufenen Sklaven vermischten Nachfahren der präkolumbischen Ureinwohner. Sie wird noch heute von einem „Chief" regiert.

Froschschenkel und Fischkuchen

Dominicas kulinarische Spezialitäten sind *crapaud* – Froschschenkel, die hier *mountain chicken* (Berghühnchen) heißen; *teereeree* – kleine stark gewürzte Fischkuchen; und die hiesige Variante von *crabe farci* – Süßwasserkrebse und gefüllte Landkrabben.

» Karte S. 171, Info S. 173

GUADELOUPE (☎ 005 90)

Fremdenverkehrsbüro Guadeloupe, Postfach 140212, 70072 Stuttgart, Tel. 0711/505 3511, Fax 505 3512, fva.guadeloupe@t-online.de, www.lesilesdeguadeloupe. com, www. guadeloupe-inseln.com.

EINREISE UND WÄHRUNG: Zur Ein- und Ausreise benötigen Sie einen gültigen Reisepass oder Personalausweis.
Die offizielle Währung von Guadeloupe ist der **Euro**, aber auch US- und kanadische Dollars werden überall angenommen.

ANREISE UND ÖRTLICHE TRANSPORTMITTEL: Air France fliegt bis zu 14-mal wöchentlich von Paris nach Guadeloupe (Anschlüsse zu 10 deutschen Airports). Als Partner der innerkaribischen Fluglinie Win Air stellt Air France in Europa Tickets der Airlines aus. Jets der XL Airways pendeln zwischen Paris und Pointe-à-Pitre. Air Guadeloupe verbindet Guadeloupe, Îles-des-Saintes und Marie-Galante; Caribes Air Tourisme fliegt zu den Îles-des-Saintes. Kleinere Inseln können mit dem Boot von Pointe-à-Pitre, Trois Rivières (nach Terre-de-Haut) und Grand-Bourg (nach Marie-Galante) oder mit dem Wasserflugzeug der Alizés Air Services erreicht werden. Busse, Taxis und Mietwagen verkehren in Guadeloupe und Marie-Galante; auf Terre-de-Haut Mini-Busse. Alle Taxen sind mit Taxameter ausgestattet.

Iguane Café, kreolische Küche mit Einflüssen aus aller Welt, Di geschl.; Route de la Pointe des Châteaux, St. François, Tel. 886-137, www.iguane-cafe.fr.
Villa Fleur d'Epée, das Top-Restaurant ist im Stil der 60er-Jahre eingerichtet, mit Gemälden von Charles Larade dekoriert und liegt am Fuß einer Festung aus dem 18. Jh.; Rue du Fort Fleur d'Epée, Gosier, Tel. 908-659.
La Playa, gehobenes Restaurant für französische und karibische Speisen; Spezialität: Meeresfrüchte, Öffnungszeiten, tgl. 19-21 Uhr. Auf Marie-Galante, an der Küstenstraße im Abschnitt Bernard Capesterre im Südosten der Insel; Tel. 936-610.
Chez Max, zu den kreolischen Spezialitäten des Hauses zählt Bananen-Gratin; Boulevard Maritime, Le Moule, Tel. 231-075.

Der **Karneval** auf Guadeloupe dauert vom ersten Januarsonntag bis Aschermittwoch; Höhepunkt sind die prächtigen Umzügen in Point-à-Pitre. Der Sonntag vor Beginn der Fastenzeit wird mit einer Kinderparade und der Wahl der Karnevals-Königin gefeiert. Am **Mardi Gras** (Faschingsdienstag) finden farbenprächtige Paraden statt und am Aschermittwoch wird „König Karneval" auf dem Scheiterhaufen verbrannt. Der nächtliche Fackelzug leitet die Fastenzeit ein, die in Guadeloupe von *Mi-Carême*, einem Tag mit Umzügen und Feiern, unterbrochen wird.
Bei der malerischen **Fête des Cuisinières** Mitte August versammeln sich gut 250 Frauen zu Ehren von St. Lorenz, dem Schutzpatron Guadeloupes. Sie tragen ihre traditionellen Festgewänder, legen Schmuck an, verzieren ihre Körbe mit Küchenutensilien, füllen sie bis zum Rand mit Insel-Spezialitäten und tragen sie feierlich durch die Straßen von Pointe-a-Pitre bis zur Kathedrale.
Am **Young Saints' Day** am 28.Dezember findet ein Umzug bezaubernd kostümierter Kinder statt.

DOMINICA (☎ 001 767)

Dominica Tourism Office (zuständig für Deutschland, Österreich, Schweiz, Skandinavien), Postfach 140223, 70072 Stuttgart, Tel. 0711/26346624, dominica@tropical-consult.de, www.discoverdominica.com, www.dominica.dm

EINREISE UND WÄHRUNG: Zur **Ein- und Ausreise** benötigen Europäer einen gültigen Reisepass.
Währung ist der **Eastern Caribbean Dollar** (EC$), 1 € ≈ 3 EC$. Flughafensteuer: 18,50 US$ p. P.

Guiyave, kreolische Küche, große Auswahl frischer Säfte, kleiner Balkon; 15 Cork Street, Roseau, Tel. 448-2930 u. 448-1723, http://caribya.com/roseau/guiyave:
Papillote Wilderness Retreat, bei den Trafalgar Falls, Tel. 448-2287, www.papillote.dm.
La Robe Creole, zählt zu den besten Grill-Restaurants mit karibischer und kreolischer Küche, die Kürbis-Pfeffer-Suppe hat's in sich; im 2. Stock, 3 Victoria Street, Roseau, Tel. 448-2930.

Fischerboote am Strand von Choiseul, Saint Lucia

Volkmar E. Janicke

SINBAD
YAMAHA
J6-362

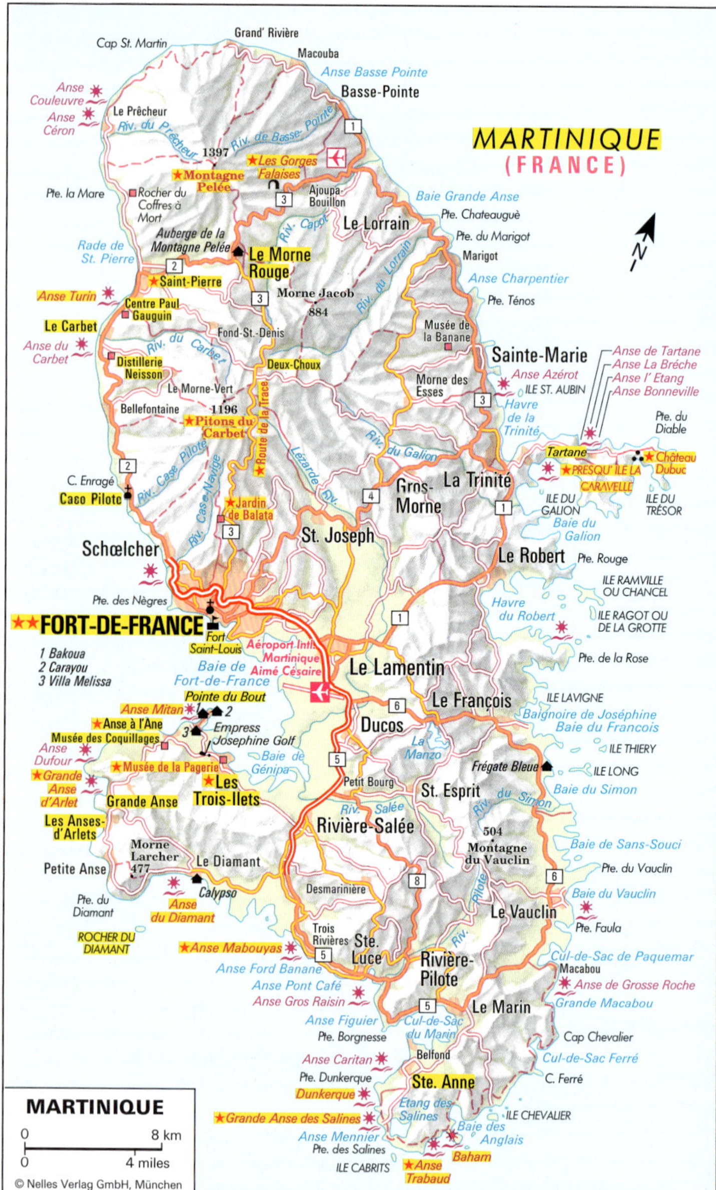
MARTINIQUE
(FRANCE)
N
Cap St. Martin
Grand' Rivière
Macouba
Anse Basse Pointe
Basse-Pointe
Anse Couleuvre
Anse Céron
Le Prêcheur
Riv. du Prêcheur
Riv. de Basse-Pointe
1397
Les Gorges Falaises
Montagne Pelée
Pte. la Mare
Rocher du Coffres à Mort
Ajoupa-Bouillon
Baie Grande Anse
Pte. Chateauguè
Le Lorrain
Riv. Capot
Auberge de la Montagne Pelée
Rade de St. Pierre
Le Morne Rouge
Pte. du Marigot
Marigot
Saint-Pierre
Anse Charpentier
Anse Turin
Centre Paul Gauguin
Morne Jacob
884
Riv. du Lorrain
Pte. Ténos
Le Carbet
Fond-St.-Denis
Musée de la Banane
Anse du Carbet
Riv. du Carbet
Distillerie Neisson
Deux-Choux
Sainte-Marie
Anse de Tartane
Anse La Bréche
Anse Azérot
Anse l' Etang
ILE ST. AUBIN
Anse Bonneville
Le Morne-Vert
Morne des Esses
Bellefontaine
1196
Pitons du Carbet
Route de la Trace
Havre de la Trinité
Pte. du Diable
Riv. du Galion
Tartane
Château Dubuc
Riv. Case Pilote
Lézarde Riv.
PRESQU' ILE LA CARAVELLE
C. Enragé
La Trinité
Gros-Morne
Case Pilote
Riv. Case Navire
Jardin de Balata
ILE DU GALION
ILE DU TRÉSOR
Baie du Galion
St. Joseph
Schœlcher
Le Robert
Pte. Rouge
ILE RAMVILLE OU CHANCEL
Pte. des Nègres
Havre du Robert
FORT-DE-FRANCE
ILE RAGOT OU DE LA GROTTE
Fort Saint-Louis
Aéroport Intl. Martinique Aimé Césaire
1 Bakoua
2 Carayou
3 Villa Melissa
Baie de Fort-de-France
Pte. de la Rose
Le Lamentin
Pointe du Bout
Le François
ILE LAVIGNE
Anse Mitan
Ducos
Baignoire de Joséphine
Anse à l'Ane
Empress Josephine Golf
Baie du Francois
Musée des Coquillages
La Manzo
ILE THIERY
Anse Dufour
Baie de Génipa
Musée de la Pagerie
Frégate Bleue
ILE LONG
Grande Anse d'Arlet
Les Trois-Ilets
Petit Bourg
St. Esprit
Baie du Simon
Grande Anse
Riv. Salée
Riv. du Simon
Les Anses-d'Arlets
Rivière-Salée
504
Baie de Sans-Souci
Morne Larcher
Montagne du Vauclin
Petite Anse
477
Le Diamant
Pte. du Vauclin
Calypso
Desmarinière
Baie du Vauclin
Pte. du Diamant
Anse du Diamant
Riv. Pilote
Le Vauclin
Pte. Faula
ROCHER DU DIAMANT
Anse Mabouyas
Trois Rivières
Ste. Luce
Rivière-Pilote
Cul-de-Sac de Paquemar
Macabou
Anse Ford Banane
Anse de Grosse Roche
Anse Pont Café
Grande Macabou
Anse Gros Raisin
Le Marin
Anse Figuier
Cul-de-Sac du Marin
Pte. Borgnesse
Cap Chevalier
Anse Caritan
Belfond
Cul-de-Sac Ferré
Pte. Dunkerque
Ste. Anne
C. Ferré
Dunkerque
Etang des Salines
Grande Anse des Salines
ILE CHEVALIER
Baie des Anglais
Anse Mennier
Pte. des Salines
Baham
ILE CABRITS
Anse Trabaud
1
2
3
4
5
6
8
MARTINIQUE
0
8 km
0
4 miles
© Nelles Verlag GmbH, München

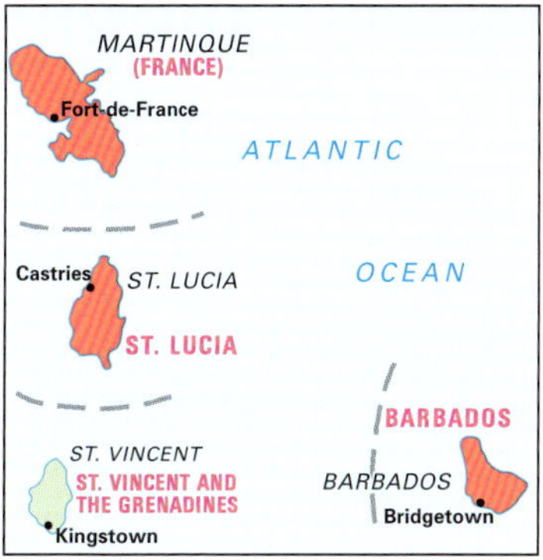

DAS MALERISCHE TRIO

MARTINIQUE
BARBADOS
ST. LUCIA

Das malerische Trio in der südöstlichen Karibik ist reich an Kontrasten: Martinique ist stark französisch geprägt, tropisch und groß; Barbados hingegen typisch englisch, trocken und relativ klein, und das mittelgroße bergige St. Lucia ist schlicht ein karibisches Kleinod in smaragdgrünem Mantel.

MARTINIQUE

Kolumbus entdeckte die 1128 km^2 große Karibikinsel Martinique, die er nach dem heiligen Martin benannte, bereits 1493, doch erst 1502 betrat er sie. 133 Jahre später siedelten sich Franzosen, unterwarfen die einheimischen Kariben und verschleppten westafrikanische Sklaven auf die Zuckerrohr-Plantagen der Insel. 1674 annektierte Ludwig XIV. Martinique. Das englische Intermezzo von 1762 endete bereits im darauffolgenden Jahr damit, dass die Franzosen im Austausch für die karibischen Kolonien ihre kanadischen Besitzungen an England abtraten. Im selben Jahr kam in Trois-Îlets Marie-Josèphe Tascher de la Pagerie (1763-1814) zur Welt, die 1804 als Napoleons Frau Joséphine und Kaiserin von Frankreich in die Geschichte eingehen sollte. Die Französische Revolution hatte Martinique Sklavenaufstände und englische Okkupationen eingebracht. Die 1794 abgeschaffte Sklaverei führte Napoleon 1802 wieder ein; erst 1848 wurde sie endgültig abgeschafft.

1902 brach der Mont Pelée aus und zerstörte die damalige Hauptstadt St. Pierre völlig, 30 000 Menschen fanden den Tod. Hauptstadt wurde daraufhin Fort-Royal, später umbenannt in Fort-de-France. 1946 erhielt Martinique den Status eines französischen Übersee-Départements und gehört heute zur EU. Von den 412 500 Bewohnern haben die meisten schwarzafrikanische Ahnen.

Bananen sind das wichtigste Exportprodukt Martiniques, gefolgt von Rohrzucker, Rum und Ananas.

★★Fort-de-France

Die Geschichte der lebensprühenden Hafenstadt **★★Fort-de-France** reicht bis ins 17. Jh. zurück, doch ihren großen Aufschwung erlebte sie erst in jüngster Zeit. Gut 84 200 Menschen leben in der Stadt, die mit ihren engen Sträßchen und den schnitzwerkverzierten Fassaden eine der malerischsten der Karibik ist. An der **Place de La Savane** am Jachthafen stehen einige Hotels. Auf der Landzunge südlich davon erhebt sich **Fort Saint-Louis**, das seit dem 17. Jh. über der Hafeneinfahrt wacht und noch heute als militärische Anlage genutzt wird. Das **Musée Départemental** an der Westseite von La Savane besitzt eine interessante präkolumbische

» Karte S. 176, Info S. 190-191

Foto: Christian Heeb

Sammlung. Im Norden des Parks steht die ★**Bibliothèque Schoelcher**, die von Henri Pick im romanisch-byzantinischen Stil 1889 für die Weltausstellung in Paris gebaut und von dort in Einzelteilen hierher transportiert wurde. Das ★**Hôtel de Ville** (Rathaus, mit Theater) von 1901 soll an das Lustschlösschen Petit Trianon von Versailles erinnern.

Nach Picks Plänen wurde 1978 auch die **Cathédrale St. Louis** an der Rue Victor Schoelcher wieder errichtet, deren Vorgängerbau durch Naturkatastrophen zerstört worden war. Rund um die Kathedrale liegen die Einkaufsstraßen von Fort-de-France, wo es sogar Filialen Pariser Kaufhäuser gibt.

Wer bunte einheimische Märkte mag, der sollte den **Obst- und Gemüsemarkt** nordwestlich der Kathedrale und den überaus lebendigen ★**Fischmarkt** am Fluss **Rivière Madame** besuchen.

Das bedeutendste Kulturereignis der Hauptstadt ist das *Festival Culturel* im Juli, das große Namen aus Kunst, Musik, Theater und Tanz anzieht.

Die Blumeninsel

Madinina („Blumeninsel") nannten die Kariben die Insel in ihrer Sprache, und Martiniques Flora ist noch heute üppig und blumenreich. Liebhaber tropischer Gewächse sollten einen Ausflug zum botanischen Garten ★**Jardin de Balata** im Norden von Fort-de-France unternehmen. Ganz in der Nähe steht die 1928 erbaute **Kirche von Balata**, eine Kopie der Pariser Basilika Sacre-Cœur, die allerdings nicht deren Ausmaße erreicht.

Eine Rundfahrt um die 1128 km^2 große Insel führt durch abwechslungsreiche Szenerien und bezaubernde Fischerdörfchen. Wenige Kilometer nördlich der Inselhauptstadt ist die **Barockkirche von Case-Pilote** einen Besuch wert.

Oben: Die Bibliothèque Schoelcher wurde für die Weltausstellung 1889 in Paris entworfen und später in Fort-de-France wieder aufgebaut. Rechts: Abendstimmung an der Anse du Diamant, Martinique.

» Karte S. 176, Info S. 190-191

Foto: Christian Heeb

Bei dem netten Städtchen **Le Carbet** landete 1502 Kolumbus. Am südlichen Ortseingang lockt die **Destillerie Neisson** mit feinem Rum.

Der Strand **Anse Turin**, 3 km nördlich, ist beliebt; es gibt Toiletten, Duschen und Tauchausrüstungsverleih; mobile Händler sorgen für Speisen und Getränke. Das **Centre Paul Gauguin** ist dem Verständnis des Schaffens des französischen Künstlers gewidmet, der hier am Strand 1887 malte und dabei mit seinem neuen Stil den post-impressionistischen Synthetismus kreierte.

In den Ruinen von ★**St. Pierre**, dem „Pompeji der Karibik", belegen Dokumente und Ausgrabungsfunde im ★**Musée Volcanologique** eindrucksvoll die vernichtende Eruption des Mont Pelée. *Cyparis Express* veranstaltet tägliche Stadtführungen, bei denen man auch die **Gefängniszelle** besichtigt, in der der einzige Überlebende des Vulkanausbruchs gefunden wurde.

Von St. Pierre aus führt eine Straße ins Landesinnere und an die Ostküste. Auf der Strecke zwischen Le Morne Rouge und Ajoupa-Bouillon zweigt eine Straße zum ★**Mont Pelée** (1397 m) ab, dessen Gipfel und Vulkankegel man ersteigen kann. Ein Wanderweg führt von Ajoupa-Bouillon zu den ★**Gorges Falaises**, wo sich Kaskaden die Felsen hinunter in einen herrlich klaren Fluss ergießen, der zum Schwimmen einlädt.

Südlich von Morne Rouge beginnt bei Deux-Choux die ★**Route de la Trace**, deren höchster Punkt die Vulkangruppe ★**Pitons du Carbet** (1196 m) ist. Auf der teils kurvenreichen Strecke Richtung Balata und Fort-de-France breitet sich die ganze üppige Pracht des Tropenwaldes aus. Man kann von Deux-Choux aus auch nach Osten zur Halbinsel ★**Caravelle** fahren, wo im Naturschutzgebiet die Ruinen des Herrenhauses ★**Château Dubuc** liegen und der Sandstrand von **Tartane** lockt.

Ganz im Süden der Bucht von Fort-de-France liegt das hübsche Dorf ★**Trois-Îlets** mit dem ★**Musée de la Pagerie**, das im gut erhaltenen Geburtshaus der Kaiserin Joséphine eingerichtet wurde. Das **Musée des Coquil-**

lages in ★**Anse-à-l'Ane** zeigt Muscheln und Kunsthandwerk. An den **Stränden** im Umkreis von Trois-Îlets stehen Hotels, an deren Hausstränden auch Nicht-Gäste gegen Gebühr baden können; sogar oben ohne ist erlaubt. Eine Fähre bringt Badelustige von der **Baie des Flamands** in Fort-de-France zu den weißen Stränden rund um die **Pointe du Bout**. Traumhaft und gut besucht ist der Strand ★**Grande Anse d'Arlet** bei **Les Anses d'Arlets**, etwas ruhiger die benachbarte **Anse Mitan**. Die **Anse du Diamant** lockt mit einem herrlichen langen Sandstrand und dem Blick auf die Felseninsel **Rocher du Diamant**.

Ste. Anne an der Südwestküste ist die Domäne der Club-Mediterranée-Gäste. Hier gilt die ★**Anse Mabouyas** als die schönste Badebucht.

An der Südspitze von Martinique bieten die ★**Grande Anse des Salines** mit den Stränden **Dunkerque**, **Baham** und ★**Anse Trabaud** eine Bilderbuch-Kombination von Panorama, Sonne, Sand und – zumindest unter der Woche – Einsamkeit. Auch abends haben die Badeorte einiges zu bieten, vom Spielkasino im Hotel Meridien in Trois-Îlets über die zahlreichen Jazz-Klubs, Pianobars und Diskotheken bis zu einer breiten Palette an Restaurants mit klassisch französischer und kreolischer Küche oder ihren Nouvelle-Cuisine-Versionen.

Sport

In Trois-Îlets gibt es einen **18-Loch-Golfplatz** mit Shuttlebus nach Pointe du Bout. Tennisplätze findet man bei allen größeren Hotels. Man kann auch Reitstunden nehmen oder die Insel mit dem Fahrrad erkunden.

Wanderungen auf den Mont Pelée oder in andere Bergregionen sind etwas für körperlich gut trainierte und abenteuerlustige Urlauber. Segeln, windsurfen, tauchen und Hochseefischen kann man fast überall. Exotische Wettbewerbe zum Zuschauen sind die Mungo-, Schlangen- und Hahnenkämpfe.

BARBADOS

Ein Polizist mit hohem Hut dirigiert rechtsgesteuerte Autos um einen Verkehrskreisel namens *Trafalgar Square* mit einer Statue Lord Nelsons; Damen sitzen beim Nachmittagstee im Schatten. Auf grünen Rasenplätzen tummeln sich Kricketspieler und Polopferde. Schauplatz ist jedoch nicht England, sondern Barbados. Diese 431 km^2 große Insel 160 km östlich des Antillenbogens konnte sich bis heute ihren britischen Charakter erhalten, der ihr den Beinamen „Little England" einbrachte.

Barbados wurde als einzige Insel der Kleinen Antillen nicht von Kolumbus entdeckt. Die wilden Kariben, die einst die friedfertigen Arawaks von dort vertrieben hatten, verließen Barbados im 15./16. Jh. Als die Portugiesen auf ihrem Weg nach Brasilien vorbeikamen, wohnten nur noch wenige Indianer hier. Die Seefahrer nannten die östlichste Insel der Windward Islands wohl wegen der Luftwurzeln der hiesigen Feigenbäume *Os Barbados* – „die Bärtigen".

Als der englische Kapitän John Powell 1625 die Insel für König James I. in Besitz nahm, war sie unbewohnt. Zwei Jahre später kamen die ersten englischen Siedler, und seit 1639 gibt es ein Parlament. Ab 1650 dominierten Großplantagen mit afrikanischen Sklaven den Zuckerrohranbau; viele Kleinfarmer verließen Barbados, das sich im 18. Jh. dann zu einer der reichsten karibischen Kolonien Großbritanniens entwickelte. Erst 1966 wurde es unabhängig. Heute leben hier rund 278 000 Menschen.

★Bridgetown

Die 1628 gegründete Hauptstadt ★**Bridgetown** zieht sich mit ihren Vororten (zusammen 96 500 Einwohner) über den ganzen Südwesten der Insel hin. Zentrum der hübschen Altstadt aus der Kolonialzeit ist der Hafen **Careenage** an der Mündung des Constitution River. Nördlich der Chamberlain

» Karte S. 181, Info S. 190-191

9 Martinique / Barbados / St. Lucia

Foto: Christian Heeb

Bridge, die das Hafenbecken überspannt, liegt der **Trafalgar Square** mit der 1815 aufgestellten Statue Admiral Nelsons. Die nach Osten abzweigende St. Michael's Row führt zur **St. Michael's Cathedral** (17./18. Jh.), während man auf der belebten **Broad Street** Richtung Westen in die Einkaufsstraßen von Bridgetown eintaucht.

Die farbenfrohen **★Gemüse- und Fischmärkte**, die mit ihren exotischen Auslagen immer einen Besuch lohnen, liegen im Südwesten der Stadt, auf der Höhe der **St. Mary's Church** (18. Jh.), deren Grünanlage das Ende der Broad Street markiert.

Im Norden der Stadt ist die **★Synagoge** sehenswert. Sie wurde 1660 von jüdischen Flüchtlingen aus Recife erbaut, als die Holländer ihren brasilianischen Stützpunkt verloren und es dort fortan keine Religionsfreiheit mehr gab.

Südlich der Chamberlain-Brücke kommt man auf der Bay Street zum **George Washington House**, das an dessen einzigen Auslandsaufenthalt erinnert. Im Süden der Stadt erstreckt sich auf dem Gelände der ehemaligen britischen Garnison die **★Garrison Historic Area** mit dem (auch an Turf-Tagen gegen Eintritt zu besichtigenden) Pferderennplatz **Savannah** und dem **★Barbados Museum**, dessen interessante kultur- und naturhistorische Sammlung und Galerie in einem Militärgebäude aus dem 19. Jh. untergebracht ist.

Oben: Das Parlamentsgebäude in Bridgetown, Barbados. Rechts: Harrison's Cave auf Barbados.

Kreuz und quer durch Little England

„Alle Wege führen nach Bridgetown" – getreu diesem abgewandelten römischen Motto fächert sich das Straßennetz von Barbados über die Insel auf. Der Highway 1 führt gut 10 km an der palmenbestandenen Westküste entlang, vorbei an zahlreichen idyllischen Badebuchten und gediegenen Hotels. Von **Speightstown**, dem alten Zuckerhafen der Insel, kann man zur malerischen Nordspitze von Barbados mit der **★Animal Flower Cave**, einer Meeres-

» Karte S. 181, Info S. 190-191

grotte im Korallenkalk der Steilküste, weiterfahren oder Richtung Nordosten zum schön gelegenen Herrensitz **Farley Hill** (19. Jh.), mitten im gleichnamigen **Nationalpark**. Nicht weit davon entfernt ist ★**St. Nicholas Abbey** (17. Jh.), eines der ältesten Herrenhäuser von Barbados, sowie das **Barbados Wildlife Reserve** mit Affen (Westlichen Grünmeerkatzen), Roten Spießhirschen, Schildkröten und seltenen Vögeln.

Über den Highway 2 erreicht man ★**Harrison's Cave** (www.harrisonscave.com), ein Höhlensystem mit Bächen, Seen, Tropfsteinen und einem Wasserfall. Unweit nördlich davon befinden sich das **Amerindian Museum** zur indianischen Kulturgeschichte und das Naturschutzgebiet ★**Welchman Hall Gully**, ein Felsental mit tropischen Gewächsen, Kalkstein- und Korallenhöhlen, zu denen Rundwanderwege führen.

Der Highway 3 durchquert die Insel zwischen Bridgetown und dem Fischerort **Bathsheba** im Scotland District an der hügeligen Ostküste mit hoher Brandung. Unterwegs kommt man am **Gun Hill** (210 m) vorbei, von wo man eine wunderschöne Aussicht über die Insel genießt. Etwas weiter nordöstlich liegt die prunkvolle ★**Villa Nova**. Ungefähr 5 km nordwestlich davon erreicht man **Turner's Hall Woods**, ein kleines Reservat, in dem Affen und einige andere nicht auf Barbados heimische Tierarten leben. Botanikfreunde sollten die ★**Andromeda Gardens** bei Batsheba besuchen, die vor der dramatischen Szenerie der Atlantikküste eine gelungene Kombination tropischer Vegetation mit britischer Gartenbaukunst zeigen. Weiter südöstlich erhebt sich die durchaus sehenswerte **St. John's Church** (18. Jh.).

Die Südküste mit einigen hübschen Badebuchten erschließt der Highway 7. Nordöstlich des **Grantley International Airport** geht es über die außergewöhnlich schöne Badebucht ★**Crane Bay** zum 1820 errichteten Seeräuberschloss **Sam Lord's Castle** (Umgestaltung zum Luxushotel in Gang) und weiter zum

Foto: Christian Heeb

zerklüfteten **Ragged Point**, dessen Riffe die Beutegründe des berüchtigten Piraten Sam Lord (1778-1844) waren. Unweit davon wurde der alte Landsitz **Sunbury Plantation** in ein interessantes Kolonialmuseum umgewandelt.

Sport

Wollen Sie Tennis oder Squash, Polo oder Kricket spielen? Reiten oder surfen? Barbados bietet alles. Auf der Anlage des **Sandy Lane Golf Course** (www.sandylane.com) findet Ende Oktober das *Barbados Amateur Golf Open Tournament* statt. Barbados ist auch ideal zum Radfahren. Beim *Run Barbados* im Dezember finden Marathon- und 10-km-Läufe statt.

Essen und Nachtleben

Barbados mag in mancher Hinsicht unverfälschten britischen Lebensstil bewahrt haben, Sprache und Zubereitung der Speisen haben jedoch einen deutlich karibischen Akzent. Zu den Delika-

» Karte S. 181, Info S. 190-191

Foto: Christian Heeb

tessen zählen Fische und Meeresfrüchte – frisch gegrillt genießt man sie preiswert freitag- und samstagabends am ★**Oistins Fish Market** im Inselsüden. Andere Spezialitäten sind indischen Ursprungs: *cou-cou* (Maismehl und Okra), *jug-jug* (Maismehl und Erbsen), *roti* (Fleischcurry in einer Art Pfannkuchen) und *conkies* (gewürztes Maismehl, Kokosnuss, Kürbis, Rosinen und Süßkartoffeln in einem Bananenblatt gedünstet). Barbados-Rum gehört unbestreitbar zum besten der Welt.

Auch nach dem Dinner braucht man sich nicht zu langweilen. Bridgetowns Partymeile ist das **St. Lawrence Gap**, „The Gap". Hier befinden sich die angesagtesten Venues mit den besten DJs und Live-Bands. Gepflegte Nachtklubs gibt es auch in Hotels, und mehrere Partyboote legen jeden Abend im Careenage-Hafen ab. Das „typische" Nachtleben findet man jedoch in kleineren Klubs oder in einer Rumkneipe.

Oben: An Esthers Fisch-Stand; der Fisch wird vor dem Grillen sorgfältig geputzt.

ST. LUCIA

Bis heute streitet man über die europäischen Entdecker dieser bezaubernden Insel, der zweitgrößten der Windward Islands, südlich von Martinique und nördlich von St. Vincent und den Grenadinen gelegen. Vermutlich landete Kolumbus 1502 auf St. Lucia, doch es kann auch sein, dass Juan de la Cosa, einer seiner Navigationsoffiziere, es bereits drei Jahre vorher entdeckt hatte. Keinen Zweifel lässt die Geschichte jedoch am Schicksal der 67 Männer, die diese dicht mit tropischer Vegetation bewachsene Vulkaninsel als erste Briten betraten: 1605 landete ein englisches Schiff, das auf dem Weg nach Guyana vom Kurs abgekommen war, nahe beim heutigen Vieux Fort. Die einheimischen Kariben töteten fast die ganze Besatzung. Nur 19 Männer konnten in Kanus von der Insel entkommen.

Die erste erfolgreiche Kolonisierung gelang den Franzosen, die 1651 den Ort Soufrière gründeten. Die Herrschaftsverhältnisse auf St. Lucia waren damit aber nicht geklärt: Die Kariben bekämpften die Europäer, und die Europäer bekriegten sich untereinander, bis die Insel 1814, nach 150 unruhigen Jahren und nach 14-maligem französisch-britischen Flaggenwechsel, endgültig britisch wurde. Ein Teil der Kariben wurde von den Briten letztendlich in ein Reservat auf dem nahegelegenen Dominica verbannt. Heute leben nur noch sehr wenige *Black Caribs* (Nachkommen von Kariben und entlaufenen Sklaven) auf St. Lucia.

1979 wurde St. Lucia ein unabhängiger Staat innerhalb des Commonwealth. Das vorrangige politische Ziel ist heute die Belebung und Modernisierung der Wirtschaft. Zusätzlich zum Anbau von Zuckerrohr, Kokospalmen, Kaffee, Zitrusfrüchten und Baumwolle beutet man bereits seit 1883 die reichen Kohlevorkommen aus – eine Ressource, die im karibischen Raum sehr selten ist. Die wichtigste Exportfrucht der Insel ist

» Karte S. 185, Info S. 190-191

CARIBBEAN
SEA
Pte. du Cap
Pigeon I. Nat. Park
Le Sport
Pointe Hardy
Sandals Grande St. Lucian
Fort Rodney
Pigeon Pt.
Gros Islet
Anse Lavoutte
Rodney Bay
La Panache
Comerette Point
Réduit Beach
Espérance Harbour
St. Lucian by Rex
Coco Palm
Masson Pt.
Labrelotte Beach
Monchy
La Borne
Cape Marquis
Choc Bay
Grande Rivière
Vigie Beach
RAT I.
VIGIE PENI.
Sandals Halcyon
Marquis Bay
George F. Charles Airport
Marquis
Port Castries
Choc R.
Marquis R.
Castries
Babonneau
Girard
Fond Assor
Grande Anse
Grand Anse Bay
Old Morne Fortune Fortress
Morne Fortune
Cassin
Grande Cul de Sac B.
Ciceron
Guesneau
Tortue Pt.
Bananes Pt.
La Sorcière
Forestière
677
Discovery at Marigot Bay
La Croix Marigot
Piton Flor
572
Au Leon
345
★★Marigot Bay
Roseau Bay
Anse Louvet
Marigot Bay
Bexon
Marc Marc
Dernière Rivière
Jacmel
Roseau
Sarot
Au Leon
Grande Ravine
L'Abbayée
La Ressource
La Caye
Point la Ville
Anse la Raye
Ti Kaye
Ravine Poisson
Grande Rivière
Durandeau
Fond D'or B.
Anse La Voutte
Dennery
Mount Parasol
461
River
DENNERY I.
Canaries
BARRE DE L'ISLE
Fond D'or R.
Dennery Bay
Dennery Waterworks Forest Res.
Fregate Island Nat. Res.
Canaries R.
Mt. Barre Dessolière
535
Anse Chastanet
Quillesse Forest Reserve
Praslin Bay
Anse Chastanet
Mt. Gimie
950
Fond River
Trou Gras Pt.
Jade Mountain
Grand Caille Pt.
Anse Patience
Soufrière Bay
Hummingbird Beach Resort
Mon Repos
Mineral Baths
★Soufrière
Edmund Forest Res.
★Diamond Falls
★Petit Piton
St. Phillip
Petit Piton Pt.
736
Ladera
Mt. Grand Magazin
616
Fond St. Jacques
Micoud
Anse des Pitons
Troumassée R.
Vierge Point
Anse Du Troumassée
Ti Rocher
★Grand Piton
Saltibus
Beaumont Pt.
798
Mongouge
Desruisseaux
Anse L'Ivrogne
Pitons Manegement Area
Belle Vue
Anse Ger
La Pointe Beach
Debreuil
Canelles River
Pte. des Canelles
Choiseul Bay
Vieux Fort R.
Pierrot
Choiseul
Augier
Piaye R.
Savannes Bay Nature Reserve
Piaye
Laborie
St. Urban
Savannes Bay
Burgot Pt.
Balenbouche Estate
Hewanorra Airport
Laborie Bay
Derrière Morne
Coconut Bay Beach Resort
Pte. Sable
SAINT LUCIA
Maria Islands Nat. Res.
MARIA ISLANDS
Vieux Fort
Vieux Fort Bay
Anse de Sables
Mathurin Pt.
★MOULE-À-CHIQUE PENINSULA
Cape Moule à Chique
Saint Vincent Passage
ST. LUCIA
0
6 km
0
4 miles
© Nelles Verlag GmbH, München

Foto: Roland F. Karl

die Banane, deren Anbau interessierten Besuchern auf mehreren Plantagen vorgeführt wird. Industrielle Diversifizierung wird besonders mit den Sektoren der Textil-, Spielzeug- und Sportartikelindustrie angestrebt. Außerdem wurde vor einigen Jahren ein Tanker-Terminal gebaut. Heute leben auf der 616 km^2 großen Insel ca. 185 000 Menschen.

Der Fremdenverkehr wächst und wird inzwischen von der Regierung als einer der bedeutendsten Wirtschaftszweige eingestuft. So hat man im Rahmen umfassender infrastruktureller Verbesserungen für den Tourismus bereits die Landstraßen der Insel ausgebaut, die durch ausgesprochen schöne Gegenden führen.

Doch wie überall hat der Tourismus auch auf St. Lucia zwei Gesichter. Luxushotels, Strandvillen und Eigentumswohnungen verwandeln die ansonsten verschlafene Insel in der Umgebung von Castries während der Hauptsaison in einen Rummelplatz. Die steigende Zahl immer größerer Hotels, die Touristenwerbung, die die großen internationalen Reiseunternehmen ins Land holt, und die wachsende Kapazität der Kreuzfahrt-Schiffe, die zusätzlich bis zu 40 000 Touristen jährlich nach St. Lucia bringen – all das kann für die an sich unbekümmerten und heiteren Inselbewohner auch Stress und Belastung bedeuten.

Oben: Castries, St. Lucia. Rechts: Am Anse des Pitons – die Pitons sind die Wahrzeichen der Insel.

Dennoch ist St. Lucia gerade wegen seiner üppig wuchernden Wälder ein lohnendes Ferienziel für Naturliebhaber geblieben. Außerdem können alle Wassersportarten – Segeln, Surfen, Wasserski, Tauchen, Schnorcheln und Hochseefischen, daneben Golf, Tennis, Reiten und Squash betrieben werden. Und gleich sechs Charterfirmen bieten Jachten an.

Rund um Castries

In idealer Lage schmiegt sich die Inselhauptstadt **Castries** an eine von Hügeln umgebene, tiefe Hafenbucht.

» Karte S. 185, Info S. 190-191

Da es mehrmals niederbrannte – zuletzt verwüstete ein Großfeuer die Stadt 1948 –, ist Castries allerdings heute eine moderne, eher gesichtslose Hafenstadt mit 15 000 Einwohnern. Der Distrikt („Quarter") zählt 60 200 Einwohner.

Castries' Herz schlägt am **Hafen**, der als strategisch günstiger Tiefwasser-Hafen seit jeher auch das ökonomische Zentrum St. Lucias ist. Ganz auf Kreuzfahrt-Touristen abgestimmt sind der neue Pier und das im spanischen Stil errichtete Duty-free-Einkaufszentrum mit 23 verschiedenen Läden und Restaurants in **Pointe Seraphine**.

Deutlich rustikaler geht es an der **Markthalle** in der Nähe des Hafens zu, wo man beim samstäglichen Wochenmarkt auch hübsche kunsthandwerkliche Artikel erstehen kann. St. Lucia ist bekannt für schöne Schnitzereien, die man am besten bei **Noah's Arkade** kauft, oder außerhalb der Stadt bei **Endovic's** in Morne Fortune, bei **Chiseoul Wood Carvers** am Südende der Insel und im **Artist's Workshop** in La Cléry finden. Hübsche Souvenirs und Batiken, die man als Wandbehänge oder Kleiderstoffe nutzen kann, gibt es bei **Caribelle Batik**, **Tapion Craft** und **Erma of St. Lucia**. Einen herrlichen Rundblick über Castries und den Hafen hat man von der alten Festung **Morne Fortune** am südlichen Stadtrand. Das kleine **Burgmuseum** zeigt präkolumbische Funde.

Im Norden der Hauptstadt finden sich weitere historische Sehenswürdigkeiten, die Zeugnis für St. Lucias bewegte Militärgeschichte ablegen: die **British Naval Station** auf **Pigeon Point**. Pigeon Point, ursprünglich eine Insel, durch einen Damm mit St. Lucia verbunden, ist heute ein historischer **Nationalpark** mit **Freilichtmuseum** und **-bühne**, den Ruinen von Rodneys mächtiger **Burg** und einem attraktiven und viel besuchten Bade- und Picknickstrand. Die **Vigie-Halbinsel**, im 18. Jh. von Briten und Franzosen als Stützpunkt genutzt, ist heute ein gut besuchter Badeort.

Die Westküste hat in der Umgebung von Castries eine Reihe schöner Badestrände zu bieten, wie die einsame **La-**

Foto: Christian Heeb

brelotte Bay. In **Rodney Bay** wurde ein weiterer Jachthafen angelegt.

Südlich von Castries lohnt die pittoreske ★★**Marigot Bay** einen Besuch. Die Bucht mit dem herrlichen Jachthafen war einer der Schauplätze, an denen *Doktor Doolittle* verfilmt wurde. Sie ist ein beliebter Seglertreffpunkt. Bezaubernd ist die Fahrt mit der Fähre über die Bucht zu Doolittle's Restaurant.

★★Pitons

Die Wahrzeichen St. Lucias sind die *Pitons*, markante zuckerhutförmige Bergkegel vulkanischen Ursprungs. Zwei von ihnen, der ★**Grand Piton** (798 m) und der ★**Petit Piton** (736 m), ragen bei Soufrière nebeneinander aus dem Regenwald auf; die schwierigen Klettertouren auf die beiden Pitons – Dauer des Aufstiegs: ca. 2 Std. – sollten nur in Begleitung eines Führers unternommen werden. Der höchste Berg der Insel ist jedoch der zentral gelegene **Morne Gimie** mit 950 m. Oberhalb von Soufrière kann man einen **Vulkankrater** mit dampfenden ★**Schwefelquellen** besichtigen (nur zu Fuß; viel besucht, wenn Kreuzfahrer anlanden). Die unheimliche **Kraterlandschaft** in seinem Umkreis ist durch den Ausstoß kochender Teiche, blubbernder Schlammlöcher und dampfender *soufrières* entstanden, der Schwefelschlote, die einigen Vulkanen ihren Namen gegeben haben. Für technisch Interessierte ist es aufschlussreich zu sehen, wie man den Vulkan angezapft hat, um seine Wärme für ein geothermisches Kraftwerk zu nutzen.

Oben: Schwimmen im Pool mit den Pitons im Blick (Ladera Resort, St. Lucia).

Ein eindrucksvolles Naturschauspiel bieten die nahegelegenen ★**Diamond Falls**. Den natürlichen Mineralbädern **Mineral Baths** werden Heilkräfte nachgesagt.

Die einstige Inselhauptstadt ★**Soufrière** konnte mit Hilfe eines Sanierungsprojekts erhalten werden. Man restaurierte die hübsche **Altstadt**, wo das **Soufrière Heritage Center** und

» Karte S. 185, Info S. 190-191

ein historischer Rundweg, der **Historical Architectural Walk**, eingerichtet wurden, um die alten Kirchen, Zuckerbäckerstil-Häuser und das Ortszentrum mit neuem Leben zu erfüllen. Ein täglich stattfindender **Markt** bietet Kunst, handwerkliche Erzeugnisse und Lebensmittel an, und ein neuer Pier soll zusammen mit einer Uferpromenade das beschauliche Soufrière zu einer Alternative zu Castries machen. Der hellgraue **Strand** von Soufrière macht das Baden und Sonnen übrigens zu einem besonderen Erlebnis.

Südostwärts erstreckt sich bei **Fond St. Jacques** der 77 km^2 große **National Rain Forest**. In diesem Naturschutzgebiet gedeihen exotische Pflanzen und prächtige Blumen.

An der Ostküste

Die Halbinsel **★Moule-à-Chique** markiert mit einem **Leuchtturm** die Südspitze der Insel und bietet einen fantastischen Ausblick über St. Lucia, die vorgelagerten Inseln und Riffe und an klaren Tagen bis zur Nachbarinsel St. Vincent. Ein Muss für Naturfreunde ist **Maria Island** nördlich vor Moule-à-Chique, wo seltene Reptilienarten leben und **Fregattvögel** sowie andere Seevögel nisten.

Eine gute Region, um Vögel zu beobachten, ist auch die Gegend um die Bucht **Grande Anse** an der Ostküste auf der Höhe von Castries. Wer die Nistplätze von Lederschildkröten sehen will, kann nach Voranmeldung an einem der Ausflüge der St. Lucia Naturalist's Society teilnehmen.

An der raueren und dünner besiedelten Ostküste liegen abseits vom Tourismus bezaubernde **Fischerdörfer**, wo noch die traditionellen buntbemalten Fischerboote gebaut werden und St. Lucia seinen ursprünglichen und lebensfrohen Charme bewahren konnte.

St. Lucia ist ein Paradies für Wanderfreunde. Alte Fußwege verbinden die meisten kleinen Dörfer, und ein Netz von Wanderpfaden verschiedener Schwierigkeitsgrade durchzieht den National Rain Forest. Eine gute Alternative zu Wanderungen in der einzigartigen Berglandschaft sind organisierte Reitausflüge.

Gaumenfreuden und Feste

Der französische Einfluss macht sich nicht nur im Dialekt und in vielen Ortsnamen bemerkbar, sondern auch in der Küche St. Lucias, die eine köstliche Mischung aus französischen, englischen, kreolischen und indischen Elementen in sich vereint.

Spezialitäten sind Kürbissuppe, Kürbisauflauf, ein ungewöhnliches Gericht namens *calaloo* (spinatähnliche Blätter, Knödel und gepökeltes Rindfleisch), *pouile dudon* (süßsaures Huhn), in einem Tontopf über Holzkohle geröstete Brotfrüchte und *tablettes* (Kokosnussbonbons). Frische Meeresfrüchte und Fisch gibt es in vielen Variationen, z. B. frittierte *Fliegende Fische*, *Red Snapper* und *lambi* genannte Meeresschnecken.

Die französisch-britische Vergangenheit zeigt sich auch im Festkalender, in dem neben dem *Jour de l'An*, dem traditionellen zweitägigen Neujahrsfest der Grande Nation, auch der Geburtstag von Englands Königin verzeichnet ist.

Zu den ausgelassensten Festen zählt der Nationalfeiertag von St. Lucia Mitte Dezember. Eine Besonderheit sind die vielen lokalen Feste im Jahresablauf, die von Dorf zu Dorf verschieden sind.

Passionierte Tänzer kommen überall auf ihre Kosten, sei es in den Bars der Hotels und Touristenorte oder in einheimischen Rumkneipen. Freitagnachts sind die berühmten Straßenfeten von **Gros Islets** an der Reduit Bay die größte Attraktion. Diese fröhlichen Partys werden mit heißen Rhythmen wie Calypso, Reggae, Zouk und Soca gefeiert – hier scheint Flirten Pflicht zu sein, und für kulinarische Genüsse sorgen Grillstände und Imbissstuben.

» Karte S. 185, Info S. 190-191

MARTINIQUE (☎ 005 96)

Comité Martiniquais du Tourisme, Rue des Moulins 2, 75001 Paris, Tel. 0033-1-4477-8600, Fax 0033-1-4926-0363; **Comité Martiniquais du Tourisme**, 5 Rue Loulou Boislaville, Pointe Simon, Fort-de-France, Martinique, Mo-Fr 8-16.30 Uhr, Tel 616-177, www.insel-martinique.de, www.martinique.org, www.martiniquetourisme.com.

ANREISE: Air France (14x wöchentlich) und American Airlines/Eagle fliegen Fort-de-France an. Flüge von Insel zu Insel bieten Air Caraïbes, Air Antilles, Air Guadeloupe und LIAT an. Der Katamaran-Fährservice *L'Express des Iles*, www.express-des-iles.com, verbindet Martinique mit St. Lucia, Guadeloupe u. Dominica.

FORMALITÄTEN UND WÄHRUNG: Zur Einreise benötigen Sie einen noch min. 6 Monate gültigen Reisepass oder Personalausweis sowie ein Ticket zur Rück- bzw. Weiterreise.
Die offizielle Währung Martiniques ist der **Euro**; US-Dollar und Kanadische Dollar werden ebenfalls angenommen.

Restaurant 1643, exzell. Lokal an der Westküste, der Küchenchef setzt karibische, französische und europäische Einflüsse um. Gehobene Preisklasse, Mo Ruhetag, Anse Latouche, Le Carbet, Tel. 781-781; www.restaurant1643.com.
Pura Vida Restaurant, kreolische u. französische Küche, zuvorkommender Service, ungezwungen, Mo. Ruhetag, Villa B14, Gros Raisin, Ste. Luce, Tel. 538-935, http://restaurantpuravida.fr.
Le Cocotier, preiswertes karibisches Strandrestaurant in traumhafter Lage,unter Palmen; nur Mittagstisch, preiswerte Kindergerichte und frische Säfte, L'Anse Michel Cap Chevalier, Ste. Anne.

Musée Départmental d'archéologie, Rue de la Liberté 9, Fort-de-France, Di-Fr 8-17, Sa 9-12 Uhr. **Schoelcher Bibliothek**, Rue de la Liberté; So/Mo geschl.
Musée de la Pagerie, im Geburtshaus der französischen Kaiserin Josephine in Trois-Ilets, Di-Fr 9-13 u. 14-17.30, Sa-So 9.30-12.30 u. 15-17 Uhr.
In und bei St. Pierre liegen das **Musée Paul Gauguin** (9-17 Uhr), Fort de France, Tel. 782-266, und das **Musée Volcanologique Franck Perret** (9-17 Uhr) in Anse Turin, Tel. 781-516.
Musée de la Banane Le Limbé, Sainte Marie, Mo-Sa 9-17, So 9-13 Uhr, Tel. 762-709.

In Martinique gibt es gutes Kunsthandwerk. Filialen von Pariser Ketten in Fort-de-France

Taxis bieten auch Touren an, inklusive Führung; den Preis vor Fahrtantritt vereinbaren.

FESTE UND FEIERTAGE: **La Fête des Rois** (Dreikönigstag; mit Festivals und den Küchlein *galettes des rois*), **Carnival** (Vaval; zeitgleich zum europäischen Karneval; Höhepunkt sind die Umzüge am Faschingsdienstag, bei der viele rote Teufelskostüme tragen), **Mi-Caréme** (Festtag in der Mitte der Fastenzeit mit Karnevals-Charakter), **Abschaffung der Sklaverei** (22. Mai), **Nationalfeiertag** (14. Juli), **Mariä Himmelfahrt** (15. August) sowie **Jour de l'Armistice** (11. November). Außerdem gibt es zahlreiche örtliche Festivals, z. B. **Food Show** im April, das **Fort-de-France-Festival** (Kunstfest im Juli), **Fête Nautique du Robert** (Festival an der Atlantikküste, jeweils an den Sonntagen im September) und das renommierte **Jazz-Festival** Anfang Dezember.

BARBADOS (☎ 001 246)

Barbados Tourism Marketing, Leopoldstraße 23, 80802 München, Tel. (089) 2444-23068. **Barbados Tourism Marketing**, Warrens Office Complex, 1st Floor, Warrens, St. Michael, Barbados, Tel. 535-3700, Fax 426-4080, www.visitbarbados.org/de.

ANREISE UND TRANSPORTMITTEL: LIAT fliegt von Insel zu Insel. Condor fliegt 1x wöchentlich ab Frankfurt nach Bridgetown, Barbados. British Airways u. American Airlines leisten ebenfalls Zubringerdienste. Bridgetown ist Hauptknotenpunkt, Busse fahren von 6-24 Uhr; 1,50 BDS$.

EINREISE UND WÄHRUNG: Die Währung von Barbados ist der **Barbados Dollar** (BDS$). 1 € ≈ 2,30 BDS$.
Ausreisesteuer ca. 21 Euro.
Einreiseformalitäten: siehe Martinique.

Island Plates, karibische, vegetarische, vegane und Glutenfreie Gerichte, Mo-Sa Frühstück und Mittagstisch, Mo und Do auch Dinner, So. geschlossen, 1 Town Square, Building, Speightstown, St. Peter, Tel. 252-7793; www.islandplatesbb.com.
Nishi Restaurant, Asia-Take Away und Sushi-Restaurant, außerdem werden Sashimi, Penne und Steaks angeboten, Kreditkarten werden akzeptiert, Second Street, Holetown, Tel. 432-8287; www.nishi-restaurant.com.
Lone Star, exklusives Strandrestaurant in einem Boutique-Hotel, Frühstück ab 7.30 Uhr, Dinner ab 19 Uhr, Sa-So Brunch ab 11 Uhr, internationale Spezialitäten; St. James, Mt. Standfast, Tel. 629-0599, www.thelonestar.com.

Garrison Historic Area, ehemalige Savannah-Garnison mit histor. Gebäuden u. **Barbados Museum**, Mo-Sa 9-17 und So 14-18 Uhr, Tel. 538-0201, www.barbmuse.org.bb.

Zu den schönsten Festen zählen: **Barbados Jazz Festival** (Mitte Jan.); **Barbados Windsurfing World Cup** (Mitte Jan.); **Oistin's Fish Festival** (Ende April, Fest mit nautischem Flair); das **Congaline Street Festival** (April/Mai, neuntägiger Karneval) gilt als das größte Straßenfest der Welt.
Das überregional bekannte **Crop Over Festival** (5 Wochen im Mai, eigentlich ein Erntedank-Fest, www.barbadoscropoverfestival. com) endet mit dem *Kadooment Day*, *Run Barbados 10K & Marathon Series* (internationaler Marathonlauf, Anfang Dez.). Infos: National Cultural Foundation, Tel. 427-2623, www.runbarbados.org.

Harbour Lights, montags findet hier (19-22.30 Uhr) die für alle Altersgruppen geeignete Extravaganza Dinner Show mit Live-Musik und Limbo-Tanz statt, nach 22.30 Uhr Altersbeschränkungen, Freigetränke bis 2 Uhr früh, Hoteltransfer; Carlisle Bay, Bay Street, St. Michael, Tel. 436-7225, www.harbourlightsbarbados.com.

Das Ausgehviertel **St. Lawrence Gap** (www. barbados.org/stlaw.htm), Christ Church, bietet Pubs, Restaurants, Diskos wie „Old Jamm Inn" oder „The Cove" und Bars für Touristen und Einheimische in bunter Vielfalt.

TAUCHEN: PADI-Tauchschulen: u. a. **Dive Hightide Watersports**, im Coral Reef Club, St. James, Tel./Fax 432-0931, www.divehightide.com; **West Side Scuba Centre**, Baku Beach, Holetown, St. James, Tel. 262-1029, www.westsidescuba.com

ST. LUCIA (☎ 001 758)

St. Lucia Tourist Board, Kälberstücksweg 59, 61350 Bad Homburg, Tel 06172/4994 138, www.stlucia.org, www.jetzt-saintlucia.de.

British Airways & Virgin Atlantic fliegt von London-Gatwick nach St. Lucia. Condor/Thomas Cook verbindet im Winter Frankfurt und St. Lucia via Manchester.

FORMALITÄTEN UND WÄHRUNG: Zahlungsmittel ist der **Eastern Caribbean Dollar** (EC$); 1 € entspricht ungefähr 3 EC$. Einreiseformalitäten: siehe Martinique.

Fox Grove Inn, zählt zu den besten Lokalen St. Lucias, schweizer Leitung; Mon Repos, Micoud, Fax/Tel. 455-3271. www.foxgroveinn.com. **Coal Pot**, internationale und karibische Spezialitäten, französischer Küchenchef, gehobene Preisklasse; Vigie Marina, Castries, Tel. 452-5566.
Ti Bananne, Bistro am Pool des Coco Palm Hotel; Rodney Bay, Gros Islet, Tel. 456-2800.

Im Museum der **Old Morne Fortune Fortress** oberhalb von Castries sind vorkolumbische Artefakte zu besichtigen.
Im **Soufrière Heritage Center** findet man eine Ausstellung über die Kolonialzeit.

Neujahr: Fiesta a. d. Vigie Sports Field, Castries; **Independence Day** (22.2.; Umzüge); **St. Lucia Jazz Festival** (Anf. Mai, www.stluciajazz.org), **Carnival** (Mitte Juli); **St. Peter's Day** (Fischerfest, 29. Juni), **Fête de la Rose** (Blumenfest, 30. Aug.), **Fête de la Ste. Marguerite** (17. Okt., Blumenfest), **St. Cecilia's Day** (22. Nov.; Patronatsfeiern in Castries), **St. Lucia's Day** (13. Dez.; Nationalfeiertag).

Zollfreie Waren v.a. am Hafen im **Pointe Seraphine Terminal**.

Blick auf das Hafenbecken von St. George's, Grenada

Foto: Roland F. Karl

MUSKATNUSS UND VANILLE – DIE GRENADINEN

ST. VINCENT
GRENADINEN
GRENADA

ST. VINCENT UND DIE GRENADINEN

Die traumhaft schöne Inselkette der Grenadinen erstreckt sich mit ihren acht größeren und 120 kleineren Inseln und Inselchen zwischen St. Vincent im Norden und Grenada im Süden. Auf diese beiden Hauptinseln verteilt sich auch ihre politische Zugehörigkeit, so dass hier im äußersten Süden der Windward Islands zwei Commonwealth-Zwergstaaten existieren, deren Oberhaupt auch heute noch die englische Königin ist: St. Vincent and The Grenadines sowie Grenada.

ST. VINCENT

Obwohl Kolumbus die 346 km² große Insel bereits am 22. Januar (dem Namenstag des hl. Vinzenz) 1498 entdeckt hatte, blieben die Kariben hier noch sehr lange unter sich. Zwar besetzten Engländer und Franzosen St. Vincent abwechselnd, doch machten es die Indianer den Europäer alles andere als leicht, sich auf dem Eiland zu behaupten.

1675 sank ein Sklavenschiff in der Nähe von St. Vincent und die überlebenden Afrikaner taten sich mit den Kariben zusammen. Ihre Nachfahren sind die so genannten Schwarzen Kariben, die *Black Caribs*, die noch im 18. Jh. erbittert gegen die Kolonialmächte kämpften. Erst 1795 gelang es den Briten, die Black Caribs zu besiegen. Die meisten wurden zunächst auf die Insel Baliceaux und später nach Roatán vor der Küste von Honduras deportiert. Auf St. Vincent lebt heute nur noch eine kleine Gruppe ihrer Nachkommen im Dorf Sandy Bay.

Seit 1804 waren die Briten unumschränkte Herrscher über St. Vincent, das 1871 als Kronkolonie in den Verband der Windward Islands integriert wurde. Der Kolonialstatus endete, als die Insel 1969 zu einem assoziierten Staat Großbritanniens und zehn Jahre später völlig unabhängig wurde. Danach blieb St. Vincent im Commonwealth und unter seiner Regierung auch die nahen Grenadinen-Inseln Young Island, Bequia, Mustique, Canouan, Tobago Cays, Mayreau, Union Island, Palm Island und Petit St. Vincent.

Die Geschichte St. Vincents ist nicht nur von blutigen Kriegen gezeichnet, sondern auch vom Kampf mit den Naturgewalten. Der größte und noch aktive Vulkan der Insel, Soufrière, brach 1812, 1902, 1971 und 1979 aus. Bei der Flutwelle von 1896 und den Wirbelstürmen, die St. Vincent 1898 und 1980

Links: Frauen verlesen Muskatnüsse per Hand auf der Dougaldston Spice Plantation, Grenada.

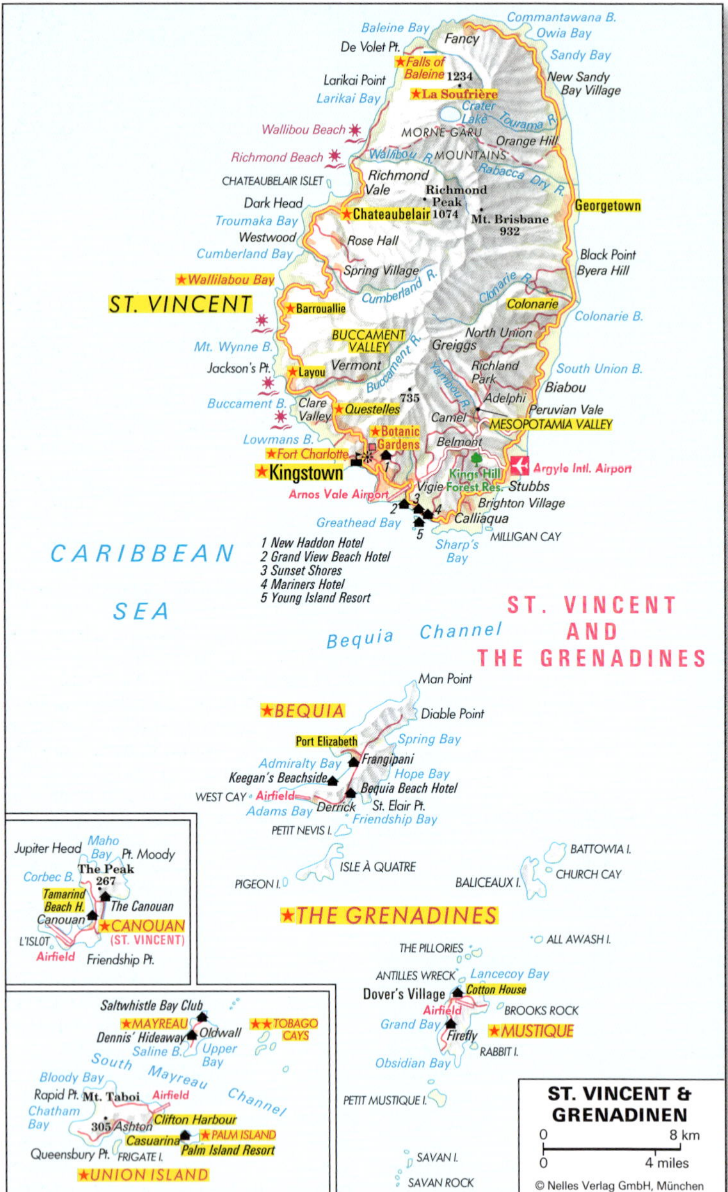
Commantawana B.
Owia Bay
Baleine Bay
Fancy
De Volet Pt.
★Falls of Baleine
1234
Sandy Bay
New Sandy Bay Village
Larikai Point
Larikai Bay
★La Soufrière
Crater Lake
Tourama R.
Wallibou Beach
MORNE GARU
Orange Hill
Richmond Beach
Wallibou R.
MOUNTAINS
Rabacca Dry R.
CHATEAUBELAIR ISLET
Richmond Vale
Richmond Peak
Dark Head
★Chateaubelair
1074
Mt. Brisbane
932
Georgetown
Troumaka Bay
Westwood
Rose Hall
Cumberland Bay
Black Point
Byera Hill
Spring Village
★Wallilabou Bay
Cumberland R.
Colonarie R.
ST. VINCENT
★Barrouallie
Colonarie
Colonarie B.
BUCCAMENT VALLEY
North Union
Mt. Wynne B.
Greiggs
Jackson's Pt.
★Layou
Vermont
Buccament R.
Richland Park
South Union B.
Yambou R.
Biabou
735
Adelphi
Buccament B.
Clare Valley
★Questelles
Camel
Peruvian Vale
MESOPOTAMIA VALLEY
Lowmans B.
★Botanic Gardens
Belmont
★Fort Charlotte
★Kingstown
1
Kings Hill Forest Res.
Argyle Intl. Airport
Arnos Vale Airport
Vigie
Stubbs
2
3
4
Brighton Village
Greathead Bay
Calliaqua
5
MILLIGAN CAY
Sharp's Bay
CARIBBEAN
SEA
1 New Haddon Hotel
2 Grand View Beach Hotel
3 Sunset Shores
4 Mariners Hotel
5 Young Island Resort
ST. VINCENT AND THE GRENADINES
Bequia Channel
Man Point
★BEQUIA
Diable Point
Port Elizabeth
Spring Bay
Admiralty Bay
Frangipani
Keegan's Beachside
Hope Bay
Bequia Beach Hotel
WEST CAY
Airfield
Adams Bay
Derrick
St. Elair Pt.
Friendship Bay
PETIT NEVIS I.
BATTOWIA I.
ISLE À QUATRE
CHURCH CAY
PIGEON I.
BALICEAUX I.
★THE GRENADINES
ALL AWASH I.
THE PILLORIES
ANTILLES WRECK
Lancecoy Bay
Dover's Village
Cotton House
Airfield
BROOKS ROCK
Grand Bay
★MUSTIQUE
Firefly
RABBIT I.
Obsidian Bay
PETIT MUSTIQUE I.
SAVAN I.
SAVAN ROCK
ST. VINCENT & GRENADINEN
0
8 km
0
4 miles
© Nelles Verlag GmbH, München
Jupiter Head
Maho Bay
Pt. Moody
Corbec B.
The Peak
267
Tamarind Beach H.
The Canouan
Canouan
★CANOUAN (ST. VINCENT)
L'ISLOT
Airfield
Friendship Pt.
Saltwhistle Bay Club
★MAYREAU
★★TOBAGO CAYS
Dennis' Hideaway
Oldwall
Saline B.
Upper Bay
South Mayreau Channel
Bloody Bay
Rapid Pt.
Mt. Taboi
Airfield
Chatham Bay
305
Ashton
Clifton Harbour
Casuarina
★PALM ISLAND
Palm Island Resort
Queensbury Pt.
FRIGATE I.
★UNION ISLAND

Foto: Volkmar E. Janicke

heimsuchten, waren ebenfalls viele Opfer und Sachschäden zu beklagen.

St. Vincent gilt als eine der britischsten Inseln der Karibik, doch sind Gesellschaft und Kultur auch stark mit afrikanischen, portugiesischen, indischen sowie modernen karibischen Elementen durchsetzt. In Kingstown und der östlich benachbarten Bucht liegen die meisten Hotels und Gästehäuser. Heute leben 110 000 Menschen auf St. Vincent.

★Kingstown

Die Hauptstadt **★Kingstown** (26 700 Ew.) liegt vor dem Hintergrund üppig grüner Hügel malerisch an der leicht abgeflachten Südwestküste. Im Hafen sorgen der geschäftige Fährbetrieb zwischen den Inseln und die kleinen Kreuzfahrtschiffe stets für Hochbetrieb. Für die Karibik ungewöhnliche Arkaden geben der Innenstadt ein altertümliches Flair, das sich auch in zahlreichen gut erhaltenen Bauten aus dem 18. und 19. Jh. widerspiegelt.

Oben: St. George's Cathedral und Mary's Church in Kingstown, St. Vincent.

Jeden Samstagmorgen findet an der **Bay Street** am Hafen ein farbenfroher Wochenmarkt statt. In Hafennähe erheben sich mehrere markante Bauwerke, beispielsweise die 1820 errichtete anglikanische **St. George's Cathedral** und ihr gegenüber die katholische **St. Mary's Church**, die 1823 erbaut wurde, das charakteristische, fantasievolle Stilgemisch ihrer Fassaden aber erst durch spätere Umbauten Ende des 19. Jh. und in den 40er Jahren des 20. Jh. erhielt.

Auf einem Hügel 200 m über der Stadt wurde 1806 **★Fort Charlotte** errichtet, von dem aus man einen herrlichen **Ausblick** auf die Stadt und die Grenadinen hat. In den ehemaligen Unterkünften der britischen Offiziere kann man in einer Gemäldegalerie die Geschichte der Black Caribs verfolgen.

Die **★Botanic Gardens** von St. Vincent gab es allerdings schon, bevor die mächtige Festung entstand. Im ältesten botanischen Garten der Karibik begann man bereits 1765, Heilpflanzen anzu-

Foto: Christian Heeb

bauen. In den Gartenanlagen befindet sich auch ein Papageienhaus mit seltenen Arten sowie das **National Museum** mit einer Sammlung von teilweise bis zu 6000 Jahre alten Gebrauchsgegenständen der Kariben.

Im Westen der Stadt liegt das **St. Vincent Craftsmen Centre** (Tel. 457-2516), das schönes Kunsthandwerk wie Holzschnitzereien, Stroh- und Batikarbeiten, Keramik und Schmuck verkauft. Ambitionierte Künstler stellen ihre Arbeiten im **Bounty Café** aus. Miniatur-Meisterwerke sind die wunderschönen Briefmarken, für die der kleine Inselstaat unter Philatelisten auf der ganzen Welt berühmt ist und die man in vielen Geschäften erwerben kann.

Inselrundfahrt

Eine Rundfahrt auf St. Vincent, dem seine üppig grüne Natur den poetischen Beinamen „Smaragdinsel" eintrug, bietet großartige Szenerien und eine Reihe von Sehenswürdigkeiten. Besonders schöne Strecken sind der **Queens Drive** (vom Arnos Vale Airport auf den Dorsetshire Hill) und der **Leeward Highway** (Westküste). An den Küsten der Vulkaninsel liegen freundliche kleine Orte, wo Fischfang und Bootsbau immer noch die wichtigsten Einnahmequellen darstellen.

Wenn St. Vincent auch nicht die charakteristischen Traumbadebuchten anderer Karibikinseln besitzt, so gibt es doch an der windgeschützten Westküste nördlich von Kingstown einige schöne dunkelsandige Strände bei **★Questelles**, **★Layou**, **★Barrouallie** und bei **★Chateaubelair**.

Layou ist auch durch seine einzigartigen **Felsgravuren** interessant, die aus dem 6. Jh. stammen. Auf dem so genannten Karibenstein ist z. B. ein dreieckiges menschliches Gesicht eingeritzt, in der Nähe von Barouaillie gibt es ein graviertes Gesicht, das von einem Strahlenkranz umgeben ist.

Östlich von Layou liegt das **Bucca-**

Oben: Auf dem Markt in Kingstown. Rechts: Beim Fischfang packen alle mit an.

» Karte S. 196, Info S. 208-209

Foto: Valentin (Viesti Associates)

ment Valley mitten in üppigem Regenwald. Es gilt als bestes Vogel-Beobachtungsgebiet der Insel. Auf St. Vincent ist man bemüht, seltene Vogelarten wie Waldsänger, Schwarze Falken, Kakaodrosseln, Haubenkolibris, Grünreiher und insbesondere den vom Aussterben bedrohten **St.-Vincent-Papagei** zu erhalten.

Exakt an St. Vincents ★**Walilabou Bay** fand Regisseur Gore Verbinski 2003 genau jene unverbaute und tief eingeschnittene Bucht, die er zuvor für die Dreharbeiten zu seiner Hollywood-Produktion *Fluch der Karibik* auf mehr als 20 Inseln vergeblich gesucht hatte. Kurzerhand entstand hier eine Nachbildung von Port Royal im 18. Jahrhundert, allerdings ungefähr 2000 km vom jamaikanischen Originalschauplatz entfernt.

Zu den fast 20 m hohen ★**Falls of Baleine** an der Nordküste kann man entweder wandern oder von Chateaubelair beziehungsweise vom Richmond Beach aus einen schönen Bootsausflug machen.

Wer den höchsten Berg der Insel, den Vulkan ★**Soufrière** (1234 m), besteigen will, braucht auf jeden Fall einen Führer. Die Tagestour führt vom Tal des **Rabacca Dry River** bei Georgetown im Nordosten der Insel in einem 5 km langen Anstieg bis zum Kraterrand hinauf. Von dort kann man dann auch auf einem 18 km langen Pfad zur Westküste nach Chateaubelair absteigen.

Nordöstlich von Kingstown erstreckt sich die fruchtbare Tallandschaft des **Mesopotamia Valley**, wo Brotfrucht, Kokosnüsse, Pfeilwurz, Baumwolle, Bananen und andere tropische Früchte angebaut werden.

In **Colonarie** an der Atlantikküste kann man eine **Pfeilwurz-Mühle** besichtigen, und im Tal des Rabacca Dry River bei **Georgetown** eine **Kokosnussplantage**, die mit 13 km^2 Fläche eine der größten der Welt ist.

Sport

Sportfischer können in den Gewässern vor St. Vincent Bonitos, Makrelen, Schnapper und andere Fische angeln, während ganz in der Nähe Segler und Surfer übers Wasser gleiten. Taucher können die 20-30 m tiefen Riffs, Felswände, Korallenbänke und Wracks erkunden. Das Reiten entlang von schwarzen Sandstränden, Wandern, Rad fahren und Tennis runden das Freizeitangebot ab. Für Golfer steht der **Aquaduct Golf Course**, ein 18-Loch-Platz, parat.

DIE ★GRENADINEN

Wenn es eine Gegend auf Erden gibt, die es verdient, als „tropisches Paradies" bezeichnet zu werden, dann sind es die **★Grenadinen**, die Inselträume von Karibikreisenden wahr werden lassen: klares türkisfarbenes Wasser, feinsandige weiße Strände, sich im warmen Wind wiegende Palmen, Urlaubsorte und Gasthäuser von lässiger Eleganz, geschmackvolle Unterhaltung und liebenswert gastfreundliche Menschen. Manche der über 100 Inseln der Grenadinen verfügen nur über ein einziges Hotel, auf anderen findet man nur einige einfache Pensionen, wieder andere haben überhaupt keine touristischen Einrichtungen oder sind völlig unbewohnt.

Die Grenadinen und die beiden größeren Inseln, die sie wie Klammern einfassen, liegen in einem der weltweit besten Segelreviere. Diese Gewässer sind ideal, um erste nautische Erfahrungen mit einer Charterjacht ohne Skipper zu wagen, denn sie sind ruhig und der Bootsverkehr besteht weitgehend aus Vergnügungsschiffen, kleinen Fischerbooten und Fähren, deren Kapitäne an frischgebackene Segler gewöhnt sind. Außerdem ist zur Beruhigung aller stets Land in Sicht.

Auch für andere Wassersportarten wie Schwimmen, Segeln, Fischen, Tauchen, Windsurfen und Schnorcheln sind die Bedingungen optimal, und so spielen diese im Angebot der führenden Ferienanlagen eine wichtige Rolle.

Sicher ist, dass die Grenadinen auf absehbare Zeit ruhige Oasen mit einem geringen Touristenaufkommen bleiben werden, da die Anreise – wenn man nicht Besitzer eines kleinen Privatflugzeugs ist – relativ beschwerlich ist. Der übliche Weg zu den St. Vincent-Grenadinen führt über eine Insel mit Großflughafen nach St. Vincent und von dort per Boot oder Fährschiff weiter. Doch die natürliche Schönheit der Inseln rechtfertigen alle eventuellen Mühen der Anreise.

Rechts: Reger Bootsverkehr zwischen den Inseln der Tobago Cays.

★BEQUIA

15 km südlich von St. Vincent liegt **★Bequia** (5000 Ew.), mit 18 km² Fläche eine der größten und gleichzeitig eine der bezauberndsten Inseln der Grenadinen. **Port Elizabeth** heißt der kleine Hauptort der Insel, dessen windgeschützter Hafen an der **Admiralty Bay** heute ein beliebter Treffpunkt für Segler und Jachtbesitzer ist. Bequia war im 19. Jh. das Zentrum des damals bedeutenden karibischen Walfangs, woran das **Whaling & Sailing Museum** in Port Elizabeth erinnert. Noch heute zählen Fischfang und Bootsbau zu den wichtigsten Erwerbszweigen.

Großartige, fast einsame Strände, kleine Hotels und Gästehäuser und das seltene Gefühl, ganz für sich zu sein – das sind die Pluspunkte dieser glücklichen kleinen Insel. Über Bequia wurde von allen Inseln der Grenadinen vielleicht am meisten geschrieben, denn sie war eine der ersten, auf der neben dem beschaulichen Karibik-Lebensstil westlicher Fortschritt und eine kleine Ausländer-Gemeinde Einzug hielt. Winzige Pensionen, Zwischenstationen für Segler, Tauch- und Schnorchelzentren und ein paar kuriose Kneipen – sie alle haben längst über die Inselgruppe hinaus eine gewisse Bekanntheit erlangt. Vom Massentourismus verschont, ist es heute noch so pittoresk wie eh und je.

 » Karte S. 196, Info S. 208-209

Foto: Christian Heeb

★CANOUAN

Wenn sich Ruhm und Bedeutung in der Karibik nur auf wunderschöne Strände gründen würden, wäre der Name der winzigen Insel ★**Canouan** (13 km^2, 2000 Einw.), die 40 km südlich von St. Vincent liegt, in aller Munde. Feinster Sand, von Riffen geschützte Buchten, reizvolle Bootsliegeplätze und das wunderbare **Tamarind Beach Hotel** – das ist Canouan.

★MAYREAU

Die 40 km von St. Vincent entfernte, winzige, nur von 300 Menschen bewohnte Insel ★**Mayreau** (4 km^2), zu der auch die Inselchen und Klippen der Tobago Cays gehören, ist ein Kleinod. Kreuzfahrtschiffe machen hier regelmäßig einen halben Tag Station. Mayreau ist ein möglicher Ausgangspunkt für Bootstörns zu den unbewohnten, traumhaften ★★**Tobago Cays** – „Postkarteninseln" mit kleinen Palmenstränden und großen Korallenriffen.

★MUSTIQUE

Prinzessin Margaret verbrachte auf der abgelegenen Insel ★**Mustique** (5,7 km^2, 500 Ew.) oft ihren Urlaub, und auch Prinzessin Diana war öfter mit ihren Söhnen hier, als diese noch klein waren. 28 km südlich von St. Vincent gelegen, ist Mustique die exklusivste und (deshalb) bekannteste Insel der Grenadinen. Man ist darauf bedacht, die Insel keinesfalls für ein breites Publikum zu öffnen – erheben sich doch allenthalben die prächtigen Villen der Reichen und Berühmten, die ihrerseits wieder Prominenz und Adel anlocken.

Ganz oben auf einem fast 200 m hohen Hügel liegt **The Cotton House**, die einzige Hotelanlage der Insel, die mit ihrer zwanglosen tropischen Eleganz und herrlicher Aussicht durchaus mit den zauberhaften privaten Villen mithalten kann. Die Anlage ist genau das Richtige für Leute, die sich auch jeden anderen Ort auf der Welt leisten könnten, doch ihren Urlaub nicht für viel Geld woanders verbringen würden.

» Karte S. 196, Info S. 208-209

Foto: Christian Heeb

★PALM ISLAND

Mehr als 8000 **Kokospalmen** säumen angeblich die makellosen schneeweißen **Strände** dieses 44 ha großen Stückchens vom Paradies, das nur so gerade eben aus der schimmernden Meeresoberfläche herauszuragen scheint. Der Strand von **Casuarina** an der Westküste gilt als der allerschönste dieses kleinen Grenadineneilands. Die vor der Palmenbepflanzung auch als *Prune Island* bekannte Insel ist heute eigentlich eine einzige luxuriöse Ferienanlage, mit dem **Palm Island Resort** und 22 privaten Ferienvillen.

★PETIT ST. VINCENT

Vor der nur 46 ha großen Hotel-Insel liegt eine idealtypische Miniinsel mit nur einer Palme. Die sportlich-elegante Atmosphäre und der hervorragende Service ziehen anspruchsvolle Gäste an, zu denen sich auch gerne wohlhabende Jachtbesitzer gesellen, die dann hier an der luftigen Bar einen Rum-Punch bestellen.

Oben: Wer es sich leisten kann, verziert sein Haus im Stil von Spitzendeckchen (Mustique, Grenadinen). Rechts: Am Strand von Palm Island, Grenadinen.

★UNION ISLAND

64 km südlich von St. Vincent liegt **★Union Island** (8 km^2), das vor allem wegen seiner idyllischen Berglandschaft „Tahiti der Karibik“ genannt wird. Der höchste Gipfel, der Mount Taboi, ist mit 305 m einer der höchsten der Grenadinen.

Die Strände sind herrlich, und der Hauptort **Clifton Harbour** ist ein beliebter Ankerplatz für Jachten. Union Island ist jedoch auch ein zentraler Umschlagplatz für aus Südamerika geschmuggelte Drogen auf dem Weg in die Vereinigten Staaten. Alleinreisende Frauen haben es hier nicht immer leicht, und die etwa 5000 Einheimischen auf Union Island sind deutlich weniger gastfreundlich als die auf den anderen Grenadinen-Inseln.

 » Karte S. 196, Info S. 208-209

Foto: Christian Heeb

GRENADA

★PETIT MARTINIQUE

Ein 220 m hoher Vulkan beherrscht die winzige Insel **★Petit Martinique**, die neben Carriacou im Süden des Kanals von Martinique liegt. Ihre etwa 900 meist französischstämmigen Einwohner sind größtenteils Matrosen und Schiffsbauer. Auf der nur 2,4 km^2 großen Insel gibt es zwar keine Hotels, doch von Grenada kann man einen lohnenden Tagesausflug hierher unternehmen.

★CARRIACOU

Selbst unter den idyllischen Grenadinen nimmt dieser stille Halbmond von windumspielten Hügeln und sandigen Buchten eine Sonderstellung ein. Rund 25 km von der Mutterinsel Grenada ist **★Carriacou** mit 34 km^2 und 6000 Einwohnern schon eine relativ große Grenadinen-Insel. Im Hauptort **Hillsborough** an der Westküste gibt es einen Markt, eine Post, ein Hospital, Verwaltungsgebäude und die **Carriacou Historical Society**, ein nettes kleines Museum. Die Bewohner der Insel, die früher für ihre Baumwollfelder bekannt war, fahren heute meist zur See. Die Bewohner von **Windward** an der Ostküste sind Nachfahren schottischer Einwanderer, die bis heute robuste Schoner aus Holz bauen. Nahe dem Dorf **Harvey Vale** an der Westküste liegt **★Tyrell Bay**, als fantastischer Naturhafen ein beliebter Ankerplatz. Im August findet hier die **Carriacou Regatta**, eine der schönsten Segelregatten der Karibik statt. Vor Carriacou lohnt **★★Sandy Island** eine Stippvisite, wegen der tollen Schnorchelgebiete und der malerischen Sonnenuntergänge hinter Palmen.

GRENADA

Das Südende des Grenadinenbogens markiert eine der idyllischsten Karibikinseln: Das 344 km^2 große Grenada verbindet die Atmosphäre einer Trauminsel mit dem pulsierenden Leben

Foto: Christian Heeb

einer Großstadt. Am **Carenage**-Pier im Hafen von ★**St. George's** legen Kreuzfahrtschiffe an, und auf dem Flughafen **Maurice Bishop International Airport** können große Jets landen. Auf Grenada leben rund 107 000 Menschen.

Als Kolumbus 1498 auf seiner dritten Reise hier vorbeikam, lebten noch Kariben auf der von ihnen *Camerhonge* genannten Insel. Im 18. Jh. wechselte Grenada zwischen Frankreich und Großbritannien hin und her. Die Franzosen änderten den Inselnamen von Kolumbus' Bezeichnung „Concepción" in *Grenade*. 1783 wurde daraus die britische Kolonie Grenada, die als „Gewürzinsel" für Zimt, Muskatnuss und Muskatblüte bekannt wurde. 1795 fand eine Sklavenrevolte statt, doch erst 1834 wurde die Sklaverei endgültig abgeschafft. 1877 erhielt die Insel den Status einer Kronkolonie und 1974 die Unabhängigkeit. Grenada und die Nachbarinseln Carriacou und Petit Martinique bilden seitdem einen demokratischen Staat innerhalb des Commonwealth. Durch einen unblutigen Putsch kam 1979 eine linke, kuba-freundliche Regierung unter M. Bishop an die Macht. Sie wurde nach der militärischen Intervention der USA 1983 durch ein konservatives, amerikafreundliches Regime abgelöst.

Oben: Mit Schwung eine Kokosnuss öffnen! Auf dem Gewürzmarkt beim Fort George (St. George's, Grenada).

Rund um die Gewürzinsel

Grenada ist eine bergige, tropisch grüne Insel, deren Hauptstadt ★**St. George's** (37 000 Ew.) dank all ihrer Gässchen und Sträßchen und den pastellfarbenen Häusern mit den roten Ziegeldächern sicher zu den malerischsten Hafenstädten der gesamten Karibik gehört.

Im Zentrum liegt die Bucht **Carenage**, über der das im 18. Jahrhundert auf einer Landzunge errichtete **Fort George** thront. Von dort hat man einen fantastischen Blick über den Hafen und die Stadt. Im nahegelegenen **National Museum** ist eine Anzahl interessanter Ausstellungsstücke der Siboney, der Arawaks, der Kariben sowie aus der Kolonialzeit zu sehen.

200 m nördlich von Fort George liegt der vielbesuchte ★**Marktplatz** an der **Granby Street**. In der **Yellow Poui Art Gallery** kann man Werke einheimischer Künstler bewundern. Schönes Kunsthandwerk gibt es auch bei der **Art Fabrik Batik Boutique** in der Young Street. Beliebt sind die hübschen Textilien, Muschelarbeiten und Strohwaren, vor allem aus Marquis an der Westküste.

Am nördlichen Stadtrand erstreckt sich der **Queen's Park**, in dem am Montag der zweiten Augustwoche der Hauptfestzug des sehenswerten **Grenada-Karnevals** stattfindet. *Jab jab molassi* heißt der Brauch, sich selbst und anderen schwarzes Fett ins Gesicht zu schmieren, um den Teufel darzustellen.

Eine **Inselrundfahrt** führt zu einsamen Buchten, fruchtbaren Tälern, idyllischen Wasserfällen und vorbei am

» Karte S. 205, Info S. 208-209

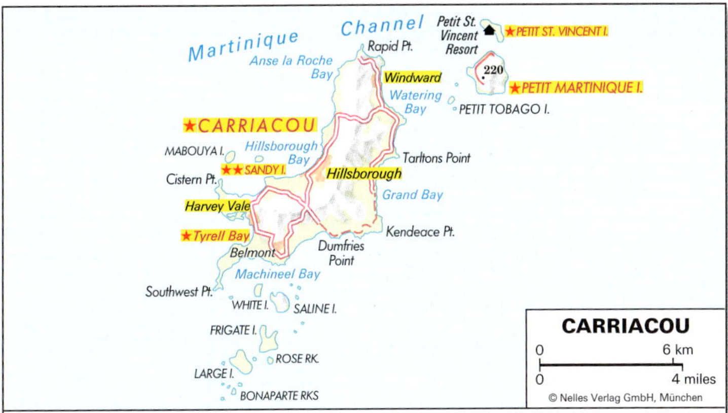
Martinique Channel
Petit St. Vincent Resort
PETIT ST. VINCENT I.
Rapid Pt.
Anse la Roche Bay
Windward
220
PETIT MARTINIQUE I.
Watering Bay
PETIT TOBAGO I.
CARRIACOU
MABOUYA I.
Hillsborough Bay
SANDY I.
Tarltons Point
Cistern Pt.
Hillsborough
Grand Bay
Harvey Vale
Tyrell Bay
Kendeace Pt.
Belmont
Dumfries Point
Machineel Bay
Southwest Pt.
WHITE I.
SALINE I.
FRIGATE I.
ROSE RK.
LARGE I.
BONAPARTE RKS
CARRIACOU
0 6 km
0 4 miles
© Nelles Verlag GmbH, München

DIAMOND I.
RHONDE ISLAND
LES TANTES
CARIBBEAN SEA
CAILLE I.
GRENADA
LONDON BRIDGE I.
Levera Beach
David Pt.
Sauteurs Bay
SUGAR LOAF
GREEN I.
Almost Paradise Cott.
Duquesne Bay
SANDY I.
Sauteurs
Rose Hill
Bathway Beach
Grenada Bay
St. Mark Bay
Union
St. Patrick R.
Morne Fendue Plant. House
GRENADA
Victoria
R. Sallee
High Cliff Pt.
Tufton Hall Falls
Lake Antoine
Maran Bay
La Poterie
Benago Beach
Mt. St. Catherine
Tivoli
Little River
Conference Bay
Gouyave
840
Simon R.
Moya
PEARLS ROCK
1 Roydons Apartments
2 Radisson Grenada Beach R.
3 Spice Island Beach Resort, Coyaba Beach Resort
4 The Flamboyant, Mount Cinnamon, Blue Horizons Garden Resort
5 Grenadian by Rex Resorts
6 Calabash
Gouyave Bay
Dougaldston Estate
Pearls Airport
Palmiste Pt.
Dunfermline
Great River Bay
Grand Roy Bay
Grand Roy
Bylands
Paradise
Concord Falls
Great R.
Telescope Pt.
Concord
Mt. Qua Qua
Beauregard
Grenville
Halifax Harbor
702
Grenville Bay
Grand Etang
Grand Etang
Birch Grove
Marquis
MARQUIS ISLAND
Underwater Sculpture Park
Beausejour R.
Forest Reserve
Munich
St. Andrews Bay
Molinière Pt.
Mt. Sinai
715
Beaulieu
703
St. Francis R.
Grand Mal Bay
Great Bacolet Bay
Pomme Rose
BACOLET I.
St. George's
Ravine
Mardigras
Fort George
St. David's
La Tante Bay
Carenage
Grande Anse Bay
Grand Anse
Bay Gardens
B. Bacolet
Requin Bay
Morne Rouge Bay
La Sagesse Nature Center
Magazine Beach
Ruth Howard
Calliste
Calivigny
St. David's Pt.
Sandals La Source
Pt. Salines
Westerhall Point
Grand Bay
M. Bishop Int'l. Airport
Chemin B.
HOG I.
Fort Jeudy
GLOVER I.
Prickly Pt.
CALIVIGNY I.
GRENADA
0 6 km
0 4 miles
© Nelles Verlag GmbH, München

Foto: Stormarn (Dreamstime)

höchsten Berg der Insel, dem Vulkan ★**Mount St. Catherine** (840 m). Guides aus **Victoria** können Wanderer zum hufeisenförmigen **Krater** und zum **Tufton Hall Waterfall** führen.

Am Stadtrand von St. George's bieten die ★**Bay Gardens**, ein hübscher botanischer Garten, einen Einblick in die Inselflora. Über den Nordosten der Hauptstadt kommt man zum **Grand Étang**, einem idyllischen Kratersee mitten im Nationalpark ★**Grand Étang Forest Reserve**. Dieser tropische Bergwald ist berühmt wegen seiner reichen Fauna und Flora; darüber hinaus leben dort neben heimischen Tieren auch Affen, Meerkatzen und Mungos, die vor über 300 Jahren aus Afrika auf die Insel gebracht wurden. Am Nordufer des 515 m hoch gelegenen Sees Grand Étang erhebt sich der ★**Mount Qua Qua**, mit 702 m nur einen Meter niedriger als der ★**Mount Sinai** im Süden des Tropenwalds. Baden kann man im **Naturpool** der ★**Concord Falls** beim Dorf Concord.

Oben: Kakaofrucht und Muskatnüsse arrangiert auf einer Gewürzplantage Grenadas. Rechts: Schwimmen im eigenen Pool, die Morne Rouge Bay im Blick (Maca Bana Villas, Grenada).

Im **La Sagesse Nature Center** gibt es 45 Schmetterlingsarten; 86 Vogelarten sind an der **Levera Bay** im Norden heimisch. Ganz in der Nähe liegt die Ortschaft **Sauteurs** mit dem **Caribs Leap**, der Klippe, von der sich die letzten Indianer auf der Flucht vor den Franzosen ins Meer gestürzt haben sollen.

Lohnend ist der Besuch einer historischen Gewürzfarm wie **Dougaldston Estate** bei Gouyave, in der es nach Muskatnuss duftet.

Strände

Ein karibischer Bilderbuchstrand und der schönste der 45 Strände Grenadas ist die ★★**Grande Anse Bay** südlich von St. George's. Selbst die Hotels trüben diesen Eindruck nicht, da hier kein Gebäude höher als eine Kokospalme sein darf. Auch Nicht-Gäste können die Badeeinrichtungen der Ferienanlagen

» Karte S. 205, Info S. 208-209

Foto: Christian Heeb

gegen Gebühr benutzen. Die nahe der Hauptstadt gelegenen Strände ★**Musquetta Beach** und ★**Horseshoe Bay** sind nicht ganz so stark besucht. Der zauberhafte ★**Levera Beach** an der Nordwestspitze Grenadas ist oft auch menschenleer. Lohnend ist der **Magazine Beach** an der Südspitze, bei Point Salines.

Sport

Grenada bezeichnet sich als „Tor zu den Grenadinen" und ist eine Zwischenstation für Segler. Es gibt gute Schnorchel- und Tauchgründe wie **Boss Reef**, **Spice Island Reef** – und **Molinère Reef**: In der Molinère Beauséjour Marine Protected Area vor St. George's hat der britische Künstler Jason de Caires Taylor in 2-7 m Tiefe zur künstlichen Korallenriffbildung den originellen ★**Underwater Sculpture Park** geschaffen – darin u. a. die *Couchkartoffel* (mit Burger vor dem TV,) *Vicissitudes* (ein Ring aus 26 Kinderfiguren), der *Lost Correspondent* an seinem Schreibtisch und *Christ of the Deep*. Weiter draußen liegt in 24 m Tiefe das als künstliches Riff versenkte Wrack der *Buccaneer*.

Kulinarische Spezialitäten

Die bunten Märkte von **St. George's** und ★**Grenville** sind ideal, um karibischen Alltag und die Spezialitäten der Insel kennen zu lernen. Auf der Insel wachsen 28 verschiedene Früchte und ein Dutzend Gewürze. Vor Grenada kann man 22 Fischarten angeln. Fisch-Eintopf, Curry-Huhn, *lambi* (Meeresschnecken), *totou* (Gürteltier) und gegrillte Ziege sind hier Spezialitäten. Ein Gericht mit dem Namen *oil down* wird aus Brotfrucht und gesalzenem, in Kokosmilch gedämpftem Schweinefleisch zubereitet. Gern weist man darauf hin, dass Captain Bligh mit seiner Bounty zwar den ersten Brotfruchtbaum nach St. Vincent, aber auch nach Grenada einen brachte. Der Rum der Insel ist berühmt; seine Produzenten **Grenada Distillers** und, besonders traditionell, **River Antoine** sind zu besichtigen.

» Karte S. 205, Info S. 208-209

ST. VINCENT UND DIE GRENADINEN, GRENADA

Grenadas **Point Salines International Airport** wird von British Airways, Golden Caribbean, Monarch Airlines und Virgin Atlantic jeweils von London aus angeflogen. LIAT fliegt St. Vincent via Barbados an. Die Flugrouten zwischen den Inseln werden von LIAT, Mustique Airways (Tel. 458-4380, Fax 456-4561, http://mustique.com) und Air Martinique bedient.

Fähren von Kingstown und St. George's laufen regelmäßig die meisten bewohnten Inseln an. Auf den größeren Inseln verkehren Taxis und lokale Agenturen bieten Mietwagen an. Vorsicht: Linksverkehr!

FORMALITÄTEN / WÄHRUNG: Der **Eastern Caribbean Dollar** (EC$) ist die Währung von St. Vincent und den Grenadinen sowie Grenada. Der Kurs des Euro liegt bei etwa 3 EC$.

Zur Einreise benötigt man einen gültigen Reisepass sowie ein Ticket zur Rück- bzw. Weiterreise.

Auf **St. Vincent** ist **Karneval** in der letzten Juni- und ersten Juliwoche, eine 10-Tage-Festival mit Calypso, Straßentänzen, Steel Bands und Kostümparaden, *Vincy Mas* genannt. Auf **Grenada** ist **Carnival** mitten im August. Der **Mardi Gras** von **Carriacou** hat seinen Höhepunkt am Faschingsdienstag mit einem Umzug kostümierter Pierrots, die Shakespeare rezitieren. Ende Juni wird in Gouyave, Grenada, beim **Fisherman's Birthday** die Fischfangflotte gesegnet und eine Straßenkirmes abgehalten. Bei der **Carriacou Regatta** Mitte August finden Jacht- und Bootsrennen mit Big-Drum-Umzügen und Tänzen statt.

Offizielle Feiertage: Neujahrstag, *St. Vincent and the Grenadines Discovery Day* (22. Jan.), *Grenada Independence Day* (7. Feb.), Karfreitag, Ostersonntag und -montag, *Labor Day* (1.Mai), Pfingsten, *Emancipation Day* (St. Vincent, 1. Mo im Aug.), Erntedankfest (Grenada, 25. Okt.), *St. Vincent Independence Day* (27. Okt.), 1. und 2. Weihnachtstag.

Über Archäologie und Lokalgeschichte informieren ein Museum im **Botanischen Garten** von Kingstown, St. Vincent; das **National Museum** in St. George's, Grenada (Mo-Fr 9-16.30, Sa 10-13 Uhr) und das kleine **Carriacou Historical Society Museum**, Hillsborough.

ST. VINCENT (☎ 001 784)

„SVGTA" – St. Vincent and the Grenadines Tourism Authority, 2nd Floor, N.I.S. Building, Upper Bay Street, Tel. 456-6222, www.tourism.gov.vc/tourism.

Rooftop Restaurant & Bar, kreolische Küche in einem ehemaligen Lagerhaus aus dem 19. Jh., freitags spielt eine Steel Band ab 18 Uhr; Upper Bay St., Kingston, Tel. 456-1937 u. 457-2845, www.thecobblestoneinn.com.

Flow Wine Bar, Steaks, Sandwiches, Salate, Huhn- und Fischgerichte, Bier vom Fass und Wein, Mo-Do 11-22, Fr 11-12 und Sa 18-24 Uhr, James Street, Allen Building, Kingstown, Tel. 457-0809; www.flowwinebar.com.

Rainbow Palace, authentische westindische Küche wie Chicken-Roti, Mo-Fr 8-16.30 Uhr, Sa 8-14 Uhr, Grenville Street, Kingstown, Tel. 456-1763.

Grand View Grill, am Strand beim gleichnamigen Hotel; herrlicher Blick auf Rock Fort, Balliceaux und auf die Bettowia Inseln, kreolische Küche, Windward Highway, Villa Point, Arnos Vale, Tel. 457-5487; http://grandviewhotel.com.

The French Verandah, französisch und kreolisch angehauchte Speisekarte, überdachte Terrasse, direkt am Meer gelegen, Reservieren ist hier unumgänglich, im Mariners Hotel; Villa Beach, Tel. 457-4000.

GRENADINEN (☎ 001 784)

„SVGTA" – St. Vincent and the Grenadines Tourism Authority, siehe St. Vincent.

Frangipani, seit mehr als 50 Jahren Treffpunkt vieler „Yachties", Sept. geschl.; Port Elizabeth, Bequia, Tel. 458-3255, www.frangipanibequia. com.

Basil's Bar ist eine legendäre Jet Set-Location auf Mustique. Tel. 456-4777; www.basilsbar.com.

Sparrow's Beach Club, Restaurant mit karibischer und internationaler Küche, direkt am Strand, teuer; Big Sand, Clifton, Union Island, Tel. 458-8195.

Bellini's, romantisches Terrassen-Restaurant

im Canouan Resort, Crossover europäischer und karibischer Küche; The Canouan Resort, Canouan Island, Tel. 458-8000, www.canouan.com.

GRENADA (☎ 001 473)

Grenada Board of Tourism, Schenkendorfstr. 1, 65187 Wiesbaden, Tel. 0611/267 67 20, Fax 267 67 60, grenada@discover-fra.com, www.grenadagrenadines.com.

Das **Schnellboot** Osprey Express verbindet Grenada, Carriacou und Petit Martinique in nur 90 Minuten (tgl. 9 Uhr ab Grenada), Tel. 440-8126, www.ospreylines.com.

FORMALITÄTEN: Die **Ausreisegebühr** beträgt 50 EC$ für Erwachsene und 25 EC$ für Kinder; sie ist oft bereits im Ticketpreis enthalten.

La Belle Creole, die beste Adresse für wahre Kenner der westindischen Küche, schöner Blick auf St. George, teuer, im Blue Horizons Garden Resort; Grande Anse, Tel. 444-4316, www.grenadabluehorizons.com/restaurant.htm.
Rhodes, chic und stylish, aber recht teuer, Meeresfrüchte, im Calabash Hotel; L'Anse aux Epines, Tel. 444-4334, www.calabashhotel.com.
Nutmeg, Restaurant, Bar, Terrasse mit Blick auf den Hafen, Fisch und Meeresfrüchte wie z. B. „Lambi", Mo-Sa 9-23 Uhr; The Carenage, St. George's, Tel. 440-2539.
Morne Fendue Plantation House, Ausgezeichnete grenadinische Kost in der angenehmen Umgebung eines ehemaligen Privathauses, nur Dinner, Reservierung unerlässlich; Morne Fendue, St. Andrew, südlich von Sauteur, Tel. 442-9330, www.mornefendueplantation.com.
La Sagesse, das Restaurant liegt an einem von Palmen gesäumten Strand und wurde bereits vor 14 Jahren eröffnet, seither hat Küchenchefin Cecilia eine wachsende europäische „Fangemeinde", die alle Jahre wieder anreist, Hausspezialitäten sind u. a. Hummer, Muscheln, Hühnchen, „Grenadine Oil Town" sowie Mousse au Chocolat, auch vegetarische Gerichte werden auf Wunsch zubereitet, 8-22 Uhr; Tel. 444-6458, www.lasagesse. com.
The Lightship, eines der führenden Restaurants auf Grenada, Do/Fr Live-Musik; Petit Calivigny Bay, St. George, Tel. 444-2400, www.lepharebleu.com/lighthouse.
Ramen Hut, preiswerte asiatische Alternative, schmackhafte Rindfleisch-Suppen und Hühner-Grillgerichte, Thai Curry und koreanisches Kimchi; nahe der St. George's University, True Blue Road, St. George, Grenada, Tel. 423-4444; www.facebook.com/ramenhut.

Fantazia 2001 Disco, voll v. a. Freitag- und Samstag, geöffnet ab 21.30 Uhr b is morgens; u. a. Soca, Reggae und Cadence, am Samstag häufig Live-Shows; am Morne Rouge Beach, Tel. 444-2288, www.fantazia2001niteclub.com.
Dodgy Dock, Cocktailbar des True Blue Bay Resorts, der schönste Platz, um beim Sundowner den Sonnenuntergang über dem Meer zu beobachten, Di/Mi/Fr/Sa Live-Musik, Tel. 443-8783, www.truebluebay.com/dodgy-dock-restaurant.

CARRIACOU (☎ 001 473)

Bogles Round House, die vielfach ausgezeichnete Küchenchefin Roxanne Rock steht für innovative karibische Küche und klassische europäische Gerichte gleichermaßen, So. geschl.; auch in der Nebensaison besser reservieren; Bogles, Carriacou, Tel. 443-7841; www.boglesroundhouse.com/food.
Off The Hook Bar & Grill, ein bei Yachties sehr beliebtes Restaurant mit fünf Moorings und Blick auf Sandy Island, sowohl per Boot, also auch per Maxitaxi von Hillsborough aus Richtung Tyrrel Bay zu erreichen, herrlicher Strand, schmackhaftes Essen (Meeresfrüchte), üppig Rum-Punsch, gute Musik, schnelles Internet und an den Wochenenden Grill-Partysh L'Esterre Bay, Carriacou, Tel. 533-5242.
Callaloo, ein kreolisches Strandrestaurant mit typischen Meeresfrüchtegerichten und Bar; Frühstück, Mittagstisch und Diner; Main Street, im kürzlich renovierten Mermaid Beach Hotel, Hillsborough, Carriacou, Tel. 443-8004; www.mermaidhotelcarriacou.com.
Kayak Kafe & Juice Bar, kleine Terrasse mit Panoramablick auf die Bucht vor Hillsborough; tgl. Frühstück und Mittagessen, Do-Sa auch Dinner schmackhafte kreolische Küche und frische Smoothies; Main Street, Hillsborough, Grenada, Tel. 406-2151.

Pigeon Point – der Traumstrand von Tobago

Foto: Christian Heeb

CALYPSO, CARNIVAL UND LIMIN'

TRINIDAD
TOBAGO
ISLA MARGARITA

TRINIDAD UND TOBAGO

Die beiden Inseln **Trinidad und Tobago** bilden zusammen „TNT", den südlichsten Staat der Karibik; Trinidad liegt nur 13 km vor Venezuela.

Die Bevölkerung (1,36 Mio.) des größeren Trinidad (4825 km²) hat sich zu einer urbanen Industriegesellschaft entwickelt, in der neben vielen Indischstämmigen die verschiedensten Ethnien vertreten sind. Das kleine Tobago (303 km²) hingegen mit seinen dunkelhäutigeren Menschen ist eine ruhige, ländliche, zum Meer orientierte Insel. Nach Trinidad fährt man, um Geschäfte zu machen, dessen einzigartige ethnische Mischung oder den farbenprächtigen Karneval zu erleben; nach Tobago reist man wegen Sonne und Strand.

Als Kolumbus die Inseln 1498 entdeckte, ging er an der Südküste von Trinidad an Land, nahe dem heutigen Moruga. Damals lebten auf der Insel Arawak-Indianer. 1530 gründeten die Spanier *José de Oruna*, das heutige St. Joseph, als Zwischenstation für die Abenteurer, die in Südamerika das sagenhafte Goldland El Dorado suchten. Als Walter Raleigh 1595 nach José de Oruna kam, brannte er die spanische Kolonie nieder. Die Spanier bauten den Ort zwar wieder auf, doch als von den Europäern eingeschleppte Pocken viele Opfer unter der indianischen Bevölkerung der Umgebung forderte, errichteten sie an der Nordwestküste Port of Spain als neue Hauptstadt.

Links: Horres Julyen aus Tobago mit einer durch Schnitzereien verzierten Kokosnuss.

Als Landzuteilungen für nicht-spanische Katholiken erlaubt wurden, wanderten Franzosen, die vor der Revolution geflohen waren, sowie Holländer und Letten ein. Die Inseln waren ein Zankapfel zwischen Spanien, Großbritannien, Frankreich und den Niederlanden, bis 1797 Ralph Abercromby Trinidad für England eroberte. Anfang des 19. Jh. erwarben die Briten Tobago, das sie jedoch erst 1889 mit Trinidad zu einer Kolonie zusammenschlossen. Seit Beginn des 17. Jh. wurden afrikanische Sklaven zur Plantagenarbeit herangezogen, doch erst im 18. Jh. erreichte der Sklavenhandel seinen Höhepunkt. Nachdem 1834 die Sklaverei abgeschafft worden war, warb man als Arbeitskräfte Einwanderer aus aller Welt an. Vor allem aus Indien kamen zahlreiche Kontraktarbeiter – Hindus und Muslime –, die sich später auf Trinidad ansiedelten; sogar eine Einwanderungswelle freier Afrikaner gab es.

Tobago, dessen Name vom *tobacco* (Tabak) stammen soll, den die indianischen Ureinwohner anbauten, ging nach vielen Kämpfen 1803 endgültig

» Karte S. 214-215, Info S. 223

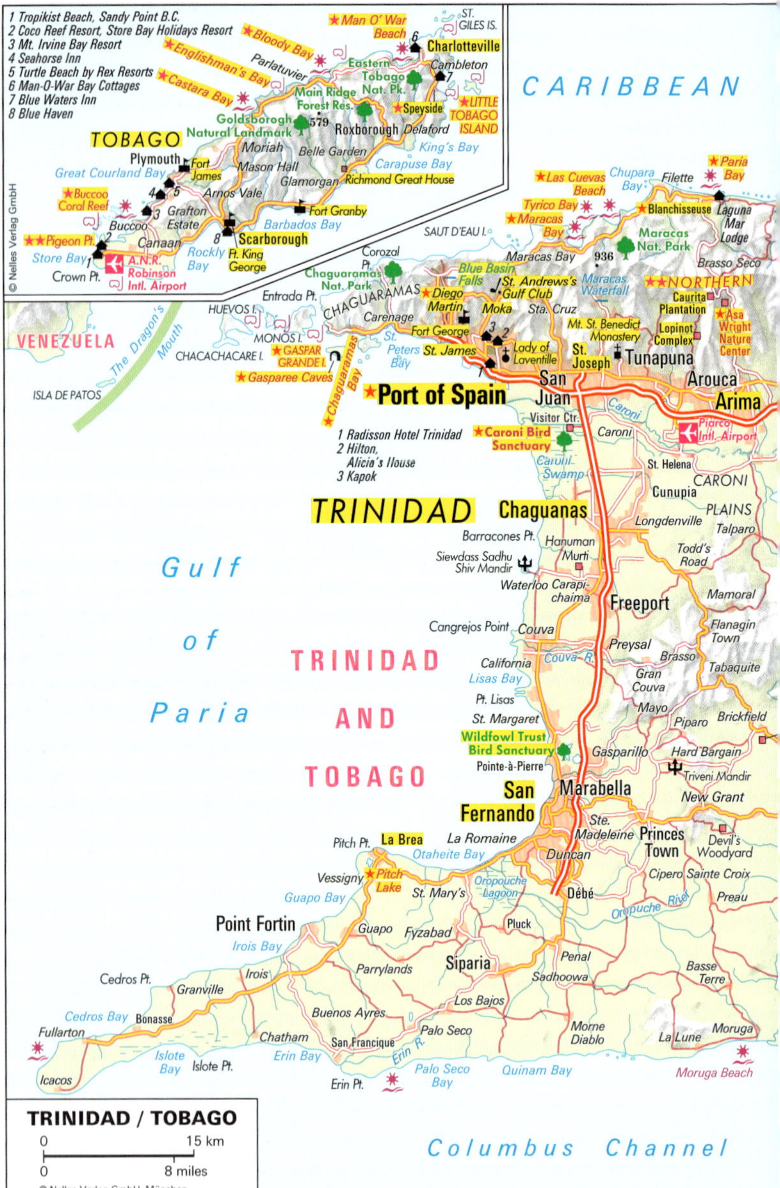
1 Tropikist Beach, Sandy Point B.C.
2 Coco Reef Resort, Store Bay Holidays Resort
3 Mt. Irvine Bay Resort
4 Seahorse Inn
5 Turtle Beach by Rex Resorts
6 Man-O-War Bay Cottages
7 Blue Waters Inn
8 Blue Haven
★Man O' War Beach
ST. GILES IS.
Charlotteville
★Bloody Bay
★Englishman's Bay
★Castara Bay
Parlatuvier
Eastern Tobago Nat. Pk.
Cambleton
Main Ridge Forest Res.
★Speyside
★LITTLE TOBAGO ISLAND
Goldsborough
Natural Landmark
579
Roxborough
Delaford
TOBAGO
Moriah
Belle Garden
King's Bay
Plymouth
Fort James
Mason Hall
Carapuse Bay
Great Courland Bay
Glamorgan
Richmond Great House
★Buccoo Coral Reef
Arnos Vale
Grafton Estate
Fort Granby
Buccoo
Barbados Bay
★★Pigeon Pt.
Canaan
Scarborough
Store Bay
Rockly Bay
Ft. King George
Crown Pt.
A.N.R. Robinson Intl. Airport
© Nelles Verlag GmbH
CARIBBEAN
★Paria Bay
★Las Cuevas Beach
Chupara Bay
Filette
Tyrico Bay
★Maracas Bay
★Blanchisseuse
Laguna Mar Lodge
SAUT D'EAU I.
Maracas Nat. Park
Corozal Pt.
Maracas Bay
936
Brasso Seco
Chaguaramas Nat. Park
Blue Basin Falls
St. Andrews's Gulf Club
Maracas Waterfall
★★NORTHERN
Entrada Pt.
CHAGUARAMAS
★Diego Martin
Moka
Sta. Cruz
Caurita Plantation
★Asa Wright Nature Center
HUEVOS I.
Carenage
Mt. St. Benedict Monastery
Lopinot Complex
VENEZUELA
The Dragon's Mouth
MONOS I.
Fort George
CHACACHACARE I.
★GASPAR GRANDE I.
St. Peters Bay
St. James
Lady of Laventille
St. Joseph
Tunapuna
★Gasparee Caves
Chaguaramas Bay
San Juan
Arouca
ISLA DE PATOS
★Port of Spain
Arima
Caroni
Visitor Ctr.
Piarco Intl. Airport
1 Radisson Hotel Trinidad
2 Hilton, Alicia's House
3 Kapok
★Caroni Bird Sanctuary
Caroni
Caroni Swamp
St. Helena
CARONI
Cunupia
TRINIDAD
Chaguanas
PLAINS
Longdenville
Talparo
Barracones Pt.
Hanuman Murti
Todd's Road
Siewdass Sadhu Shiv Mandir
Gulf
Waterloo
Carapichaima
Freeport
Mamoral
Cangrejos Point
Couva
Flanagin Town
of
Preysal
TRINIDAD
California
Couva R.
Brasso
Tabaquite
Lisas Bay
Gran Couva
Pt. Lisas
Mayo
Paria
AND
St. Margaret
Piparo
Brickfield
Wildfowl Trust Bird Sanctuary
Gasparillo
Hard Bargain
Pointe-à-Pierre
Triveni Mandir
TOBAGO
San Fernando
Marabella
New Grant
Ste. Madeleine
Princes Town
Devil's Woodyard
Pitch Pt.
La Brea
La Romaine
Otaheite Bay
Duncan
Vessigny
★Pitch Lake
Oropouche Lagoon
Cipero
Sainte Croix
St. Mary's
Débé
Guapo Bay
Oropuche River
Preau
Point Fortin
Guapo
Fyzabad
Pluck
Irois Bay
Siparia
Penal
Cedros Pt.
Irois
Parrylands
Sadhoowa
Basse Terre
Granville
Los Bajos
Cedros Bay
Bonasse
Buenos Ayres
Fullarton
Chatham
San Francique
Palo Seco
Morne Diablo
La Lune
Moruga
Erin R.
Icacos
Islote Bay
Islote Pt.
Erin Bay
Erin Pt.
Palo Seco Bay
Quinam Bay
Moruga Beach
TRINIDAD / TOBAGO
0
15 km
0
8 miles
© Nelles Verlag GmbH, München
Columbus Channel

in britischen Besitz über. Im Jahr 1962 wurde „Trinidad und Tobago" ein unabhängiger Staat, 1976 eine präsidiale Republik im Commonwealth. Im Juli 1990 scheiterte ein bewaffneter Putschversuch überwiegend afro-trinidadischer Muslime.

Die Wirtschaft des Inselstaats, der zu den wohlhabendsten der Karibik zählt, stützt sich zwar auch auf Agrargüter wie Zucker, Kaffee, Kakao, Zitrusfrüchte und Tabak. Doch seinen Reichtum verdankt er Bodenschätzen wie Erdöl und Erdgas, Asphalt, Lignit, Kohle, Gips, Kalkstein, Sand, Kies, Eisenerz, Flussspat. Der wichtigste Wirtschaftsfaktor sind die Ölraffinerien von Pointe-à-Pierre und Point Fortin. Eisen und Stahl spielen ebenfalls eine nicht unbedeutende Rolle. Trinidad ist eine der wenigen Inseln, wo der Tourismus nur ökonomische Zugabe und nicht Haupteinkommensquelle ist.

Mit über 400 Vogelarten sind die beiden Inseln ein Paradies für Ornithologen. Auf Tobago sind 13 Arten heimisch, die es auf Trinidad nicht gibt. Viele der Vögel sind eher südamerikanischen als karibischen Spezies zuzurechnen. Um den Lebensraum von Tieren und Pflanzen zu erhalten, wurden Nationalparks, Naturschutzgebiete und Reservate geschaffen. Die Nationalpflanze von Trinidad & Tobago ist der Weihnachtsstern (*Chaconia*), doch auch zahlreiche andere Blütenbäume und tropische Blumen gedeihen hier.

TRINIDAD

★Port of Spain

Die Hauptstadt ★**Port of Spain**, mit knapp 37 100 Einwohnern drittgrößte Stadt der Inselrepublik (265 000 Ew. in der Metropolregion), liegt am **Golf von Paria** im Nordwesten Trinidads. Das Stadtzentrum mit seinem rechtwinkeligen Straßennetz zwischen dem Hafen und der „grünen Lunge" Queen's Park Savannah kann man zu Fuß erkunden

» Karte S. 214-215, Info S. 223

Foto: Robert Lerich (iStockphoto)

– wegen der bedenklichen Sicherheitslage (Drogen- und Bandenkriminalität) besser nur tagsüber und in einer Gruppe. Der Stadtbummel führt über die **Frederick Street**, eine der Hauptgeschäftsstraßen von Port of Spain, die in Hafennähe am **South Quay** beginnt. Dort erhebt sich das 1785 zum Schutz des Hafens erbaute **Fort San Andres**, das heute verschiedene Behörden beherbergt. Die erste große Querstraße nördlich, die eher den Namen Boulevard verdienen würde, ist der **Independance Square** mit zahlreichen Geschäften und dem neugotischen Bau der katholischen **Kathedrale der Unbefleckten Empfängnis** (Cathedral of the Immaculate Conception), die 1832 fertiggestellt wurde. Parallel dazu verläuft die betriebsame **Queen Street**, an deren Ostende die **Jama Masjid**, die große Freitagsmoschee von Trinidad, mit ihren zierlichen Minaretten aufragt.

Oben: Der Präsidentenpalast und Queen's Park Savannah, Port of Spain, Trinidad. Rechts: Trommler bei einem Umzug in Port of Spain.

Etwas weiter nördlich ist die winzige grüne Oase des ★**Woodford Square** mit der anglikanischen **Dreifaltigkeits-Kathedrale** zu finden, die um 1823 im neugotischen Stil errichtet wurde. Die Westseite des kleinen Parks nimmt das ★**Red House** ein, das 1907 im Stil eines klassischen Renaissance-Palastes erbaute ziegelrote Parlamentsgebäude.

Folgt man der Frederick Street weiter nach Norden, kommt man zum **National Museum** mit Exponaten zur Kunst, Geschichte, Archäologie und Geologie der Insel und mit prunkvollen Karnevalskostümen. Daneben liegt die große Grünfläche **Queen's Park Savannah**, wo es neben zahlreichen Spiel- und Sportplätzen eine Pferderennbahn gibt. Westlich der Savannah liegen schöne ★**Viktorianische Villen**, und im Norden schließt sich der 1820 angepflanzten **Botanische Garten** an, der heute für seine tropischen und subtropischen Pflanzen aus Südamerika und Südostasien bekannt ist. Im benachbarten **Emperor Valley Zoo** werden Tiere gehalten, die in Trinidad heimisch sind.

» Karte S. 214-215, Info S. 223

Herrliche Ausblicke auf Port of Spain hat man von den grünen Hügeln des Hinterlandes. Sehr beliebt und zudem leicht erreichbar ist der 200 m hoch gelegene Aussichtspunkt an der **Lady Chancellor Road**. Im Nordwesten thront das 1804 erbaute englische **Fort George** fast 500 m hoch über der Stadt; an klaren Tagen kann man die Berge Venezuelas sehen. Auch vom Turm der Kirche **Our Lady of Laventille** bietet sich ein spektakulärer Rundblick, doch muss man dafür von der Hauptstraße bergauf wandern. Ein lohnender Umweg führt zu den **Blue Basin Falls**, den Wasserfällen im reizvollen ★**Diego Martin Valley**. Vom oberen Wasserfall führt ein steiler Pfad zu einem kühlen Becken, in dem man baden kann.

Samstag abends gehen die „Trinis" gern ins Stadtviertel **St. James** zum *limin'* (zwanglosem Beisammensein mit einem „Carib"-Bier in der Hand), oder nach Woodbrook zur Bar **Smokey & Bunty** (Ariapita Ave.). Die an sich nicht besonders attraktiven Stadtstrände westlich von Port of Spain sind an Wochenenden Schauplatz eines fröhlichen Treibens. Gutbetuchtes Jachtpublikum hingegen trifft sich im edlen **Lighthouse Restaurant** an der ★**Chaguaramas Bay**. Von hier starten auch Ausflugsboote zur Insel ★**Gaspar Grande** mit der geheimnisvollen Tropfsteinhöhle ★**Gasparee Caves**, die einst Piraten als Schatzhöhle gedient haben soll.

Trinidad ist nicht gerade als Badeinsel bekannt; wer von Port of Spain zu guten Stränden mit klarem Wasser strebt, fährt über die Northern Range zur Nordküste (s. u.). Taucher schätzen die **Bocas** vor der Nordwestspitze der Insel, wo jedoch die Strömung stark ist.

Rundfahrten und Ausflüge

Port of Spain ist ein guter Ausgangspunkt für Ausflüge in die vielfältige Tropenlandschaft der ★★**Northern Range**, die sich über den gesamten Norden Trinidads zieht. Eine schöne Route führt

Foto: MaestroBooks (iStockphoto)

zunächst nach **St. Joseph**, der ehemaligen Hauptstadt Trinidads. Sehenswert ist dort die im indo-arabischen Stil erbaute **Jinnah Masjid Moschee**, die an Muhammad Ali Jinnah erinnert, den indischen Moslemführer und Gründer Pakistans. Auf einem kleinen Hügel außerhalb der Stadt liegt das **Mount St. Benedict Monastery**, ein stilles, abgeschiedenes Kloster (nachmittags findet hier eine beliebte Tee-Zeremonie statt). Ein Ausflugsziel der Trinidader ist der **Lopinot Historical Complex** weiter östlich. Das ehemalige Landgut, zu dem ein kleines **Museum** gehört, hieß früher **La Reconnaissance** und war im Besitz des französischen Offiziers Charles Joseph Compte de Lopinot, der vor der Revolution hierher geflohen war. Unweit davon liegt die **Caurita Plantation**, ein 1,6 km^2 großes Tierreservat, das man mit einem ortskundigen Führer durchwandern kann.

Bei **Arima** zweigt nach Norden eine Straße ab zum Vogelschutzgebiet ★**Asa Wright Nature Center** im Spring Hills Estate, wo man **Kolibris** beobachten

Foto: danricha·ds_uk (iStockphoto)

Foto: Berthold Schwarz

und auch übernachten kann. Das Center unterhält in der **Dunston Cave** die einzige Zuchtkolonie der Welt für den Nachtvogel Guacharo. Im Bergland der **Aripa Range** leben über 70 Vogelarten, darunter auch die gelbfüßige Drossel, die am ehesten in Höhenlagen über 700 m zu finden ist.

In ★**Blanchisseuse** an der ★**Paria Bay** erreicht man die Nordküste, wo man unbedingt einen Halt bei den **Paria Falls** machen sollte. Weiter westlich liegen die reizvollen Sandstrände der Badebuchten ★**Maracas Bay**, **Tyrico Bay** und ★**Las Cuevas Beach**. Die Nordküste bietet auch die besten Surfmöglichkeiten der Insel.

Der Rückweg nach Port of Spain führt durch zauberhafte, sehr fruchtbare Täler. In **Moka**, im nördlichen **Maraval Valley**, befindet sich der älteste Golfklub Trinidads, der **St. Andrew's Golf Club** mit seinem 18-Loch-Platz.

Bei einer Fahrt in den Süden der Insel bietet sich als erstes Ziel das 60 km² große Vogelschutzgebiet ★**Caroni Bird Sanctuary** an, wo Silberreiher, Regenpfeifer und der ★**Scharlachsichler**, der Wappenvogel Trinidads heimisch ist. Auf einer **Bootstour** kann man ins Innere des **Caroni-Mangrovensumpfes** vordringen, wo man die leuchtendroten Vögel – besonders in der Abenddämmerung – gut beobachten kann. Um die Mangrovenäste ringeln sich gelegentlich Schlangen wie die Grüne Hundskopfboa.

Überwiegend Nachfahren indischer Einwanderer leben in **Chaguanas** (85 000 Ew.), wo der berühmte Schriftsteller und Literaturnobelpreisträger V. S. Naipaul 1932 geboren wurde.

Dass das gesamte Gebiet südlich von Port of Spain ein bevorzugter Lebensraum der indo-karibischen Trinidader ist, kann man überall sehen: an den bunten Fähnchen, die an einer Bambusstange flattern und eine Familienfeier

Oben links: Leuchtendrote Scharlachsichler über dem Caroni Bird Sanctuary. Oben rechts: Der Pitch Lake, ein begehbarer „See" aus warmem Asphalt (Trinidad). Rechts: Karibische Pastelle – eine gefüllte Maismehl-Fleischpastete.

» Karte S. 214-215, Info S. 223

Foto: William Berry (Dreamstime)

anzeigen; an den Reisfeldern, welche von Männern bestellt werden, die teilweise mit dem traditionellen *dhoti* wie in Indien bekleidet sind; an der Hindu-Verbrennungsstätte am Fluss und den Wasserbüffeln.

In der Nähe von **San Fernando**, der zweitgrößten Stadt der Insel, erstreckt sich das Vogelschutzgebiet **Wild Fowl Trust** in einem Gebiet, das allerdings von Industrie und Ölraffinerien umgeben ist. Nicht weit davon, westlich von **La Brea**, liegt der **★Pitch Lake**, ein 40 ha großer und 80 m tiefer, begehbarer warmer **Asphaltsee**; man kann in warmen, wassergefüllten Asphaltmulden baden. Der Asphalt wird exportiert; allein Deutschland nimmt jährlich 6000 Tonnen für den Straßenbau ab.

Eine Tour zur Ostküste lohnt wegen der schönen weiten Strände am Atlantik, v. a. an der **★Matura Bay**, der **Manzanilla Bay** und weiter im Süden an der **★Mayaro Bay**. Allerdings fehlen an der Ostküste Hotels. Die Küstenstraße führt am **Nariva Swamp** vorbei, der viele Vögel und Affen beherbergt.

Kulinarische Genüsse

Trinidads Küche spiegelt mit einer bunten Palette an Spezialitäten die ethnische Vielfalt dieser Insel wider. Beliebte Gerichte sind Spanferkel, Pfeffertopf und Erbsensuppe. *Calaloo* ist ein Eintopf aus grünen *dasheen*-Blättern, fettem Schweinefleisch, gepökeltem Rindfleisch, Schweineschwanz, Zwiebeln, Schnittlauch, Krabben, Okraschoten, Kokosmilch und Knoblauch. *Pastelles* – mit Hackfleisch gefüllte Maismehl-Pfannkuchen auf Bananenblättern – sind ein Relikt der spanischen Kolonialzeit, Blutwurst und Kutteln der französischen. Indischen Ursprungs ist *roti* (Pfannkuchen mit einer Füllung aus mit Curry gewürztem Fleisch, Huhn oder Fisch), *pilaw* (gewürzter Reis mit Fleisch) und *saheena* (frittierte Pastetchen aus Erbsen, Spinat und *dasheen*, meist mit Mango Chutney serviert). Eines der besten Meeresgerichte ist *matete* – gefüllte Krabben. Gebratener Haifisch ist eine weitere Spezialität. Außerdem gibt es hervorragende chinesische und indo-

nesische Gerichte. Mutige können *tatoo* (gebratenen Leguan), *manicou* (Beutelratte), *quenk* (Wildschwein), *lappe* (Kaninchen) und *buljol* (gepökelten Wels) bestellen. Das beliebteste Fastfood heißt *bake n' shark*, eine Art Fischbrötchen. Populär sind Rum-Cocktails, häufig mit einem Spritzer Angostura Bitter. Gute Durstlöscher sind *maubi* (ein Ingwerbier), Fruchtsäfte und Kokosmilch.

Calypso und ★★Carnival

Trinidads Hauptbeitrag zur karibischen Kultur sind der Calypso und die Steelbands. Der **Calypso** mit seinem Zweiviertel- und Vierviertel-Takt, oft vorgetragen von Straßenmusikern, die spontan Stegreifverse dazu erfinden, hat afrikanische, französische und spanische Wurzeln. Schlaginstrumente aus Kochtöpfen und Pfannen ersetzten die afrikanischen Shango-Trommeln, die die Plantagenbesitzer den Sklaven verboten hatten; als die Erdölindustrie aufkam, bauten sich die Musiker aus Ölfässern oder Kanistern flache Trommeln, die *pans*. Die Instrumente einer **Steelband** setzen sich aus verschieden gestimmten *pans* zusammen, z. B. *piano pan*, *bass pan* und *ping pong pan*.

Limbo-Shows, Varietés und Folklore-Vorstellungen bringen stilisierte Versionen des Calypso, den man in den großen Hotels zumeist sehr professionell dargeboten bekommt.

Der Höhepunkt des Jahres ist jedoch der **★★Carnival**, der nach dem Jahreswechsel mit zahlreichen Festlichkeiten beginnt und mit einem mehrere Tage dauernden farbenprächtigen Kostüm- und Musikspektakel vor Beginn der Fastenzeit ausklingt. Eine Jury zeichnet die Kostüme und Darbietungen der besten Gruppen mit Preisen aus. Die ausgefallensten Kostüme der Paraden am Rosenmontag und Faschingsdienstag sind oft bis zu vier Meter hohe Gebilde aus Stoff, Federn und glitzernden

Oben: Höhepunkt des Carnival in Port of Spain – die Paraden an Rosenmontag und Fastnachtsdienstag mit tollen Kostümen und heißen Rhythmen. Rechts: Speyside-Bucht, Tobago; nahe Jemma's Restaurant.

» Karte S. 214-215, Info S. 223

Foto: Berthold Schwarz

Kunststoffen. Während der bis zu sechs Stunden dauernden Paraden fahren verstärker- und lautsprecherbepackte Sattelschlepper mit den Hauptakteuren und Musikern durch die Straßen. Tanzend und singend folgen ihnen die Mitglieder der Karnevalsvereine (Karneval findet auf Trinidad zur gleichen Zeit wie in Deutschland statt).

TOBAGO

Obwohl es nur 35 km sind, scheint das stille Tobago Lichtjahre von seiner betriebsamen Schwesterinsel Trinidad entfernt – eine vom Passatwind umschmeichelte Tropeninsel mit feinen Sandstränden, Golfplätzen und schönen Hotels. Die einst von Zuckerrohr-Plantagen bedeckte Insel lebt heute v. a. vom Tourismus, und auch hier ist Kriminalität kein Fremdwort mehr.

Scarborough (1200 Ew.), die Hauptstadt mit dem englischen Namen, ist ein kleiner Ort mit buntem Markttreiben. Zu seinen Sehenswürdigkeiten gehören das **Fort King George** (1770) hoch über der Stadt, das Versammlungshaus **House of Assembly** (1925) und ein kleiner **botanischer Garten**. Andere Relikte aus Tobagos wechselvoller Geschichte sind über die Insel verstreut: **Fort James** (1768), das sich über der **Great Courland Bay** erhebt, **Fort Granby** an der **Barbados Bay** und der alte, zum nationalen Denkmal umgebaute Herrensitz **Richmond Great House**.

Tobagos Landschaft ist eine Kombination sanfter Hügel und Wälder, gesäumt von etlichen Sandstränden. Das **Forest Reserve** im zentralen Hochland ist etwas für Vogelliebhaber. Ein wahres Mekka für Ornithologen aber ist die winzige Insel ★**Little Tobago** vor der Nordostküste bei ★**Speyside**.

Die schönsten Strände Tobagos konzentrieren sich rund um die Südwestspitze ★★**Pigeon Point**. Der Hauptstrand dort ist trotz Eintrittsgebühr immer gut besucht (Umkleidekabinen, Tauchausrüstungsverleih, Bar und Souvenirshops). Selten überfüllt ist der ★**Man O'War Beach** beim Fischerdorf **Charlotteville**, im Norden der Insel.

» Karte S. 214-215, Info S. 223

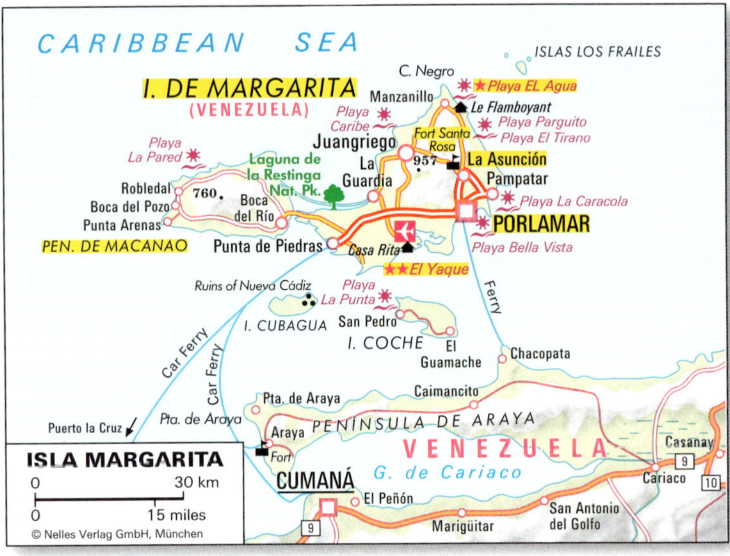

Weitere reizvolle Strandbuchten an Tobagos wildromantischer Nordwestküste sind ★**Bloody Bay**, ★**Englishman's Bay** und ★**Castara Bay**.

Das ★**Buccoo Reef** nahe Pigeon Point, das stellenweise über die Wasseroberfläche ragt, galt früher einmal als eines der besten Tauch- und Schnorchelreviere der Karibik. Heute finden sich lohnendere Tauchgründe vor Speyside und Charlotteville.

Tobagos Waldschutzgebiet wurde schon 1765 eingerichtet und ist in der Karibik das am längsten geschützte; auf der schmalen, kurvenreichen **Roxborough Parlatuvier Road** lässt sich der einsame Bergwald erleben.

ISLA MARGARITA

Die 1072 km² große Insel mit heute 437 000 Einwohnern wurde von den Spaniern im 16. Jh. wegen der damals hier vorkommenden Perlen kolonisiert – daher ihr iberischer Charakter. Zudem gehört die Karibikinsel heute zum spanischsprachigen Venezuela. Margarita besteht aus zwei unterschiedlichen Hälften: dem Westen (**Macanao**) und dem Osten (**Isla Margarita**), auf den sich die Besiedelung konzentriert. Als Freihandelszone lockt sie nationale Touristen. Als „Perle der Karibik" erfolgreich (aber irreführend) vermarktet, wurde sie zudem eine Destination des internationalen Pauschaltourismus.

Die kleine Hauptstadt **La Asunción** liegt im Landesinneren. Durch die **Festung Santa Rosa** wirkt sie stark kolonial geprägt. Zentrum des Tourismus aber ist die architektonisch völlig uninteressante Hafenstadt **Porlamar**.

An der Küste der Ostinsel sind Hotelzonen mit Unterkünfte jeder Kategorie entstanden. Der einzige Strand, der das Prädikat „typisch karibisch" verdient, ist die ★**Playa El Agua**. Traumhafte Sandstrände und kristallklares Wasser genießt man jedoch bei einem Tagesausflug per Flugzeug (35 Min.) nach ★★**Los Roques**, einem Korallenarchipel weit im Westen. Das Eldorado der Windsurfer und Kitesurfer ist die weite, seichte Bucht von ★★**El Yaque**.

» Karte S. 222, Info S. 223

TRINIDAD UND TOBAGO (☎ 001 868)

Fremdenverkehrsamt Trinidad & Tobago, Aviareps Tourism, Josephspitalstr. 15, 80331 München, Tel. 089/55 25 33 405, Fax 55 25 33 489, www.visittobago.de. **THTA**, Auchenskeoch Road, Carnbee, Tobago, Tel./Fax 639-9543, www.tobagohoteltourism.com. **National Carnival Commission**, 11 St. Clair Ave., St. Clair, Port of Spain, Tel. 622-2038, www.ncctt.org.

British Airways und US-amerikanische Fluglinien landen auf Trinidad. Zwischen Trinidad und Tobago verkehrt Tobago Express. Außerdem verbinden Caribbean Airlines, Surinam Airways und LIAT Trinidad mit dem Rest der Karibik. Mit LTA kann man zur Isla Margarita oder in die venezolanische Traumlandschaft Gran Sabana, nach Canaima oder nach Kavac fliegen. Fährverbindungen bestehen zu Venezuela, St. Lucia, Barbados und St. Vincent (Global Steamship Agencies, Wrightson Road, Port of Spain, Tel. 624-2279, Fax 627-5091).

EINREISE UND WÄHRUNG: Erforderlich ist ein 6 Monate gültiger Reisepass und ein Rückflugticket. Währung ist der **Trinidad & Tobago Dollar** (TT$); 1 € entspricht etwa 8 TT$.

TRINIDAD

Olympia 360 Restaurant auf dem Hotel Capital Plaza, sich drehendes Panoramalokal, nur zum Sonntagsbrunch geöffnet; Wrightson Road, Ecke London Street, Tel. 625-3366.
Aioli, italienische und vegetarische Gerichte mit kreolischem Pfiff; Ellershi Plaza, Boisserie Village, Maravol, Port of Spain, Tel. 222-3291, www.aiolitrinidad.com.
Veni Mangé, kreolische Spezialitäten wie Callaloo; 67A Ariapita Ave, Woodbrook, Port of Spain, Tel. 6244597, www.venimange.com

MAXI TAXI: Vans steuern preisgünstig alle Orte auf Trinidad an; der größte Taxistand in Port of Spain ist am **South Quay**. Die Maxi Taxis sind ihren Routen entsprechend farblich gekennzeichnet: **Grün**: von Port of Spain und San Fernando nach Chaguanas. **Rot**: von P.O.S. nach Curpe, Tunapuna, Tacarigua, Trincity, Arima und Sangre Grande im Osten. **Gelb**: von P.O.S. nach Carenage, St. James, Cocorite und Chaguaramas im Westen. **Braun**: von San Fernando nach Penal, Fyzabad, La Romaine, Oroppouche und Point Fortin im Süden.

Der **Straßenkarneval** in Port of Spain ist ein Muss. Schon Wochen vor dem Rosenmontag finden Steelband-Konzerte, Calypso-, Soca- und Kostümwettbewerbe statt. **Indokaribische Feste**: s. S. 38.

TOBAGO

The Seahorse Inn, kreative karibische Küche; Old Grafton Beach Road, Tel. 639-0686, www.seahorseinntobago.com. **La Tartaruga**, vegetarische u. italien. Küche; Buccoo Bay Road, Buccoo, Tel. 629-0940, www.latartarugatobago.com. **Jemma's Sea View Kitchen**, typische Fisch- und Brotfruchtgerichte, originell um einen Baum am Strand erbaut, kein Alkohol; in Speyside (Ostküste), Tel. 660-4066.

Tobago feiert sein witzigstes Fest an Ostern – das Wettrennen für Ziegen und Krabben in Buccoo.

ISLA MARGARITA (VENEZUELA; ☎ 0058 295)

Venezolanisches Fremdenverkehrsamt, c/o Botschaft der Bolivarischen Republik Venezuela, Schillstr. 9-10, 10785 Berlin, Tel. (030) 83 22 40 00, Fax (030) 83 22 40 20, www.botschaft-venezuela.de; weitere Informationen unter www.margaritainfo.com.

EINREISE UND WÄHRUNG: Flugreisende aus der EU brauchen kein Visum. Zahlungsmittel: **Venezolanischer Bolivar Fuerte** (VEF), der von Abwertung betroffen ist. Über den im Vergleich zum offiziellen Bolivar-Kurs um ein vielfaches höheren Schwarzmarktkurs informiert die Seite https://dolartoday.com.
ELEKTRIZITÄT: 110 V, 60 Hz, Adapter nötig.

Porlamar wird u. a. von Avianca und Conviasa (ab Frankfurt) angeflogen. Ausreisesteuer: ca. 17 €, meist im Ticket enthalten.

Robin Daniel Frommer

Willemstad, Curaçao – UNESCO-Welterbe und beliebter Kreuzfahrthafen

Foto: Christian Heeb

NIEDERLÄNDISCHES ABC

ARUBA
BONAIRE
CURAÇAO

ARUBA, BONAIRE UND CURAÇAO

Erst die Holländer mit ihrer Gabe, auch aus scheinbar wertlosem Land etwas zu machen, erkannten das Potential der drei von der Sonne verwöhnten, aber sehr trockenen Eilande Aruba, Bonaire und Curaçao vor der Küste Venezuelas. Die Spanier hatten sie für so uninteressant gehalten, dass sie sie nicht besiedeln wollten – aus der Luft sieht es so aus, als ob sie Recht gehabt hätten. Denn das karge braune Land, das mit Gestrüpp und Kakteen bedeckt ist, hat zunächst nur wenig mit der Klischeevorstellung von karibischen Trauminseln gemein. Doch beim Anblick der Gewässer rund um die Inseln wird man eines Besseren belehrt: Das Meer ist hier selbst für karibische Verhältnisse ungewöhnlich klar und schimmert in einzigartigen Farben.

Das Klima der Inseln, die zwischen 11° und 12° nördlicher Breite – außerhalb der Hurrikan-Zone – liegen, ist mild, trocken und immer sonnig. Die Temperaturen betragen 25 bis 30 °C, bei geringen jahreszeitlichen Schwankungen und wenig Niederschlag.

Die Menschen auf den so genannten **„ABC-Inseln"** begrüßen Touristen mit einem herzlichen *bonbini*, was in *Papiamento* (60 % des Wortschatzes dieser Kreolsprache stammt aus dem Portugiesischen, 25 % aus dem Spanischen, der Rest aus dem Niederländischen, Englischen und Afrikanischen) „Willkommen" heißt. Fast alle Inselbewohner sprechen neben der Mischsprache der einstigen Sklavenhändler aber auch fließend Englisch, Spanisch oder Niederländisch.

In der Zeit der Plantagen belieferten die Holländer ganz Südamerika über den Hafen Willemstad auf Curaçao mit Sklaven aus Westafrika. Hauptexportgüter der Inseln war die heilkräftige Aloe sowie Salz – und Gold, das im 19. Jh. auf Aruba gefunden wurde. Als dann im 20. Jh. das „Schwarze Gold" Venezuelas zu sprudeln begann, entstanden auf Curaçao und Aruba riesige Erdölraffinerien.

Aruba (Währung: Aruba-Florin) ist seit 1986, Curaçao und Sint Maarten (beide: Antillen-Gulden) seit 2011 autonomes Mitgliedsland des Königreichs der Niederlande. Bonaire hingegen ist nun wie St. Eustatius und Saba – ebenfalls Inseln des 2010 aufgelösten holländischen Überseegebiets „Niederländische Antillen" – eine *Besondere Gemeinde* der Niederlande. Die letzten drei heißen auch „BES-Inseln" und verwenden jetzt den US-Dollar. Alle Ex-Niederländischen Antilleninseln bleiben jedoch EU-assoziiert.

Links: Clown Parade in Savaneta, Aruba.

ARUBA

Aruba, die kleinste der „ABC-Inseln" ist die touristisch eigenständigste und am besten erschlossene. Ursprünglich von einem Stamm der Arawak-Indianer bewohnt, beanspruchte Alonso de Ojeda Aruba 1499 für die spanische Krone. Auch wenn die heutigen Inselbewohner von 40 verschiedenen Nationalitäten abstammen, so ist das indianische Erbe unverkennbar. Der letzte Indianer soll hier 1862 gestorben sein.

Die Holländer brachten das vernachlässigte Gebiet 1643 an sich, wogegen die Spanier kaum Widerstand leisteten. Noch im selben Jahr wurde Peter Stuyvesant als Gouverneur eingesetzt. Er übte das Amt vier Jahre lang aus, bevor er nach New York ging. Seitdem spricht man auf den ABC-Inseln Holländisch und die Kreolsprache *Papiamentu*.

Ein wichtiges Datum in der Geschichte Arubas war das Jahr 1928, jenes Jahr, in dem die *Lago Oil and Transport Company* auf die Insel kam. *Lago*, die bald eine Tochtergesellschaft der *Standard Oil* werden sollte, war auf der Suche nach einem geeigneten Seehafen und stabilen politischen Verhältnissen, um eine Raffinerie zur Verarbeitung venezolanischen Rohöls zu errichten. Die Anlage bei Sint Nicolas war mit einer Tagesproduktion von 440 000 Barrels und 8000 Beschäftigten schon bald das weltweit größte Unternehmen dieser Art. 1985 wurde der Betrieb in Folge des Ölpreisverfalls vorübergehend eingestellt und später in erheblich geringerem Umfang wieder aufgenommen. Den Bewohnern Arubas ist es jedoch gelungen, eine schwere Wirtschaftskrise durch die Förderung des Tourismus als nunmehr wichtigste Branche zu verhindern.

Aruba (184 km^2, 104 000 Ew.) bietet eine ausgezeichnete touristische Infrastruktur, und der Lebensstandard der Bevölkerung zählt zu den höchsten im karibischen Raum. Soziale Einrichtungen wie Schulen, Kläranlagen, Kran-

Rechts: Schöne alte Gebäude im holländischen Kolonialstil im Zentrum von Oranjestad, Aruba.

» Karte S. 228, Info S. 238-239

kenhäuser, aber auch der Flughafen sind hervorragend, die Kriminalität gering. Arubas Attraktionen für die Urlauber sind die kilometerlangen weißen Puderzucker-Sandstrände, über denen die Sonne an einem meist wolkenlosen Himmel lacht und der Passatwind für eine angenehm kühlende Brise sorgt.

Oranjestad

Oranjestad, die geschäftige Inselhauptstadt von Aruba mit ungefähr 28 000 Einwohnern, hat im Zentrum noch viele hübsche holländische Gebäude im Kolonialstil. Ein Einkaufsbummel in Oranjestad steht bei vielen Aruba-Besuchern auf dem Programm. Lebhaft geht es auf der Main Street, der **Caya G. F. Betico-Croes** zu, die gesäumt ist von Banken, Büros und Geschäften mit Waren aus aller Welt. Hauptgeschäftsstraße ist jedoch der **L. G. Smith Blvd.** am Hafen, gegenüber dem Anleger für Kreuzfahrtschiffe, mit zwei mehrstöckigen **Einkaufszentren** und der historisch angehauchten **Royal Plaza Mall**. Seit 2013 pendeln drei offene Triebwagen der mit Solarzellen betriebenen neuen **Trambahn** zwischen dem Kreuzfahrt-Terminal und dem Stadtzentrum. Die Fahrt kostet einen US-Dollar; ein- und aussteigen kann man an bislang acht Haltestellen – täglich, 10 bis 17 Uhr (www.tramz.com).

Ausflüge auf Aruba

Das Landschaftsbild beherrschen Kakteen und der sich im Passatwind biegende *Divi-Divi*-Baum, das Symbol der Insel. Überall sieht man als Schutz vor den Ziegen bizarre Kakteenzäune um die Gärten der Inselbewohner. Die leewärts gelegene Küste ist flach und sanft, ganz im Gegensatz zum schroffen, wilden Anblick, den sie auf der dem Wind zugewandten Seite bietet, wo die starke Brandung unentwegt meterhohe Gischtwände gegen die riesigen, zerklüfteten Felsen schleudert. Besonders

Foto: Roland F. Karl

eindrucksvolle Formationen sieht man an der **Boca-Mahos-Bucht**. In der nahen **Andicouri-Bucht** sind die Klippen so stark unterspült, dass hier eine große Naturbrücke entstand, die aber 2005 einstürzte. In der Nähe, bei **Bushiribana**, liegen die Ruinen einer verlassenen Goldschmelze.

Alle Sehenswürdigkeiten auf der Nordseite Arubas lassen sich per Mountainbike, Jeep-Safari, Quad oder – besonders stilecht – zu Pferd erkunden. Entsprechende Touren kann man mit Hilfe aller Hotels in und um Oranjestad buchen. Der **★Arikok-Nationalpark** nimmt etwa 18 % der Fläche Arubas ein. Er vereint unberührte Natur mit der Weite des Landes. Schon deshalb sollte man das Schutzgebiet in mehreren Etappen erkunden – am besten zu Fuß (www.arubanationalpark.org).

Das Meer an der Südwestküste ist blaugrün, der Strand weiß, Palmen stehen um die Swimmingpools und Schilfhütten am Strand. Die schönsten Strände – **★Eagle Beach** und **★Palm Beach**, mit weichem weißem Sand – sind dort,

Foto: Christian Heeb

wo die Hotels sich konzentrieren: im Norden von Oranjestad. Die Kasinos öffnen bereits vormittags, und die Diskos schließen um 3 Uhr früh. Auch kleinere Hotels bieten oft ein Abendprogramm mit Musik.

Tagsüber drehen sich die Freizeitaktivitäten rund ums Wasser und den Strand. Besonders beliebt sind Segeln, Surfen, Dünengleiten (*dune sliding*) und Tauchen. Gute Tauch- und Schnorchelgründe findet man vor der Nordwestspitze der Insel an dem 135 m langen ★**Wrack der Antilla**, eines deutschen Frachters, der am 10.5.1940, als die Wehrmacht Holland angriff, von seinem Kapitän versenkt wurde. Es liegt in etwa 15 m Tiefe, doch seinen Mast kann man auch von der Küste aus mit bloßem Auge sehen.

Der **Hooiberg** in der Mitte der Insel bei **St. Cruz** ist Arubas beliebtester Berg, zu dessen Gipfel (152 m) mehrere Hundert in den Stein gemeißelte Stufen führen. Von hier kann man an klaren Tagen das venezolanische Festland sehen. Ein herrlicher Ausblick bietet sich auch vom **Miralamar Pass** einige Kilometer südöstlich und von der höchsten Erhebung der Insel, dem **Jamanota** (188 m). In der Nähe sind die indianischen Felszeichnungen von **Arikok** bestens erhalten. Bemerkenswert sind auch die kunstvollen Felsmalereien der **Fountein Cave**, die in roter Farbe eingeätzt wurden.

Ein Naturwunder sind die haushohen **Diorit-Findlinge** nördlich des Hooibergs, die Geologen Rätsel aufgeben.

Oben: Als einer der schönsten Strände der Karibik gilt der Eagle Beach (Aruba). Rechts: Bonaires Korallenriffe zählen zu den besten Tauchrevieren der Karibik.

BONAIRE

Die zweitgrößte der „ABC-Inseln" ist mit etwa 16 550 Einwohnern auf einer Fläche von 288 km² eine der am dünnsten besiedelten Inseln der Karibik. Amtssprache ist Niederländisch, Umgangssprache ist die Kreolsprache Papiamentu, die 75 % der Bevölkerung

» Karte S. 228 u. S. 232-233, Info S. 238-239

sprechen. Nachdem Bonaire, wie Aruba, im 17. Jahrhundert eine holländische Kolonie geworden war, erschloss die *Dutch West India Company* die Insel für die Salzgewinnung und auch für den Maisanbau. Zwischen 1800 und 1816 wurde sie dann von englischen und französischen Freibeutern beherrscht und während der Napoleonischen Kriege kurzzeitig von den Briten besetzt, die Bonaire (einschließlich seiner 300 Sklaven) an einen Kaufmann aus New York verpachteten.

1816 kamen die Holländer wieder an die Macht und führten ein System staatlicher Plantagenwirtschaft für Ackerbau, Viehzucht und Salzgewinnung ein. In der arbeitsintensiven Salzproduktion wurde eine größere Anzahl von Sklaven aus Afrika beschäftigt, deren inzwischen restaurierte Hütten man im Süden und Norden der Lagune **Pekelmeer** besichtigen kann. Als die Sklaverei 1863 abgeschafft wurde, war dieser Wirtschaftszweig für den Staat nicht mehr profitabel, weshalb die Insel parzelliert und der Grund und Boden verkauft wurde. Aber noch heute produziert die *Antilles International Salt Company* an der Lagune Salz.

Das erste Touristenhotel wurde schon 1951 eröffnet. Doch erst in den letzten 40 Jahren erlebte Bonaire tatsächlich einen Boom als Urlaubsinsel, vor allem nachdem Sporttaucher die Schönheit ihrer Korallenriffe entdeckt hatten.

Eine Insel als Naturpark

Bonaires kleine Hauptstadt ★**Kralendijk** mit ihren farbenfrohen Kolonialstil-Häusern liegt an der windgeschützten Westküste im Windschatten der kleineren, unbewohnten Insel **Klein Bonaire**. Die schöne Hafenpromenade lädt zu einem Bummel ein, besonders am frühen Morgen, wenn der Fischmarkt zu geschäftigem Treiben erwacht. Ein paar gepflegte Geschäfte, ein kleines **Inselmuseum**, und ein paar Kasinos, die im Vergleich zu denen der Nachbarinsel Aruba jedoch eher bescheiden ausgestattet sind, runden das Bild ab.

Doch Kralendijk ist nicht die Hauptattraktion des Eilands, sondern seine einzigartigen Naturschätze – zu Wasser und zu Lande. Das flächenmäßig so kleine Bonaire ist auf dem Gebiet des Naturschutzes ganz groß. Der gesamte Küstenbereich der Insel ist ein einziger Meerespark, der ★**Bonaire Marine Park**, der erste seiner Art in der Karibik und einer der größten der Welt. Doch Bonaire ist nicht nur von Korallenriffen umgeben, es ist selbst eines und bietet die am leichtesten zugänglichen und besten Tauchreviere der Karibik. Das vom *World Wildlife Fund* finanzierte und von der *Netherlands Antilles National Parks Foundation* durchgeführte Projekt hat sich die Erhaltung und Verbesserung des empfindlichen Meeres-Ökosystems zum Ziel gesetzt. Bereits vor Jahren wurde es verboten, mit Harpunen zu fischen oder Korallen und Muscheln mitzunehmen. Zudem ist es Booten grundsätzlich untersagt, außerhalb von Kralendijk zu ankern, da hierbei die empfindlichen Korallen zerstört werden. Tauchplätze sind stets durch Bojen gekennzeichnet und werden in regelmäßigen Intervallen gewechselt, damit sich die Riffe wieder erholen können.

Da es überall um Bonaire Riffe gibt, brauchen sich Taucher und Schnorchler nur ins Wasser zu begeben und nach unten zu schauen. Die Sichtweite liegt bei 20 bis 30 m, die Wassertemperatur um 25 °C. Über 80 namentlich ausgewiesene Tauchplätze findet man an der leewärts gelegenen Küste von Bonaire und rund um Klein Bonaire. Tauchboote, die zwei- bis dreimal täglich hinausfahren, stehen ebenfalls zur Verfügung.

Die Riffe sind reich an Fächerkorallen, Gorgoniabüschen und Röhrenschwämmen. Schwarze Korallen, Haarsterne, Plattenkorallen und Vasenschwämme sind der farbenprächtige Lebensraum der artenreichen Unterwasserwelt. Winzige Seepferdchen, Seesterne und Einsiedlerkrebse geben zauberhafte Fotomotive ab. Außerdem sieht man den Königin-Drückerfisch, Engelsfische, den spanischen Hogfisch, Kugel-, Koffer-,

» Karte S. 232-233, Info S. 238-239

12
ABC-Inseln

Foto: John Anderson (Dreamstime)

Papageien- und Schmetterlingsfische. In den meisten Riffen verstecken sich auch Stachelrochen und Muränen. Tauchenr kommen am ★**Wrack der Hilma Hooker** auf ihre Kosten. Sie wurde 1984 vor der Südwestküste als Taucherattraktion in 30 m Tiefe versenkt.

Taucht man tagsüber in blaues Zwielicht hinab, kann man nachts im Schein des Blitzlichts oder eines Unterwasser-Scheinwerfers die Farben eines Riffs in voller Pracht erleben. Dann huschen Hummer über den Meeresboden, Korallen öffnen ihre Polypen, um Beute zu machen. Manche Fische schlafen und lassen sich ganz nah beobachten kann.

Es gibt jedoch nicht nur Meeresparks: Der Norden der Insel besteht aus dem ungefähr 55 km^2 großen ★**Washington / Slagbaai National Park**, der täglich von 8 bis 17 Uhr geöffnet ist. Die 35 km lange Route durch die reizvoll bizarre Kakteenlandschaft des Parks ist mit gelben Pfeilen markiert. Auf den etwas holprigen Straßen muss man sehr langsam fahren, doch kann man so die verschiedenen Vögel wie etwa die **Flamingos** gut beobachten, aber auch Eidechsen und Leguane, die bis 1,20 m lang werden können. Sogar Strände gibt es im Parkgebiet. An der **Boca Slagbaai** wurden über 120 Jahre alte Gebäude restauriert, die einst zu einer Staatsplantage gehörten, deren Haupterzeugnisse Aloe Vera, Holzkohle und Meersalz waren.

Oben: Flamingos im Washington/Slagbaai National Park.

An der Südspitze Bonaires, wo die Antilles International Salt Company eine große solare **Salzgewinnungsanlage** betreibt, erstreckt sich ein ★**Vogelschutzgebiet für Flamingos**. Als man an der Lagune **Pekelmeer** vor einiger Zeit wieder damit begann, Salz abzubauen, bemühte man sich sehr, den Lebensraum der in den Salzebenen heimischen Flamingos nicht zu zerstören. Und auch heute arbeiten Regierung, Privatleute und die *Antilles International Salt Company* eng zusammen, um die Kolonie mit bis zu 4000 Nestern zu erhalten.

» Karte S. 232-233, Info S. 238-239

CURAÇAO

Curaçao (444 km², 158 000 Ew.) ist die größte, bevölkerungsreichste und „holländischste" der drei Schwesterinseln. Bei ihrer Entdeckung 1499 durch Alonso de Ojeda, einen spanischen Seefahrer, war die Insel von den Caiquetios bewohnt, einem Stamm der Arawak-Indianer Venezuelas, der mit Kanus vom 60 km entfernten Festland gekommen war. Auf sie gehen die intensiven Handelsbeziehungen zurück, die bis heute zu Venezuela unterhalten werden. Die Caiquetios gaben der Insel ihren Namen. Die Holländer besiedelten die Insel ab 1634, und von dieser Zeit an blühte die Wirtschaft Curaçaos auf. Der geschützte Naturhafen machte die Insel zum idealen Stützpunkt für den Sklavenhandel mit der übrigen Karibik und Südamerika. Bereits 1643 hatte sie so viele Einwohner, dass der Einsatz eines Gouverneurs gerechtfertigt schien, und man entsandte Peter Stuyvesant.

Nicht unangefochten von den Engländern und Franzosen, konnten die Holländer ihre Herrschaft über die Insel behaupten, die 1815 endgültig in ihren Besitz überging. Da Curaçaos Boden wenig landwirtschaftliche Möglichkeiten bietet, konzentrierte sich alles auf den Hafen von Willemstad, der durch die Inbetriebnahme des Panama-Kanals 1914 weiter an Bedeutung gewann und heute einer der größten der Welt ist. Der Aufschwung ging nach dem Ende des 1. Weltkriegs mit der Errichtung der ersten großen Erdölraffinerie (Shell) der Niederländischen Antillen auf Curaçao weiter. Heute sind der Tourismus, die Raffinerien, der Hafen und Finanzgeschäfte die wichtigsten Wirtschaftsfaktoren. Prostitution ist wie in den Niederlanden legal, und das „Campo Alegre" nahe dem Flughafen, 1949 für die Ölarbeiter gergündet, ist mit 120 Damen das größte Bordell der Karibik.

Die Bevölkerung Curaçaos ist gastfreundlich, multikulturell und kosmopolitisch. Katholiken, sephardische Juden (im 17. Jh.), Protestanten und Moslems fanden hier eine neue Heimat.

★★Willemstad

Die Inselhauptstadt **★★Willemstad** (UNESCO-Welterbe) erhielt ihr „Klein-Amsterdam"-Antlitz bereits in den Tagen von Peter Stuyvesant. Doch es trifft nicht ganz den Kern, wenn man sie nur als typisch holländische Stadt beschreibt, denn die niederländischen Kolonialherren passten ihre Architektur etwas an die tropischen Gegebenheiten an. Viele der historischen Gebäude wurden mittlerweile in Geschäfte umgewandelt, doch der ursprüngliche Stil und die zarten Farben blieben erhalten. Die beste Art, Willemstad zu erkunden, ist zu Fuß. Ein interessanter Stadtspaziergang wird am Mittwoch oder Donnerstag um 17.45 Uhr organisiert und führt durch das Stadtzentrum sowie die Altstadt mit ihren schönen historischen Bauwerken. Dazu gehören auch die rosafarbenen, gelben und blauen Häuser im Amsterdamer Stil mit ihren geschwungenen Giebeln und den verzierten Fassaden.

Das 125 000 Einwohner zählende Willemstad wird durch die **St. Anna Baai**, den Zufahrtskanal zum sicheren Naturhafen **Schottegat**, in zwei Hälften geteilt: in das pittoreske Altstadtviertel **★Punda** mit all den Geschäften und die **Otrabanda** („andere Seite"). Die 1888 fertiggestellte **Koningin Emmabrug** wurde 1939 durch eine hölzerne Pontonbrücke ersetzt, die noch heute über 30-mal pro Tag die Hafeneinfahrt für Ozeandampfer freigibt. Wenn das gerade der Fall ist, verkehrt zwischen den beiden Stadtteilen eine kostenlose Fähre, und unweit des Hafens überspannt die 1974 erbaute **Koningin Julianabrug** in großer Höhe den Kanal. Zwei mächtige Forts aus dem 18. Jh. wachen über die Hafenzufahrt: **★Fort Amsterdam** (1638) im Südwesten von Punda und **Fort Nassau** (1797) an der Mündung der St. Anna Baai ins Schottegat.

» Karte S. 232-233, Info S. 238-239

Foto: Roland E. Karl

Ein guter Abschluss eines Willemstad-Bummels ist ein Besuch im Restaurant **Curanesia** (Sta. Rosaweg 99), wo man eine leckere indonesische *Rijsttafel* serviert bekommt.

Eine der Hauptattraktionen ist der ★**Schwimmende Markt** (**Schooner Market**) am Hafen, wo man morgens Fisch und Meeresfrüchte direkt von den Bootsbesatzungen kaufen kann, nur einige Gehminuten von der Koningin Emmabrug, an einem kleinen Seitenarm der St. Anna Baai. Dort ankern venezolanische Schoner und Segelschiffe, die Muskatnüsse, Limetten, Zimtstangen, Mangos, Kartoffeln und Bananen sowie getrocknetes Fleisch, Stoffe, Kleidung und Bier anbieten. Der neue Markt in der **Markthalle** bietet jeden Samstag ab 6 Uhr morgens landestypische Produkte.

Die Geschäfte mit den Luxusartikeln, für die Curaçao die besten Einkaufsmöglichkeiten der Karibik bietet, konzentrieren sich im Herzen der Punda rund um die Hauptgeschäftsstraße **Breedestraat**, die als Verlängerung der Koningin Emmabrug in die Altstadt führt. Dort gibt es elegante Läden für Schmuck, Porzellan, Uhren etc., darunter auch Filialen des renommierten Emporiums **Spritzer & Fuhrman**, dessen Geschichte in Willemstad begann. Seine Gründer, die Österreicher Karl Fuhrman und Wolf Spritzer, eröffneten hier 1927 eine Uhrmacherwerkstatt, der sie bald eine Verkaufskollektion von Gold- und Schmuck hinzufügten. Heute unterhalten sie über 30 Geschäfte in der Karibik – sechs allein in Willemstad –, die auf Uhren, Glaswaren, Porzellan und teuren Schmuck spezialisiert sind.

Am **Wilhelmina-Park** zweigt die **Columbusstraat** von der Breedestraat ab und führt zur ältesten Synagoge der westlichen Hemisphäre, der ★**Mikvé-Israel-Emanuel-Synagoge**. Die Gründung des schönen holländischen Bauwerks im Kolonialstil geht auf das Jahr 1692 zurück. Im Zentrum der Synagoge ist der Boden mit weißem Sand

Oben und rechts: Punda, das architektonische Highlight von Willemstad, Curaçao.

» Karte S. 232-233, Info S. 238-239

bedeckt, der an die 40-jährige Wüstenwanderung der Israeliten auf dem Weg ins Gelobte Land erinnert. Vier 24-armige Kerzenleuchter hängen von der Mahagoni-Decke herab, drei der Leuchter sind älter als 250 Jahre. Gleich nebenan befindet sich das **Jüdische Museum** im 200 Jahre alten Rabbiner-Haus, in dessen Hof man eine 300 Jahre alte **Mikvah**, ein Gemeindebad für rituelle Waschungen entdeckte.

Auf dem Hauptplatz des Stadtteils Otrabanda, dem **Brionplein** am Fuß der Koningin Emmabrug, hat man **Pedro Luis Brion**, dem Kriegshelden der Insel, ein **Denkmal** gesetzt. Bevor die Engländer Curaçao im Jahr 1800 eroberten, hatte er mehrere britische Invasionsversuche mit Bravour abgewehrt. 1803 erzwang er sogar den Rückzug der Besatzer und wurde 1814 Admiral der kolumbianischen Flotte unter Simon Bolívar, an dessen Seite er für die Unabhängigkeit Kolumbiens und Venezuelas kämpfte.

Außerdem lohnt, weiter westlich, das **Curaçao Museum** zur Geschichte der Insel einen Ausflug auf die „andere Seite“ von Willemstad.

Foto: Roland F. Karl

Ausflüge auf Curaçao

Die Savannen-Landschaft der ungefähr 60 km langen und nirgendwo mehr als 11 km breiten Insel wird von Kakteen, Gestrüpp und den vom Passatwind gewundenen und gebogenen *Divi-Divi*-Bäumen geprägt. Zwar sind die Strände Curaçaos nicht so weitläufig wie die der Schwesterinsel Aruba, aber an der windgeschützten Westküste reihen sich einige reizvolle Buchten aneinander. Besonders beliebt ist die ★**Westpunt Baai** an der Nordspitze der Insel.

Eine der Hauptsehenswürdigkeiten der Insel ist das ★**Curaçao Sea Aquarium** (s. S. 24) an der **Cornelis Baai**. Über dem Meer gelegen, zeigt es **Delfinshows** und lässt mit seiner Vielfalt an Riff-Fischen, Aalen, Haien, Hummer und anderer Meeresfauna die Unterwasserwelt der Riffe, die die Insel umgeben, vor den Augen der Aquariums-Besucher entstehen. Der Komplex mit Restaurant, Bar und Hotel gehört zum ★**Curaçao Undersea Park**, der sich vor der Südwestküste zwischen der östlichen Inselspitze und dem Strand des Sunscape Curacao Resort erstreckt. Um 11.30 und 15.30 Uhr fährt das **U-Boot** *Seaworld Explorer* (Tel. 461 0011) durch das Naturschutzgebiet. Es wird vom Meeresbiologen Tom Van't Hof geleitet, der auch Bonaires Meerespark angelegt hat. 16 ausgewiesene **Tauchgründe**, ein Schiffswrack und ein Unterwasser-Lehrpfad laden zur Erkundung ein.

Bei **Watamula**, nahe **Playa Kalki**, wurde 2007 ein **Flugzeug** als Tauchattraktion versenkt.

★**Cas Abao** ist ein Traumstrand an der Westküste der Insel.

Naturfreunde sollten im Norden den ★**Sint-Christoffelberg-Nationalparks** um die höchste Erhebung Curaçaos, den **Christoffelberg** (375 m) besuchen, wo man die gesamte auf Curaçao heimische Flora und Fauna finden kann.

American Airlines, Delta und United Airlines fliegen Aruba, Bonaire und Curaçao von den USA an; Arke Fly und KLM fliegt von Amsterdam aus zu den ABC-Inseln. Maschinen der Divi Divi Air (Tel. 839-1515, www.flydividivi.com) und Insel Air (Tel. Aruba 588-9314, Tel. Curaçao 737-0444, www.fly-inselair.com) sind für die Verbindung zwischen Aruba, Bonaire und Curaçao zuständig.

EINREISE UND WÄHRUNG: Zur Einreise benötigen Sie einen noch mindestens 6 Monate gültigen Reisepass sowie ein Ticket zur Rück- bzw. Weiterreise.
Arubas Währung ist der **Aruba-Florin** (ANG oder Afl.), der in 100 Cents unterteilt ist; 1 € entspricht etwa 2 ANG. Die Währung von **Bonaire** ist der **US-Dollar**; die von **Curaçao** ist der 1:1,79 an den Dollar gekoppelte **Antillen-Gulden** (künftig: *Karibischer Gulden*), dessen Wechselkurs dem Aruba-Florin entspricht. US$ werden überall akzeptiert, in besseren Hotels und Restaurants auch Kreditkarten u. Travellerschecks.
Flughafengebühr bei Ausreise: 33 US$, im Flugticket bereits enthalten.

ARUBA (☎ 002 978)

Fremdenverkehrsamt Aruba, c/o Fame Creative Lab, Hanauer Landstr. 146, 60314 Freankfurt, Tel. 069/2475-6184, www.aruba.de.

Es gibt zahlreiche speziell arubanische Gerichte. Indonesische Küche aus dem holländischen Ex-Kolonialreich ist hierzu eine exotische Alternative, zusammen mit Delikatessen und Spezialitäten aus Europa, Nord- und Südamerika. Fast überall werden die gängigen Kreditkarten akzeptiert.
Papillon, klassische französische Küche, tgl. 17-22.30 Uhr; The Village, J. E. Irausquin Blvd 348 A, Tel. 586-5400, www.papillonaruba.com.
Yemanja Woodfire Grill, geräumiges Grillrestaurant mit Terrasse mitten in Oranjestad. Spezialität ist Black Angus Beef. Außerdem vegetarische und Gluten freie Gerichte. Wilhelminastraat 2, Tel. 588-4711, www.yemanja-aruba.com.
Papiamento, geschichtsträchtiges Haus, kontinentale Gerichte in eleganter Atmosphäre, 18-23 Uhr, Reservierung ratsam; Washington 61, Noord, Tel. 586-4544, www.papiamentorestaurant.com.
Cuba's Cookin Bar & Grill, in einem ehemaligen Landhaus, karibische Küche, tgl. 7-23 Uhr; Wilhelminastraat 27, Oranjestad, Tel. 588-0627, http://cubascookin.com.
El Gaúcho, saftige argentinische Rindersteaks, Meeresfrüchte und südamerikanische Rotweine, Mo-Sa 11.30-23; Wilhelmstraat 80, Tel. 582-3677, www.elgaucho-aruba.com.
2 Fools and a Bull, luxuriöses Gourmetstudio; die beiden selbsternannten „fools", laden allabendlich 15 ausgewählte Gäste zu einem schmackhaften Fünfgangmenü mit passender Weinbegleitung, internationale und glutenfreie Speisen; Palm Beach 17, Noord. Tel. 586-7177; http://2foolsandabull.com.

Der **Karneval**, das größte Ereignis des Jahres, beginnt Mitte Januar und erreicht seinen Höhepunkt mit der *Grand Parade and Jump-up* am Sonntag vor Aschermittwoch. Das **Soul Music Beach Festival** (Mai) und das **Internationale Filmfestival** (Juni) sind kulturelle Höhepunkte. Das **Aruba Music Festival** lockt im Oktober Pop- und Latin-Fans auf die Insel.

Kreuzfahrtschiffe laufen die Insel regelmäßig an. **Taxis** fahren ohne Taxameter, aber zu festgelegten Tarifen.
Flughafen-Busse fahren zu allen Hotels, Fahrgäste müssen allerdings im Besitz von vorbezahlten *travel coupons* sein, die man am Flughafen und in Reiseagenturen bekommt.

BONAIRE (☎ 005 997)

Tourism Corporation Bonaire, c/o Basis Communicatie B.V., Wagenweg 252, NL-2000 AL Haarlem, Tel. (0031) 23 543-0705, Fax (0031) 23 543-0730; www.tourismbonaire.com; www.infobonaire.com; www.bonaire-travel-guide.com.

Die wenigen Restaurants bieten allesamt frische Meeresfrüchte an.
Chibi-Chibi, auf einem Pier über dem Meer gelegen, im Divi Flamingo Beach Hotel; Tel. 717-8285.
Zeezicht, der beste Ort in der Stadt, um den Sonnenuntergang zu bewundern und dabei chinesisches Essen zu genießen; Kaya Cachi-Craane 12, Kralendijk, Tel. 717-8434.

Cactus Blue Bar & Restaurant, Food-Truck, Mo-Sa 17.30-22 Uhr; Kralendijk, Tel. 782-7800, www.cactusblue.us.

Maiky Snack Gunuku, kreolische Küche mitten in Bonaires menschenleeren Hinterland, mittags geöffnet, viele einheimische Gäste und Eidechsen, kaum Touristen; Kaminda Nieuw Amsterdam 30, Tel. 700-6785.

Rose Inn, kleines ruhiges Open-Air-Restaurant mit einheimischer Küche, zu den Hausspezialitäten zählen Hühnchen oder Ziege mit Reis; Kaya Guyaba 4, Rincon, Tel. 717-6420 u. 786-6420.

Den Laman organisiert Mountainbike-, Tauch- und Schnorchelexkursionen, Windsurfen, Kayaking und Vogelbeobachtung; Kaya Gobernador N. Debrot, neben Sunset Beach Hotel, www.denlaman.com.

Der **Karneval** geht zeitgleich mit dem europäischen Narrentreiben mit Tanz und Umzügen über die Bühne.

Die **International Sailing Regatta** findet jedes Jahr im Oktober statt.

Am **Geburtstag der niederländischen Königin** (30. April) hält der Gouverneur einen großen Cocktail-Empfang in seinem Haus ab; nicht nur alle Einheimischen, auch Touristen sind dazu eingeladen.

Flug: Viele Besucher reisen zuerst nach Aruba oder Curaçao und fliegen dann mit Tiara Air (www.tiara-air.com) oder Divi Air nach Bonaire weiter. Abfluggebühr: 20 US-Dollar.

Taxis fahren ohne Taxameter, aber gesetzlich festgelegte Preise sind in Hotels und am Flughafen angeschlagen.

Öffentliche **Busse** fahren selten und unregelmäßig. Die (schmalen) Straßen sind in gutem Zustand.

Mietwagen (meist Pickups) sind ab ca. 50 US-Dollar pro Tag zu bekommen.

Happy Chappy Rentals vermieten **Fahrräder** und Mopeds ab ca. 15 US-Dollar pro Tag.

Bonaire Sightseeing, Flamingo Tours und Archie Tours arrangieren **Bustouren** zum Nord- und Südzipfel der Insel.

Kleine Boote und **Wassertaxis** verkehren zur unbewohnten Insel Klein Bonaire.

CURAÇAO (☎ 005 999)

Curaçao Tourist Board, Mo-Fr 7.30-12 u. 13.30-17, Sa 8-17 Uhr, Pietermaai 19, Willemstad, Tel. 434-8200, Fax 461-2305, info@curacao.com, www.curacao.com.

Kulinarische Favoriten auf Curaçao sind Meeresfrüchte sowie indonesische und holländische Spezialitäten.

Fort Nassau, in den Überresten des Forts von 1792, Fisch- und Fleisch-Spezialitäten, tägl. geöffnet, Panoramablick; Willemstad, Tel. 461-3450, http://fortnassau.com.

Bistro Le Clochard, exklusiv, auf der Otrabanda-Seite in den Festungswall des Fort Rif am Hafentor gebaut; Riff Fort Unit 1, Otrabanda, Tel. 462-5666, www.bistroleclochard.com.

Surindo, indonesische Küche preiswert, tgl. geöffnet, Hoek Stoppelweg 10, Willemstad, Tel. 462-4466.

Playa Forti, kolumbianische und einheimische Küche, auf dem Fundament eines Forts aus Bonapartes Zeiten erbaut, spektakulärer Blick aufs Meer; Westpunt, Tel. 864-0273.

La Boheme, Café und preiswerte Snack-Bar. Whoppers und Smoothies, Mo-So 8-20 Uhr; Columbus Straat 4, Punda, Willemstad, Tel. 465-1966; www.labohemecuracao.com.

Auch Curaçao feiert seinen **Karneval** in großem Stil mit Musikwettbewerben, Kostümparaden und Tanz in den Straßen. Im August wird ein **Salsafestival** und im November ein **Jazzfestival** abgehalten.

Flug: Curaçao wird u.a. von KLM, Air Berlin und Arke Fly (TUI) angeflogen. In den Tickets viler Airlines ist die Abfluggebühr inklusiv; sonst international 23 $, ABC-Inseln 8 $.

Hotels außerhalb der Stadt bieten meist einen kostenlosen **Shuttlebus-Service** zur Stadt.

Taxis fahren ohne Taxameter, Preise sind jedoch gesetzlich festgelegt.

Die Straßen sind gut, **Mietwagen** erhältlich. Taber, Daltino und ABC Tours bieten **Sightseeing-Touren**, verschiedene Airlines Flugtouren nach Bonaire oder Aruba an.

Hubschrauber-Sightseeing: Blue Skies Helicopters, Tel. 461-0466.

REISEVORBEREITUNGEN

Damit Ihr Karibikurlaub zu einem unvergesslichen Erlebnis wird, sollten Sie sich vor Reiseantritt gründlich informieren – nicht nur über die nötigen bürokratischen Formalitäten, sondern auch über Kultur, Geschichte und geografische Gegebenheiten dieser faszinierenden Inselwelt.

Die nachfolgenden Informationen über klimatische Verhältnisse, Ein- und Ausreise, Währung und Gesundheit sollen dazu beitragen, dass Sie sich auf der Trauminsel Ihrer Wahl rundum wohl fühlen.

Klima und Reisezeit

Nicht nur malerische Bilderbuchstrände, freundliche Menschen und fantastische Hotels bringen die Touristen zum Schwärmen – einer der Hauptgründe für eine Karibikreise ist auch das milde, bekömmliche Klima. Die Inseln der Kleinen Antillen sind fast das ganze Jahr über mit Sonnenschein gesegnet, und die Passatwinde sorgen rund um die Uhr für eine angenehme Brise. Diese Winde, von den frühen englischen Seeleuten *Trade Winds* genannt, waren ein wichtiger Faktor für Handel und Segelschifffahrt in dieser Region.

Dank ihrer Lage zwischen dem Nördlichen Wendekreis (Wendekreis des Krebses) und dem Äquator kennen die Kleinen Antillen keine krassen Temperaturunterschiede: Das ganze Jahr über sind Luft und Wasser angenehm warm, Sommer- und Wintertemperaturen unterscheiden sich nur geringfügig (zwischen 20 und 30 °C); in höheren Bergregionen wie z. B. den Hochländern des Morne Diablotins oder Morne Trois Pitons auf Dominica können jedoch die Temperaturen im Winter kurzfristig tiefer absinken. Auf den südlichsten Inseln der Kleinen Antillen beträgt der Temperaturunterschied zwischen Sommer und Winter sogar lediglich 3 °C. Merkliche Temperaturschwankungen treten ansonsten nur während der verschiedenen Tageszeiten auf.

Auch die Wassertemperatur sinkt niemals drastisch ab: Der jährliche Mittelwert beträgt 20 °C, mit angenehmen 27 °C während der Sommermonate. In der Zeit von Mai bis November fällt der meiste Niederschlag, und besonders während des europäischen Sommers geht regelmäßig ein kurzer, aber heftiger Zenitalregen nieder. Zwischen Dezember und Ende April sind Niederschläge hingegen selten, weshalb die Antilleninseln dann traditionell Ziel besonders vieler Touristen sind – Hotels und Ferienzentren verlangen dann Hochsaisonpreise.

Die Luftfeuchtigkeit ist das ganze Jahr über sehr hoch. Tageslänge, Sonnenstand am Mittag und Lichtverhältnisse weisen im Sommer und Winter – im Gegensatz zu europäischen Regionen – nur geringfügige Unterschiede auf. Die Zeit der Dämmerung ist meist extrem kurz – innerhalb von etwa 20 Minuten kann es plötzlich tiefste Nacht werden.

Auf flachen Inseln und Niederungen herrscht ein trockeneres Klima als auf bergigen Inseln oder in höheren Regionen, über denen oft Steigungsregen (Stauregen) niedergehen. Die stets wehende leichte Brise macht aber sowohl die Temperaturen als auch die hohe Luftfeuchtigkeit recht angenehm.

Die Kleinen Antillen, die sich in einem halbmondförmigen Bogen von Puerto Rico bis zum Festland Südamerikas erstrecken, setzen sich aus zwei Inselketten zusammen: den nördlichen *Leeward Islands* und den südlichen *Windward Islands*. Ihre Namen verdanken sie den von Nordosten nach Südwesten ziehenden Passatwinden, die auf ihrer Reise den Großteil der Feuchtigkeit, den ihre Wolken mit sich führen, als Regen auf den Windward Islands (Inseln über dem Wind) abladen, während die gebirgigen Leeward Islands (Inseln unter dem Wind) doch um einiges trockener bleiben.

Die so genannten sommerlichen „Regenzeiten" der Kleinen Antillen darf man sich allerdings nicht als graue, regenverhangene Tage nach europäischem Muster vorstellen. Obwohl jeden Tag garantiert eine feuchte Dusche vom Himmel prasselt, gibt es nur selten einen oder mehrere gänzlich verregnete Tage. Oft ist der Regenschauer sogar eine willkommene Erfrischung, nach der sich der Himmel schnell wieder aufklart, Blumen und Bäume besonders stark duften und die Tropensonne wieder in alter Stärke hervorbricht. Nur in Gebirgsregionen, Regenwäldern und in der Hurrikan-Zeit (Sommer und Herbst) werden die Inseln gelegentlich von sintflutartigen Regenfällen heimgesucht.

Die gefürchteten tropischen Wirbelstürme (Zyklone) können Geschwindigkeiten von bis zu 320 km/h erreichen und richten meist verheerende Verwüstungen an. Nur die Inseln Trinidad, Tobago, Aruba, Bonaire und Curaçao bleiben von Wirbelstürmen verschont – u. a. wegen der größeren Äquatornähe und deshalb abnehmender Corioliskraft (geringere Ablenkung nordwärts strömender Luftmassen).

In punkto Regenfälle können die Antillen einige Rekorde verbuchen: Im September 1958 fielen in Fort-de-France auf Martinique 77 mm Regen in einer Stunde und 220 mm in fünf Stunden. In Jamaika fielen während eines Hurrikans im Jahr 1909 an einem einzigen Tag 728 mm Regen in den Blue Mountains, und insgesamt 3428 mm Regen in einer Woche.

In der Regel scheint auf den Antillen aber die Sonne, und zwar mit großer Intensität. Denken Sie an ausreichenden Sonnenschutz und lassen Sie Sweatshirt oder Pulli ruhig im Hotelzimmer – Sie benötigen sie bestenfalls in Räumen mit Klimaanlage. Fort-de-France z. B. hat durchschnittlich 2790 Sonnenstunden pro Jahr, mit zirka 8,5 Stunden täglich im Dezember und 7,5 Stunden täglich im regenreichen August.

Zwar gibt es zwischen Sommer und Winter kaum Temperaturschwankungen; die saisonbedingten Preise dagegen weisen dramatische Unterschiede auf: während des europäischen Sommers zahlen Sie für Ihren Urlaub bis zu 40 % weniger. Urlauber, die sich von kurzen Regenschauern und erhöhter Luftfeuchtigkeit nicht abschrecken lassen, können dann einsame Strände und Hotels ohne Touristenmassen genießen. Viele Hotels bieten von Ende April bis November stark ermäßigte Sonderangebote an.

Tropische Sommertemperaturen in Verbindung mit erhöhter Luftfeuchtigkeit können jedoch Menschen mit Kreislauf- oder Atembeschwerden zu schaffen machen. Wer die meiste Zeit am Strand ausgestreckt oder in Ruhestellung über den Spieltischen eines Kasinos zubringt, hat natürlich bedeutend weniger Probleme mit dem Sommerklima als Aktiv-Urlauber, die viel Sport treiben.

Kleidung

Modebewusste Karibikreisende werden auch im Urlaub nicht auf schickes Outfit verzichten wollen, doch meist braucht man nicht viel mehr als kurze Hosen, T-Shirts (am besten Baumwolle) und Sandalen, also legere Freizeitkleidung. Innerhalb Ihrer Hotelanlage können Sie sich tagsüber auch durchaus in Badekleidung bewegen.

Vergessen Sie jedoch nicht, dass außerhalb der Ferienanlagen gänzlich andere Regeln gelten. Auch auf Kreuzfahrtschiffen wird tagsüber sportlich-legere Kleidung bevorzugt, während auf Fünf-Sterne-Schiffen (weniger auf Club-Schiffen) beim Dinner oder bei festlichen Abendveranstaltungen bei Männern auf ein Jackett, Krawatte und lange Hosen und bei Frauen auf ein elegantes Kleid großer Wert gelegt wird. Dies gilt auch für exklusivere Ferienzentren, Hotels, Restaurants, in denen man besonders abends elegante Garderobe von den Gästen erwartet.

Sind Vulkanbesteigungen geplant, sollten feste Wanderschuhe und wetterfeste Kleidung im Gepäck nicht fehlen; auch in klimatisierten Räumen kann es empfindlich kühl werden, eine leichte Strickjacke oder ein Pulli tun dann gute Dienste.

Ein leichter Sonnenhut, ein guter Sonnenschutz und Insektenschutzmittel sind ein absolutes Muss für jede Karibikreise. In einzelnen Ferienzentren wie auch an wenigen Stränden ist Nacktbaden erlaubt; erkundigen Sie sich vor Ort über FKK-Strände.

Wenn Sie mit dem Flugzeug in der Karibik unterwegs sind, sollten Sie die wichtigsten Toilettensachen und eventuell Wäsche für einen Tag im Handgepäck mit sich führen, falls es für Ihren Koffer im „karibischen Flugplan" eine Verzögerung gibt und Sie diese Dinge (beispielsweise wegen Feiertagen) vor Ort nicht nachkaufen können.

Einreise

Bei den Einreiseformalitäten auf Ihrer Karibik-Trauminsel besteht eine Vielfalt von Möglichkeiten – von der Blitzabfertigung bis zum bürokratischen Eiertanz. Da jede der Inseln ihre eigene Variante der Bürokratie pflegt, sollten Sie sich vorher bei Ihrer Reiseagentur, beim Konsulat oder dem Fremdenverkehrsamt nach den jeweils geltenden Bestimmungen erkundigen.

Auf jeden Fall benötigen Sie – für einen Aufenthalt bis zu drei Monaten – einen Reisepass, der mindestens sechs Monate nach Beendigung der Reise noch gültig sein muss. Erkundigen Sie sich zur Sicherheit, ob auf einer oder mehreren der Inseln, die Sie besuchen wollen, die Visumpflicht mittlerweile wieder eingeführt wurde. Den Nachweis von Impfungen benötigen Sie in der Regel nur, wenn Sie unmittelbar aus einem Infektionsgebiet einreisen. Das könnte bei einem Abstecher nach Guyana oder Surinam eine Rolle spielen. Bei der Einreise müssen Sie hingegen fast immer Ihr Flugticket für den Weiter- oder Rückflug vorlegen und eventuell auch nachweisen, dass Sie genügend Geldmittel für Ihren Aufenthalt mit sich führen. Grundsätzlich erleichtert ein gepflegtes Äußeres jeden Grenzübertritt!

Ausreise

Für die Ausreiseformalitäten wie Flugschein- und Passkontrolle, Sitzplatz-Zuweisung und Sicherheits-Check sollten Sie mindestens zwei Stunden einplanen, denn alle nötigen Prozeduren werden sehr langsam und gründlich durchgeführt. Bei der Ausreise müssen Sie auf fast allen karibischen Flughäfen eine Abflugsteuer zahlen, meist in örtlicher Währung. Sofern Sie Reste Ihrer Reisekasse im Wechselbüro des Flughafens zurücktauschen wollen, kann die Vorlage einer entsprechenden Wechselquittung von Ihnen verlangt werden.

Bei manchen Fluggesellschaften muss man sich noch seinen Rückflug 72 Stunden vor Abflug bestätigen lassen. Erkundigen Sie sich bei Ihrer Fluggesellschaft auch, ob eventuell vor Ort eine zusätzliche Abflugsteuer erhoben wird oder ob diese bereits im Ticketpreis enthalten ist.

Währung und Geldwechsel

Währung und Devisenbestimmungen sind von Insel zu Insel verschieden. Einzelheiten finden Sie in den Info-Seiten am Ende des jeweiligen Reisekapitels. Auf Martinique und Guadeloupe gilt der Euro. Ansonsten werden US-Dollar und Reiseschecks in US-Währung fast überall problemlos getauscht bzw. eingelöst. Auf einigen Inseln ist der US-Dollar ohnehin das offizielle Zahlungsmittel.

In allen größeren Touristenzentren werden zwar die gängigen internationale Kreditkarten wie Visa, Mastercard (Eurocard), American Express und Diner's Club akzeptiert (manche Banken zahlen auch Bargeld auf Kreditkarten aus), aber in kleineren Orten und Läden kommen Sie damit nicht weit. Eine Bargeldreserve sollten Sie für Trinkgelder oder für Taxikosten immer zur Hand haben.

Die Maestro-EC-Karte wird an allen Bankautomaten der Französischen, seltener denen der Niederländischen Antillen akzeptiert; an Automaten gibt es meist den besten Kurs, allerdings wird eine Gebühr erhoben. Denken Sie daran, Ihre Karte immer gut aufzubewahren und bei eventuellem Verlust oder Diebstahl sofort die Bank zu informieren – Telefonnummer mitnehmen oder den 24-Stunden-Service für EC-Karten-Verlust anrufen, Tel. (00 49) 116 116.

Für Travellerschecks bekommen Sie meist einen etwas besseren Wechselkurs als für Bargeld; beim Geldwechsel im Hotel ist der Kurs meist schlechter als bei einer Bank. Kleine Wechselstuben und Straßenhändler bieten oft verlockende Kurse an – dabei ist Vorsicht geboten, da man unter Umständen Betrügern zum Opfer fallen kann und Falschgeld bekommt.

Über die Wechselkurse können Sie sich auf www.oanda.com, in Banken oder den Wechselstuben der Hotels informieren. Banken haben allgemein von 9-12 u. 13-15 Uhr geöffnet, einige ein- bis zweimal die Woche auch nachmittags (regional können Unterschiede auftreten). Wechselstuben der Hotels und Flughäfen bieten ihren Service meist rund um die Uhr an, doch in abgelegenen Hotels kann es vorkommen, dass der Wechselstube schon am Nachmittag das Bargeld ausgeht.

1 **Euro** entspricht ungefähr:
2 **Aruba Florin** (ANG),
2,30 **Barbados Dollar** (BBD),
3 **Ostkaribische Dollar** (ECD),
8 **Trinidad&Tobago-Dollar** (TTD)

Gesundheitsvorsorge

Es ist immer ratsam, für einen sorglosen Urlaub eine private Auslandskrankenversicherung mit Rücktransportversicherung abzuschließen. Sollten Sie während Ihres Urlaubs ärztliche Hilfe beanspruchen, bewahren Sie die Quittungen für Behandlung und Medikamente auf, denn sie müssen der Versicherung zwecks Rückerstattung der Kosten vorgelegt werden.

Impfungen sind nicht vorgeschrieben. Wenn Sie jedoch nicht vorhaben, sich für die gesamte Reisedauer ausschließlich in Ihrer blitzblanken Ferienanlage aufzuhalten, sollten Sie sich vorbeugend gegen Tetanus (Wundstarrkrampf), Typhus (Salmonelleninfektion), Hepatitis B (infektiöse Gelbsucht) und eventuell gegen andere Infektionen impfen lassen – konsultieren Sie hierzu unbedingt einen Tropenarzt.

In den Hochburgen des internationalen Tourismus bieten männliche und weibliche Prostituierte ihre Dienste an. Aids-Infektionen nehmen auch auf den Karibik-Inseln zu.

Reisende, die auch zu Hause regelmäßig Medikamente einnehmen, sollten ihren Arzt über Verfügbarkeit und die beste Angleichung an die Zeitverschiebung befragen.

Gesundheitsprobleme können durch die Klima-Umstellung, hohe Luftfeuchtigkeit, Trinkwasser und Ernährung entstehen. Daneben können – je nach persönlicher Urlaubsgestaltung – zuviel Sonne, Moskitos oder Rum noch für zusätzliche Beschwerden sorgen. Nehmen Sie auf jeden Fall eine kleine Hausapotheke mit (Verbandszeug, Schmerz-, Durchfall- und Verdauungsmittel usw.).

Größere Ferienzentren und Hotels verfügen so gut wie immer über eine kundige Krankenschwester oder einen vertrauenswürdigen Vertragsarzt. In größeren Ortschaften finden Sie Apotheken, Arztpraxen und Krankenhäuser, die entweder überraschend gut oder deprimierend schlecht sein können. Je weiter Sie sich in einsame Gefilde vorwagen, desto unzureichender ist in den meisten Fällen die medizinische Versorgug.

REISEN IN DEN KLEINEN ANTILLEN

Nachfolgend finden Sie, stichpunktartig geordnet, Zusatzinformationen, die Ihnen das Reisen in den Kleinen Antillen erleichtern sollen. Zum Zeitpunkt der Veröffentlichung waren die Angaben korrekt; bedenken Sie jedoch, dass sich in der Touristik die Gegebenheiten von Saison zu Saison ändern – z. B. auch durch Hurrikanschäden.

Mit dem Flugzeug

Von europäischen Städten aus fliegen verschiedene Fluglinien die größeren Karibikinseln an, z. B. Condor von Frankfurt/M., Air France von Paris und Basel, British Airways von London, KLM und Martinair von Amsterdam und American Airlines über Miami/New York. Auf dem Weg zu kleineren Inseln landen einige Linien auf Antigua und Barbados zwischen. Strecken innerhalb der Karibik werden überwiegend von Propellerflugzeugen bedient, z. B. von Maschinen der Air Caraïbe, American Eagle (Reservierung über American Airlines möglich) und LIAT (kann über Air France gebucht werden).

Daneben gibt es zahlreiche Regionalfluglinien und kleinere Chartergesellschaften, mit denen Sie ebenfalls von Insel zu Insel „hüpfen" können. Der zivilisationsgeschädigte Urlauber, der sich

normalerweise nach dem Motto „Zeit ist Geld" durchs Leben bewegt, muss sich allerdings erst einmal daran gewöhnen, dass nicht nur das Alltagsleben, sondern auch der Flugverkehr manchmal nach *caribbean time* abläuft – das heißt zeitlich sehr flexibel.

Europäischen Karibik-Touristen bietet LIAT günstige Airpässe an; informieren Sie sich über die aktuellen Konditionen im Reisebüro.

Kreuzfahrten und Schiffsverbindungen

In den vergangenen Jahren ist die Nachfrage nach Kreuzfahrten in der Karibik stark angestiegen. In Deutschland gibt es etliche Reisebüros, die sich auf Segeltörns oder Kreuzfahrten in dieser Region spezialisiert haben.

Fort Lauderdale und Miami in Florida sind die Heimathäfen der meisten amerikanischen Kreuzfahrtschiffe, welche die Inseln der Karibik anlaufen. Diese Schiffe werden überwiegend von US-Touristen frequentiert, und so ist die Atmosphäre an Bord auf nordamerikanischen Geschmack zugeschnitten. Von Florida legen gleich mehrere riesige brandneue Gefährte – schwimmende Luxusresorts mit buntem Unterhaltungsangebot – und von Grund auf renovierte ältere Schiffe ab. Die Tendenz geht dabei immer mehr zu preiswerten, kürzeren Kreuzfahrten durch die Karibik. Nähere Einzelheiten zu den diversen Kreuzfahrtangeboten finden Sie im Kapitel „Urlaub auf dem Meer".

Wem ein Kreuzfahrtschiff zu groß und vielleicht auch zu unpersönlich ist, für den bieten auch verschiedene kleinere Agenturen die Gelegenheit, auf komfortablen Jachten mit deutschen Skippern und kleiner Belegung die Karibik individuell zu erleben. Ideal auch für Reisende mit wenig Segelerfahrung und Singles. Einige Beispiele hierzu: Segelyacht Hibiscus (www.syhibiscus.de), Koop, Holtmann + Partner Yachtcharter (www.khp-yachtcharter.de) und S. Y. Scorpio (www.scorpio-segeln.de).

Für Urlauber mit sehr viel Zeit, Geschmack an abenteuerlichem Reisen und dem Bedürfnis, sich eine Reiseroute ganz individuell zusammenzustellen, ist die Reise auf einem Frachtschiff eine reizvolle Alternative, denn viele dieser Schiffe, die von europäischen Häfen aus die Karibik anlaufen (und auch zurückfahren) besitzen Passagierkabinen. Neben bedeutend geringerem Komfort müssen Sie auch mit längerer Reisezeit (10-20 Tage) und spürbarem Seegang rechnen. Dafür kann die Atmosphäre an Bord dann sehr viel gemütlicher und persönlicher sein und Sie laufen auch Häfen oder Inseln an, die Sie sonst niemals zu sehen bekämen.

Auch innerhalb der Karibik besteht die Möglichkeit, mit Bananenfrachtern, Post- oder Güterschiffen von Hafen zu Hafen zu schippern, und für Langzeit-Urlauber kann eine Fahrt auf einem Frachter zum unvergesslichen Erlebnis werden. *Infos:* Hamburg-Südam. Dampfschiffahrts-Gesellschaft, Eggert & Amsinck, Ost-West-Straße 59, D-20457 Hamburg, Tel. 0 40/37 05-0, www.hamburgsud.com; Intern. Frachtschiffreisen Pfeiffer, Friedrich-Storck-Weg 18a, D-42107 Wuppertal, Tel. 02 02 / 45 23 79, http://frachtschiffreisen-pfeiffer.de; Frachtschiff-Touristik International, Marschall 2, D-24376 Hasselberg, Tel. 0 46 42/66 86, Fax 68 20 (Tageskosten ca. 70 €).

Verschiedene Schifffahrtsgesellschaften bieten auch Fährverbindungen innerhalb der Karibik an:

Bis zu 450 Passagiere finden an Bord der Großkatamarane von L'Express des Iles Platz. Die schnellen Boote („Antilles", „Jade", „Rubis", „Saphir" und „Turquoise") pendeln 4-8 mal pro Woche auf folgenden Strecken: St.Lucia – Martinique, Martinique – Dominica, Martinique – Guadeloupe und Dominica – Guadeloupe (je ab 79 €); Guadeloupe – Les Saintes und Guadeloupe – Marie-Galante (ab 20 €). Ermäßigungen für Jugendliche bis 26 Jahre. Reservierung und Buchung: A.T.E. (Antilles Trans Express), 6 Immeuble Darse, Quai Gatine, Gare maritime, Pointe-a-Pitre, Guadeloupe, Tel. 0 825 35 9000, Tickets unter Tel. 0596 63 32 75, macharini@express-des-iles.com, www.express-des-iles. com.

Trinidad & Tobago wird durch Fähren von Global Steamship Agencies (Wightson Road, Port of Spain, Tel. 624-2279, Fax 627-5091) regelmäßig mit St. Lucia, St. Vincent und Barbados verbunden. Abgelegt wird im Hafen von Port of Spain, Trinidad. Zwischen Tobago und Trinidad pendeln moderne Katamaranfähren mehrmals täglich (http://ttitferry.com).

PRAKTISCHE TIPPS

Elektrizität

Die Netzspannung ist von Insel zu Insel verschieden, ebenso die Anschlussnormen der – meist amerikanischen – Steckdosen. Besorgen Sie sich vor der Abreise ein Adapter-Set mit verschiedenen Zwischensteckern (bei Expeditionsausrüstern, in Elektrogeschäften oder in Elektroabteilungen von Kaufhäusern erhältlich).

Auf einigen Inseln beträgt die Stromspannung nach amerikanischem Muster 110 Volt Wechselstrom bei 60 Hertz. Folgende Inseln haben ein europäisches Stromnetz von 220 Volt und 50 Hertz: Französische Antillen, Grenada, St. Lucia, Montserrat, Dominica, St. Vincent & The Grenadines. Auf einigen Inseln gibt es besondere Varianten: Antigua und Barbuda 220 Volt, 60 Hertz; Bonaire 127 Volt, 50 Hertz; Curaçao 110 Volt, 50 Hertz; St. Kitts & Nevis 220 Volt, 60 Hertz.

Etikette

Vergessen Sie nie, dass Sie Gast auf den Inseln der Karibik sind und das Privileg besitzen, hier einen Urlaub verbringen zu können, den die meisten Einheimischen sich nie leisten könnten. Die große Zahl ethnischer, sozialer, religiöser und auch wirtschaftlicher Unterschiede, die hier aufeinander treffen, verursachen unterschwellige Spannungen, deren sich der Besucher entweder gar nicht bewusst ist oder die ihm überdeutlich ins Auge springen.

Neben freundlichen Einheimischen, welche ausländische Gäste willkommen heißen und sich vom Tourismus eine Verbesserung ihrer Lebensumstände erhoffen, gibt es durchaus Inselbewohner, die im Tourismus eine Weiterführung des Kolonialismus mit anderen Mitteln sehen und ein entsprechend ablehnendes bis aggressives Verhalten an den Tag legen.

Preußische Pünktlichkeit wird man in der Karibik vergeblich suchen. Hier hat der Alltag einen anderen, langsameren Rhythmus, als in Europa oder den USA. Eilige oder genervte Touristen werden nicht selten mit ironischer Herablassung betrachtet oder gänzlich ignoriert, und unfreundliche Touristen können sicher sein, dass sie grundsätzlich als letzte bedient oder abgefertigt werden. Schalten Sie daher besser eine langsamere Gangart ein – auch eine Prise Humor und Liebenswürdigkeit wirken meist Wunder.

Feste und Feiertage

Feste und Feiertage, ein wichtiger Bestandteil des karibischen Lebens, werden mit viel Temperament und Fantasie gefeiert und nicht selten dazu benutzt, den Tourismus ein bisschen anzukurbeln. Neben ihren nationalen Feiertagen halten viele der Inseln auch Feierlichkeiten zu Ehren ihrer Schutzpatrone ab.

Die wichtigsten Feste und Feiertage finden Sie in den Info-Seiten am Ende des jeweiligen Reisekapitels. Die örtlichen Touristenbüros informieren über spezielle Veranstaltungen und Feste.

Fotografieren

Fotografieren und Filmen ist bei Karibikreisenden sehr beliebt. Zwar kann man Speicherkarten, Filme, Batterien und Zubehör in den größeren Touristenzentren kaufen, sie sind dort jedoch teurer als in Europa oder den USA.

Bitten Sie immer um Erlaubnis, bevor Sie jemanden fotografieren. Viele Inselbewohner reagieren verärgert auf die Manie der Touristen, „pittoreske Einheimische“ ungefragt ablichten zu wollen. Lehnt jemand es ganz und gar ab, fotografiert zu werden, so sollte man sie oder ihn auf gar keinen Fall dazu drängen oder gar zu überrumpeln versuchen.

Fremdenführer

In einigen Pauschalreisen sind Führungen bereits enthalten oder können über die Reiseleitung zusätzlich gebucht werden. Daneben ist es kein Problem, einen örtlichen Fremdenführer zu finden – „freiberufliche“ Jugendliche oder Taxifahrer warten oft schon am Flughafen oder an den Eingängen von Sehenswürdigkeiten, um mit viel Schwung und guter Laune ihre Dienste anzubieten. Sie können eine wahre Fundgrube an nützlichen Tipps und Insider-Informationen sein. Handeln Sie den Preis für eine Führung grundsätzlich immer vorher aus.

Auch örtliche Touristenbüros vermitteln mehrsprachige Führer und informieren über Agenturen, die besondere Touren (Sehenswürdigkeiten, Einkaufen, schöne Routen, Tauchen etc.) durchführen.

Geschäftszeiten

Trotz der von Insel zu Insel etwas unterschiedlichen Ladenzeiten kann man sich in der Regel darauf verlassen, dass die Geschäfte Montag bis Freitag von 8 bis 18 Uhr und an Samstagen mindestens bis 12 Uhr geöffnet sind. Banken öffnen Montag bis Freitag von 9-12 Uhr, auf einigen Inseln auch an ein oder zwei Nachmittagen in der Woche. Museen und Sehenswürdigkeiten sind normalerweise von 9-17 Uhr geöffnet und meist an einem Tag der Woche geschlossen.

Touristenmärkte mit örtlichem Kunstgewerbe finden vielerorts täglich statt, der Wochenmarkt für Einheimische mit einem Angebot an Frischprodukten meist freitags oder samstags. Kleine Läden, Straßenstände und Garküchen arbeiten oft fast rund um die Uhr und bieten noch bis spät in die Nacht ihre Dienste an.

Kriminalität

Neben sozialen und wirtschaftlichen Spannungen hat auch der Touristikboom zu einem drastischen Anstieg der Kriminalität im karibischen Raum beigetragen. Um Konflikte zu vermeiden, benutzen Sie Ihren gesunden Menschenverstand: Lassen Sie teure Kameras nie unbeaufsichtigt, tragen Sie auffälligen Schmuck allenfalls innerhalb des Resorts und den Geldbeutel nie in der Gesäßtasche.

In größeren Hotels und Ferienzentren gibt es Zimmersafes, andernfalls können Sie Ihre Wertsachen in den Hotelsafes einschließen lassen. Benutzen Sie wo möglich Travellerschecks anstelle von Bargeld. Bewahren Sie Kreditkarten immer separat auf. Vergessen Sie nie, Ihren Wagen abzuschließen.

Mietwagen

Zum Mieten und Fahren eines Autos, Motorrads oder Mopeds benötigen Sie einen internationalen Führerschein. Auf einigen karibischen Inseln müssen Sie zusätzlich eine örtliche Fahrerlaubnis kaufen (Visitor's Driving Licence), die Ihnen bei Übernahme des Mietwagens ausgestellt wird. Die örtlichen Touristenbüros informieren über die Bestimmungen und Mietwagen-Agenturen.

Notfälle

Bei Unfällen und akuten Krankheitsfällen können Sie sich an einen der folgenden Notdienste wenden:
Anguilla: Notruf und Feuerwehr 911; Notarzt 911 und 497-2552; Polizei 497-2333.
Antigua: Notruf 911 und 999, Notarzt 462-0251; Polizei 462-0125.
Aruba: Notruf 911; Feuerwehr 911; Polizei 911.
Barbados: Notruf 211; Notarzt 511; Polizei 211, Küstenwache 427 88 19.
Bonaire: Notruf und Polizei 911, Krankenwagen 912, Feuerwehr 919.
British Virgin Islands: Ambulanz, Feuerwehr und Polizei 999 oder 911.
Curaçao: Notruf 911, Notarzt 912; Touristenpolizei 637-911, Feuerwehr 115, Küstenwache 113.
Dominica: Notruf (Polizei u. Feuerwehr) 999.
Grenada: Notruf 911 (St.George's), 911 (St. Andrew's) und 774 (Carriacou).
Guadeloupe: Notruf 18, Polizei 17 (Point-à-Pitre), Feuerwehr 18.
Martinique: Notarzt 15, Polizei 17, Feuerwehr 18, Wasserschutzpolizei 719-292.
Montserrat: Notarzt 491-2802, Polizei 999, Ambulanz 491.
Saba: Notruf 63-220; Polizei 63-237.
St. Barthélemy: Polizei 276-666, Feuerwehr 276-231.
St. Eustatius: Notarzt / Ambulanz 913, Polizei 911, Feuerwehr 912.
St. Kitts & Nevis: Ambulanz, Feuerwehr und Polizei 911, Feuerwehr 333.
St. Lucia: Notruf 911/999.
Sint Maarten: Notarzt 912, Polizei 911; Notruf 911.
St. Martin: Notruf 911.
St. Vincent & The Grenadines: Notruf 911/999.
Trinidad und Tobago: Feuerwehr 990; Polizei 999, Notarzt 990.
US-Virgin Islands: Notruf 911.

Post

Service und Tarife sind auf den Inseln verschieden. Auch die Post arbeitet in der Karibik nach der gemächlicheren *caribbean time*.

Verschicken Sie Briefe und Postkarten immer mit Luftpost.

Telefon

Das Telefonnetz der Karibik wird immer besser und moderner. Da der karibische Raum insgesamt jedoch nicht durch ein einheitliches Telefonsystem verbunden ist, müssen Sie sich vor Ort über die jeweilige Vorwahlnummer informieren. Diese brauchen Sie auch, wenn Sie nur von einer Insel zur nächsten telefonieren wollen.

Von Europa aus lauten die internationalen Vorwahlen und die eventuell zusätzlich nötigen Inselcodes:

Die internationalen Vorwahlen finden Sie in den Infoboxen zu den jeweiligen Inseln.

Hinweis: Sollten Sie bei einem Ortsgespräch keine Verbindung bekommen, hilft Ihnen im Zweifelsfall die jeweilige Telefonvermittlung weiter.

Touristen-Information

Viele Inseln unterhalten Informationsbüros in Europa:

ANGUILLA:

The Anguilla Tourist Board, Exclusive & Different, Bruckmannring 6, 85764 Oberschleissheim, Tel (089) 5434-8763, www.anguillainsel.de, www.ahta.ai, www.ivisitanguilla.com.

ANTIGUA & BARBUDA:

Antigua & Barbuda Tourism Authority, 45 Crawford Place, London W1H4LP, Tel. (0044) 203 668-3800; www.antigua-barbuda.com; www.visitantiguabarbuda.com.

BARBADOS:

Barbados Tourism Marketing, Leopoldstraße 23, 80802 München, Tel. (089) 2444-23068. **Barbados Tourism Marketing**, Warrens Office Complex, 1st Floor, Warrens, St. Michael, Barbados, Tel. 535-3700, Fax 426-4080; www.visitbarbados.org/de.

BRITISCHE JUNGFERNINSELN:

British Virgin Islands Tourist Board: c/o TravelMarketing Romberg, Schwarzbachstr. 32, D-40822 Mettmann, Tel. 02104/28 66 71, Fax 91 26 73, bvi@travelmarketing.de, www.bvi-tourism.de.

US JUNGFERNINSELN:

St. Croix Hotel & Tourism Association, Christiansted, Tel. 773-7117.

MONTSERRAT:

Montserrat Tourist Board, E. K. Osbourne Building, Little Bay, Tel. 491-4700 u. 491-2230.

NIEDERLÄNDISCHE KARIBIK:

Fremdenverkehrsamt Aruba, c/o Fame Creative Lab, Hanauer Landstr. 146, 60314 Frankfurt/Main; Tel. (069) 2475-6184; www.aruba.de.

Tourism Corporation Bonaire, c/o Basis Communicatie B.V., Wagenweg 252, NL-2000 AL Haarlem, Tel. (0031) 23 543-0705, Fax (0031) 23 543-0730; www.tourismbonaire.com; www.infobonaire.com; www.bonaire-travelguide.com.

Curaçao Tourist Board, Pietermaai 19, Willemstad, Tel. (005 999) 434-8200, Fax 461-2305, www.curacao.com.

FRANZÖSISCHE ANTILLEN:

Fremdenverkehrsamt von Guadeloupe, Postfach 140212, D-70072 Stuttgart, Tel. 07 11/5 05 35 11, Fax 505 35 12, fva.guadeloupe@t-online.de, www.guadeloupe_inseln.com.

Comité Martiniquais du Tourisme, Rue des Moulins 2, 75001 Paris, Tel. 0033-1-4477-8600, Fax 0033-1-4926-0363, www.insel-martinique.de, www.martinique.org

GRENADA:

Grenada Board of Tourism, Schenkendorfstr. 1, 65187 Wiesbaden, Tel. 0611/2676720, Fax 2676760, grenada@discover-fra.com, www.grenadagrenadines.com.

ST. KITTS & NEVIS:

St. Kitts Tourism Authority, Pelican Mall, Bay Road, Basseterre, St. Kitt, Tel. (001 859) 465-4040, www.stkitts tourism.kn.

ST. LUCIA:

St. Lucia Tourism, Kälberstücksweg 59, 61350 Bad Homburg, Tel. 06172/4994-188, www.stlucia.org.

TRINIDAD & TOBAGO:

Fremdenverkehrsamt Trinidad & Tobago, c/o Aviareps Mangum, Josephspitalstr. 15, 80331 München, Tel. 089/55 25 33 415, Fax 55 25 33 481.

Venezolanisches Fremdenverkehrsamt, c/o Botschaft der Bolivianischen Republik Venezuela, Schillstraße 9-10, 10785 Berlin, Tel. 030/8322-4000, Fax (030) 8322-4020, www.botschaft-venezuela.de.

Trinkgeld

Ein angemessenes Trinkgeld wird wie in den meisten Urlaubsorten auch auf den Kleinen Antillen überall erwartet. Die meisten Hotels und Restaurants berechnen automatisch ein Bedienungsgeld (service charge). Ansonsten gilt: Gepäckträger und Hotelpagen min. 1 US$ pro Reisetasche oder Koffer; Taxifahrer 15-20 % des Fahrpreises; Zimmermädchen 1-2 US$ täglich; Kellner, Frisöre 15-20 % des Endpreises.

Auf Kreuzfahrtschiffen gelten besondere Regeln für Trinkgelder. Erkundigen Sie sich darüber vor Reisebeginn bei Ihrer Reiseagentur.

Verkehr

Auf einigen Inseln herrscht nach britischem Vorbild Linksverkehr, auf anderen Inseln dagegen Rechtsverkehr. Obwohl die Hauptstraßen der meisten Karibikinseln in erstaunlich gutem Zustand sind, sind sie dennoch keine schnurgeraden Super-Highways, sondern größtenteils schmal und kurvenreich. Oft müssen Sie sich die Straße nicht nur mit Fußgängern, sondern auch mit Viehherden, streunenden Schweinen, Hunden und Ziegen teilen. Verlieren Sie aber nicht gleich die Nerven, wenn Sie auf einer engen Straße um eine Kurve biegen und sich plötzlich sowohl mit einer Ziegenherde als auch mit einem Bus, der aus der Gegenrichtung heranschießt, konfrontiert sehen.

Zeit

Für die Inseln der Kleinen Antillen gilt die Atlantikzeit, das heißt MEZ minus 5 Stunden. Auf einigen Inseln, etwa auf den Niederländischen Antillen, verschiebt sich im Sommer die Zeit zusätzlich um eine Stunde *(Daylight Saving Time* = Ortszeit plus 1 Std.).

Zollbestimmungen

Die Zollbestimmungen sind von Insel zu Insel verschieden, daher sollte man sich vor der Ein- oder Ausreise (entweder bei Ihrem Reisebüro oder bei den örtlichen Zollbehörden) über die jeweils geltenden Bestimmungen informieren. Tabak und Alkohol können in geringen Mengen mitgeführt werden (meist 200 Zigaretten, 1 l Spirituosen, 250 g Kaffee, 50 g Parfum).

Ein- und Ausfuhr von Drogen ist in der gesamten Karibik illegal und wird strengstens bestraft. Auf vielen Inseln ist die Ein- bzw. Ausfuhr von frischen Früchten, Fleisch, Blumen und Tieren verboten. Kunsthandwerkliche Gegenstände können meist zollfrei ausgeführt werden. Verboten ist die Einfuhr von geschützten Tieren oder Produkten, die aus ihnen hergestellt wurden.

Bei der Rückkehr aus Nicht-EU-Ländern dürfen zollfrei Güter im Wert von bis zu 430 Euro (Flug und Schiff) nach Deutschland eingeführt werden. Kinder unter 15 Jahren dürfen Mitbringsel im Wert von bis zu 175 Euro einführen.

AUTOREN

Eva Ambros ist seit ihrer ersten Karibik-Reise begeistert von den Inseln und ihren Bewohnern. Sie war Mitautorin der Artikel *Kultur, Antigua, Guadeloupe, Dominica, Martinique, St. Lucia, Barbados, St. Vincent, Trinidad, Grenada, Aruba und Curaçao.*

Steven Cohen, Project Editor des Nelles Guide Große Antillen, ist Autor und Fotograf, der auf Reisen und Abenteuer-Touren spezialisiert ist.

Robin Daniel Frommer ist als Fotograf und Reisejournalist häufig in der Karibik tätig. Er verfasste die Beiträge *Höhepunkte* und *Einstimmung, Vulkanausbruch auf Montserrat, Karneval an Weihnachten/ St.Kitts,* die Features *Curaçao Sea Aquarium* und *Indo-karibische Feste.* Zudem aktualisierte er alle anderen Kapitel.

Janet Groene bereist die Karibik seit vielen Jahren. Sie lebt in Florida und schrieb auch am Nelles Guide Große Antillen mit.

Laurie Werner lebt in New York und ist Reiseschriftstellerin. Ihre Artikel erscheinen in verschiedenen nordamerikanischen Zeitungen und Zeitschriften.

Ute Vladimir ist geborene Deutsche, die seit über 30 Jahren in Florida lebt. Sie hat ausgedehnte Segeltouren und Reisen in die Karibik unternommen.

Deborah Williams ist Zeitungsreporterin und Redakteurin. Seit über 20 Jahren bereist sie die Karibik und ihre Artikel erschienen in US-Publikationen.

Claire Walter war früher erfolgreiche Skifahrerin und ist heute Reiseschriftstellerin mit dem Schwerpunkt Sportreisen.

ÜBERSETZUNG

P. Trautwein, **S. Braun**, **A. Meimeth**, **B. Müller**, **G. Banck**

HOTELVERZEICHNIS

Auf den Inseln der Kleinen Antillen können Sie aus einer breiten Palette von Unterkünften in allen Preiskategorien wählen. Am obersten Ende der Skala gibt es teure, luxuriöse Privatvillen, in denen Sie nicht nur Ihre Lieblingsgerichte und -getränke vorfinden, sondern auch Koch, Zimmermädchen und Chauffeur. In solche Oasen des Luxus ziehen sich Reiche und Prominente zurück, um unter sich zu bleiben. Billigunterkünfte wie in Asien findet man auf den Kleinen Antillen kaum. Reisende mit knapperer Urlaubskasse können für um die 50 US$ ein einfaches Zimmer in einer Bed & Breakfast-Unterkunft oder einem einfachen Guesthouse (meist im Inselhauptort) mieten.

Weit verbreitet sind „All-inclusive"-Ferienanlagen, in denen man zwar keine Berühmtheiten trifft, die aber den Feriengast rundherum verwöhnen.

Als Urlaubsquartier bieten sich neben gigantischen Hochhauskomplexen mit breiten Unterhaltungs- und Sportangebot auch bescheidenere Bungalow-Feriendörfer an. Kleine Hotels und Pensionen besitzen zwar charmantes Lokalkolorit, aber Sie müssen damit rechnen, dass Zimmer und Service nicht auf dem Niveau internationaler Hotels sind. Dafür bekommen Sie häufig eine schöne Lage, niedrige Preise und Einblick ins Familienleben.

Außerdem gibt es Hotels in renovierten Zuckermühlen, Plantagenhäusern oder Regierungsgebäuden aus der Kolonialzeit, wo man historisches Ambiente genießen kann.

Wollen Sie an Orten logieren, die zu den „Hideaways" von so berühmten Zeitgenossen wie Mick Jagger gehören, müssen Sie Ihren Geldbeutel arg strapazieren und in einer der Ferienanlagen absteigen, die von den Oberen Zehntausend frequentiert werden. Die Mitglieder des Britischen Königshauses und der Frontman der Rolling Stones bevorzugen für einen ungestörten Urlaub beispielsweise die Grenadinen-Insel Mustique.

Die meisten karibischen Hotels und Ferienanlagen besitzen einen eigenen Swimmingpool und liegen in der Nähe von ausgezeichneten Stränden oder – in bergigen Regionen – an einem Fluss oder Wasserfall. Viele Hotels sind mit Klimaanlagen ausgestattet, einfache Hotels oft nur mit Decken-Ventilator, dafür finden Sie oft eine Anti-Moskito-Rauchspirale im Zimmer oder ein Moskitonetz über dem Bett.

In der Hauptsaison von Mitte Dezember bis Mitte April sind die Preise am höchsten, im restlichen Jahr niedriger, bei Tiefpreisen in den europäischen Sommermonaten Juni, Juli und August. Dann können Sie nicht nur die Reisekasse schonen, sondern auch die dann wenig besuchten Strände genießen – wenn Sie sich von sporadischen Regenschauern nicht abschrecken lassen. Angenehmes Klima, Sparpreise in den Hotels und ein nur mäßiger Touristenstrom machen die Monate Mai und November zur idealen Reisezeit.

Vor Ort werden die folgenden Kürzel für Begriffe wie z. B. „Vollpension" verwendet:

Full American Plan (FAP): Zimmer mit Vollpension einschl. Nachmittagstee. American Plan (AP): Zimmer mit drei Mahlzeiten. Modified American Plan (MAP): Zimmer, Frühstück und Abendessen, in manchen Hotels auch Nachmittagstee. Continental Plan (CP): Zimmer mit Frühstück. European Plan (EP): nur Übernachtung.

In der folgenden Auflistung sind die Unterkünfte in ungefähre Preiskategorien eingeteilt:

$$$ über 300 Euro
$$ 80 bis 300 Euro
$ bis 80 Euro

3 VIRGIN ISLANDS

US-VIRGIN ISLANDS (USVI) (☎ 001 340)

In den Flughäfen von St. Thomas und St. Croix befindet sich eine Hotelvermittlung; Individualreisende sollten sich jedoch frühzeitig um eine Unterkunft kümmern.

$$$ **The Ritz-Carlton**, die hochpreisige Nr. 1 der Hotels; St. Thomas, Tel. 775-3333, Fax 774-4444, www.ritzcarlton. com.

Bluebeard's Castle, Luxushotel mit Restaurants und Bars; 7511 Frenchman's Bay, St. Thomas, Tel. 774-1600, Fax 774-5134, www.extraholidays.com.

Renaissance Carambola Beach Resort, Tennis, Golf, Wassersport, Strand, Pool, schicke Restaurants; St. Croix, Tel. 778-3800, Fax 778-1682, www.carambolabeach.com.

Frenchman's Reef & Morning Star Marriott Beach Resort, Top-Ferienanlage an schneeweißem Sandstrand, Restaurants, Pools, Tennis, Unter-

haltung, Boutiquen; St. Thomas, Tel. 776-8500, Fax 715-6191, www.frenchmansreefmarriott.com.
Caneel Bay Resort, weitläufige Anlage mit Pool, drei Restaurants und 171 Zimmern, umgeben von 7 Buchten; St. John, Tel. 776-6111, Fax 693-8280, www.caneelbay.com.

$$ **Palms at Pelican Cove**, freundliche Anlage an einem Traumstrand; 4126 La Grande Princesse, Christiansted, St. Croix, Tel. 718-8920, Fax 778-9218, www.palmspelicancove.com.

$ **Caravelle**, Hotel u. Casino mit beliebtem Restaurant, in der historischen Innenstadt (Hafennähe); 44A Queen Cross Street, Christiansted, St. Croix, Tel. 773-0687, Fax 778-7004, http://hotelcaravelle.com.
WEITERE UNTERKÜNFTE: Informationen im www.st-croix.com, www.st-thomas.com sowie www.st-john.com.

BRITISH VIRGIN ISLANDS (BVI) (☎ 001 284)

$$$ **Necker Island**, Zimmer ab 26 000 $, Up-Market Venue von Ruchard Branson, Tel. 494-2757, www.neckerisland.virgin.com.
Bitter End Yacht Club, Übernachtung zu Land oder Wasser, Jacht-Ambiente, Tagestouren, Tauchen, Boutiquen, Restaurants; North Sound, Virgin Gorda, Tel. 494-4756, www.beyc.com.
Guana Island, Naturreservat, sehr abgeschieden und exklusiv, ein Boot holt Sie vom Flughafen ab, Tennis, Strände, Wassersport, Naturlehrpfade, Vollpension; Tortola, Reservierung Tel. 494-2354 u. 486-0409, www.guana.com, reservations@guana.com.
Katitche Point Greathouse, The Valley, Virgin Gorda, Tel. 340-3000, www.katitchepoint.com.
Rosewood Little Dix Bay, wird im Dezember 2017 wiedereröffnet, ultra-exklusive Anlage (102 Zimmer), Strand, Tennis, Wassersport, Reiten; Virgin Gorda, Tel. 495-5555, Fax 495-5661, www.rosewoodhotels.com.
Peter Island Resort, Privatinsel, Exklusiv-Anlage. 50 Zimmer, Villen, Vollpension, Jachthafen, Restaurant; Tel. 0800 346 9451, 495-2000, Fax 495-2500, http://peterisland.com.
Sunset House, Villa mit fünf Gästezimmern; Road Town, Tortola, Tel. 495-3367, Fax 494-7626. area-na@caribsurf.com, http://sunsethousebvi.com.
Sugar Mill Hotel, Restaurant, Bar, Pool. Zimmer mit Kochnische, Familien-Suiten, Schnorcheln, Halbpension; Road Town, Tortola, Tel. 495-4355, Fax 495-4696, www.sugarmillhotel.com, sugmill@surfbvi.com.

$$ **Pusser's Marina Cay**, Privatinsel, 8 Zimmer, Wassersport, Restaurants, Bar; Road Town, Tortola, Tel. 494-2174, Fax 494-4775, http://pussers.com.
Anegada Reef Hotel, das Korallenriff einer abgelegenen Insel lädt zum Fischen, Schwimmen oder Erforschen ein, Vollpension; Tel. 495-8002, Fax 495-9362, www.anegadareef.com.
Frenchmans Cay Resort Hotel, *exklusiv, auf einer Halbinsel mit Privatstrand,* neun Villen mit Pool, Restaurant, Tennis, Schnorcheln; West End, Tortola, Tel. 494-8811, www.frenchmansbvi.com.
Moorings – Mariner Inn, mit Blick über den Jachthafen, Pool, Restaurant, Bar, Zimmer mit Kochnische und Terrasse; 2 Wickham Cay, Road Town, Tortola, Tel. 494-2333, Fax 494-1638, www.moorings.com.
Sebastian's on the Beach, 26 Zimmer, Strand, Restaurant mit Strandgrill; Road Town, Tortola, Tel. 495-4212, Fax 495-4466, www.sebastiansbvi.com, info@sebastiansbvi. com.
Guavaberry Spring Bay, Bungalows (1-2 Schlafzimmer) am Strand, keine Kreditkarten; Virgin Gorda, Tel. 495-5227, Fax 495-5283, http://guavaberryspringbay.com.
Virgin Gorda Village, gemütliches Resort mit Bibliothek, Halbpension, Boutique, abends Filme; Virgin Gorda, Tel. 495-5544, Fax 495-5986, www.virgingordavillage.com.
Long Bay Beach Club, Restaurants, Bars, Pools, Tennis; Tortola, Tel. (001 954) 949-2137, www.longbay.com, reservations@longbay. com.

$ **Maria's by the Sea**, funktionell eingerichtetes Haus, Pool, Restaurant, Bar, Kochnischen, Klimaanlage, Tagungszimmer; Road Town, Tortola, Tel. 494-2595, Fax 494-2420, www.mariasbythesea.com.
Sandcastle, rustikales Strandhotel mit einfachen Bungalows und Vollpension, kleiner Bar und Mini-Restaurant; White Bay, Jost Van Dyke, Tel. 495-9888, Fax 495-9998, www. soggydollar.com. Erreichbar mit *Interisland Boat Services Ferry*, Tel. 776-6597, von St. Thomas aus.

4 ANGUILLA UND SAINT-MARTIN / SINT MAARTEN

ANGUILLA (☎ 001 264)

$$$ **Cuisin Art Resort & Spa**, strahlend weiß wie ein griechisches Städtchen, Rendezvous Bay, Tel. 498-2000, Fax 498-2100, www.cuisinartresort.com.
Cap Juluca, diese maurische Fantasie mit Kuppeln und Bögen ist der Traum jedes Hedonisten, schöner Privatstrand, exzellentes Restaurant, dessen Chefkoch bereits mehrmals international ausgezeichnet wurde; Box 240, Maunday's Bay, Tel. 497-6666, Fax 497-6667, www.capjuluca.com.

$$ **Frangipani Beach Club**, 15 Apartments, schick und komfortabel; Mead's Bay, Tel. 497-6442, Fax 497-6440, www.frangipaniresort. com.
Carimar Beach Club, 24 Villa-Apartments (1100 m^2) mit wahlweise einem oder zwei Schlafräumen am weißen Puderzuckerstrand der Meads Bay. W-LAN gratis. Alle Einheiten verfügen über eine komplett ausgestattete Küche. Strandservice, zahlreiche Restaurants in Gehdistanz. Tel. 497-6881, Fax 497-6071, www.carimar.com.
Anguilla Great House, westindische Bungalows um ein großes Herrenhaus; Rendezvous Bay, Tel. 497-6061, Fax 497-6019, www.anguillagreathouse.com.
Anacaona Boutique Hotel, Apartment-Komplex mit Blick über die Bucht, zwei Pools; Meads Bay, Tel. 497-6827, Fax 497-6872 www.anacaonahotel.com.
Arawak Beach Inn, Villen an der Nordost-Küste; bei Big Spring, Tel. 497-4888, Fax 497-4889, www.arawakbeach.com.

$ **Lloyd's Guesthouse**, familiäre Bed & Breakfast-Unterkunft mit 12 Gästezimmern, alle mit Ventilator; Crocus Hill, Tel. 497-2351, Fax 497-3028, www.lloyds.ai.

SINT MAARTEN (☎ 005 99) (Niederländischer Teil)

$$$ **Belair Beach Hotel**, Timeshare-Anlage mit Suiten am Little Bay Beach; Philipsburg, Tel. 542-3362, Fax 542-6017, www.belairbeach.com.
Sonesta Great Bay Beach Hotel & Casino, 285 Zimmer, Kasino im Haus, 15 Minuten vom Flughafen entfernt; Philipsburg, Tel. 542-2447, Fax 542-3859, www.sonesta.com/greatbay.
Holland House Beach Resort, relativ kleines Hotel mit einem eigenen Strandabschnitt an der Great Bay, mit Open-Air-Bar und Restaurant, alle 54 Zimmer mit Klimaanlage, Telefon, Dusche/WC; Frontstreet 35, Philipsburg, Tel. 542-2572, Fax 542-4673, www.hhbh.com.
Simpson Bay Resort & Marina, 83 Apartments mit Meerblick; Simson Bay, Billy Folly Road 37, Philipsburg, Tel. 544-2175, www.simpsonbayresort.com.
Divi Little Bay Beach & Racquet Club, großzügige Strandvillen, großes Sportangebot; 15 Longwall Road, Philipsburg, Tel. 542-2333 u. (0800) 367-3484, Fax 542-4336, www.divilittlebay.com.

$$ - $ **Carl's Unique Inn**, 16 preisgünstige Zimmer in zentraler Lage; Orange Grove, Cole Bay, Tel. 544-2812, www.carlsinn.com.
Mary's Boon Beach Plantation, zwangloses Gasthaus mit familiärem Flair und Schwimmbad; allerdings zu nah am Flughafen; Simpson Bay, Philipsburg, Tel. 545-7000, Fax 545-3403, www.marysboon.com.
Pasanggrahan Boutique Hotel, 30 Zimmer in ehemaligem Governor's House, keine Kinder unter 12 Jahren; Philipsburg, Tel. 542-3588, Reservierung (001-721) 542-3588, Fax 542-2885, www.pasanhotel.net.

SAINT-MARTIN (☎ 005 90) (Französischer Teil)

$$$ **Belmond La Samanna**, das Non-plus-Ultra an Luxus, direkt am Strand; Saint-Martin, Tel. 876-400, Reservierung (0800) 183-0781, Fax 878-786, www.belmond.com/de/la-samanna-st-martin.
Le Domaine de Lonvilliers, elegant, 189 Zimmer, davon acht behindertengerecht; Anse Marcel, Saint-Martin, Tel. 523-535, Fax 291-081, www.hotel-le-domaine.com.

$$ - $ **Hotel Hévèa**, kleines, romantisches Gasthaus im Kolonialstil mit 25 Betten und Gourmet-Restaurant; 163 Boulevard de Grand-Case, Saint-Martin, Tel. (690) 293-671, 875-685, Fax 878-388, www.hotelhevea.com.

Club Orient-Hotel Nudisme, einfache Chalets am Strand für Nudisten; Baie Orientale, Saint-Martin, Tel. 873-385, Fax 873-376, http://cluborient.com.

5 ST. BARTS / SABA / ST. EUSTATIUS

SAINT-BARTHÉLEMY (☎ 005 90)

$$$ **Cheval Blanc Saint Barth**, Isle de France, am längsten und breitesten Strand von Saint-Barthélemy, Baie des Flamands, Tel. 276-181, Fax 278-683, www.chevalblanc.com/stbarthisledefrance/fr.
Guanahani, herrliche Suiten und Bungalows; Anse de Grand Cul-de-Sac, Tel. 529-000, http://leguanahani.com.

$$ - $ **Le Sereno Beach & Villas**, Malerisch gelegen, in Strandnähe, 18 Zimmer und 9 Villen; Grand-Cul-de-Sac, Tel. 276-480, Fax 277-547, serenohotels@wanadoo.fr, www.serenohotels.com.
Village St. Jean, entspannte Atmosphäre, Familienbetrieb; Colline de St. Jean, Saint-Barthélemy, Tel. 276-139, Fax 277-796, http://villagestjeanhotel.com.

SABA (☎ 005 99)

$$$ **Queens Garden Resort**, Suiten und Villas mit traumhafter Aussicht; Troy Hill Drive 1, Tel. 416-2269 und 416-2539, Fax 416-2389, qgrs@megatropic.com, https://queensaba.com.

$ **Juliana's Hotel**, 12 Apartments, die meisten Gäste sind Taucher, Mittagstisch; Windwardside, Tel. 416-2269, Fax 416-2389, julianas@megatropic.com, www.julianashotelsaba.com.

SINT EUSTATIUS (☎ 005 99)

$$$ **Old Gin House**, luxuriöses Hotel; Oranjebaai 1, Oranjestad, Tel. 318-2319, Fax 318-2135, www.oldginhouse.com.

$$ **Golden Era Hotel**, 20 Zimmer, ruhige Lage; Oranjestad, am Hafen, Tel. 318-2345, Fax 318-2455, www.goldenerahotel.com.

6 ST. KITTS – NEVIS

ST. KITTS (☎ 001 869)

$$ **St. Kitts Marriott Resort & The Royal Beach Casino**, mit 320 Zimmern das größte All-Inclusive-Resort der Insel, Kasino im Haus; Frigate Bay Road 858, Basseterre, Tel. 466-1200, Fax 466-1201, www.marriott.com/frigate_bay.
Frigate Bay Resort, 64 Apartments mit ein bis zwei Schlafzimmern, fünf Gehminuten von der Karibik-Seite der Bucht entfernt an einem Hügel; Tel. 465-8935, Fax 465-7050.

$ **Island Paradise Beach Village**, im Süden von St. Kitts an einer der schmalsten Stellen der Insel, nur 5 Gehminuten trennen Atlantik und Karibische See; Zenway Boulevard, Frigate Bay, Tel. 465-8035, Fax 465-8236, islandparadise@caribsurf.com, www.islandparadisebeachvillage.com.
Ocean Waves Guesthouse, Gästezimmer mit Küche, Old Road, St. Kitts, Middle Island, Tel. 466-9216, Fax 665-4691, www.oceanwavesguesthouse.co.uk.

NEVIS (☎ 001 869)

$$$ **Four Seasons Resort**, mit allem ausgestattet, was zu einer Nobelherberge gehört, u. a. Golfplatz, Tauchbasis und Restaurant, 196 Zimmer und Suiten; Pinney's Beach, Tel. 469-1111, Fax 469-1112, www.fourseasons. com/Nevis.

$$$ - $$ Wo auf Nevis einst Zuckerbarone residierten entstanden einzigartige Luxusherbergen. Das Herrenhaus aus dem 17. Jh., **Old Manor Estate**, auf einer Zuckerrohr-Plantage, die noch bis 1936 bearbeitet wurde, ist das am längsten kontinuierlich bewohnte Plantagenhaus der Karibik. Heute ist das Hotel wegen seiner gastfreundlichen Atmosphäre beliebt. Eine annähernd 150 Jahre alte Zisterne wurde zum Swimmingpool umfunktioniert. Tel. 469-3445, Fax 469-3388, www.oldmanornevis.com.
Nisbet Plantation Beach Club, Hauptgebäude und 13 Cottages liegen am schönsten Sandstrand der Insel; Newcastle Bay, St. James, Tel. 469-9325, Fax 469-9864, nisbetbc@caribsurf.com, http://nisbetplantation.com.
The Hermitage, angeblich das älteste, ganz aus

Holz erbaute Haus der Antillen (1740), neben dem Haupthaus gibt es fünf Gebäude in Form kleiner Plantagenhäuser mit 15 Wohneinheiten, die mit antiken Möbeln und riesigen Himmelbetten ausgestattet sind; Gingerland, Tel. 469-3477, Fax 469-2481, www.hermitagenevis.com.
Das 1815 als Zuckerrohr-Plantage erbaute **Golden Rock Estate** liegt hoch oben in den Hügeln. Die alte Windmühle ist in eine De-Luxe-Flitterwochen-Suite umgewandelt worden, die auch vier bis fünf „Normalgäste" beherbergen kann, 15 von Gärten umgebene Doppelzimmer; Tel. 469-3346, Fax 469-2113, www.goldenrocknevis.com.
Montpelier Plantation Inn liegt in 210 m Höhe am Hang des Mount Nevis, mit 16 Zimmern in Bungalows. Das Haupthaus wurde auf den Ruinen der berühmten Zuckerrohrplantage Montpelier Estate erbaut; Tel. 469-3462, Fax 469-2932, http://montpeliernevis.com.
Mount Nevis Hotel & Beach Club, alle 32 Zimmer mit Klimaanlage, Ventilator, Kabelfernsehen und Telefon, Familienbetrieb; Charlestown, Tel. 469-9373, Fax 469-9375, www. mountnevishotel.com.

$ **Pinney's Beach Hotel**, 48 Zimmer, liegt an einem der schönsten Strände der Insel; Charlestown, Tel. 469-5207, Fax 469-1088, www.pinneyshotel.com.

MONTSERRAT (☎ 001 664)

Da zwei Drittel von Montserrat unbewohnbar sind, ist das Angebot sehr begrenzt.

$$ - $ **Grand View Bed & Breakfast**, Baker Hill, Tel. 491-2284, Fax 491-7858, www. mnigrandview.com.
Sea View Suite, für Selbstversorger, Supermarkt in der Nähe, Veranda mit schönder Aussicht; Brades Road, Cudjoe Head, Tel. 496-6498, http://seaview.com.

7 ANTIGUA UND BARBUDA

ANTIGUA / BARBUDA (☎ 001 268)

Antigua

$$$ **Jumby Bay**, gepflegte Anlage auf einer Privatinsel vor der Nordküste Antiguas mit 38 Zimmern, zwei zauberhaften Stränden, Wassersport, Tennis, jährlich Ende August bis Anfang Oktober geschlossen; Long Island, Tel. 462-6000, Fax 462-6020, www.rosewoodhotels.com/en/jumby-bay-antigua.
Curtain Bluff, All-inclusive mit angenehmer Atmosphäre, 72 Zimmer und Suiten, Tennis mit Profi-Unterricht, 2 Strände und Wassersport; Tel. 462-8400, Fax 462-8409, www.curtainbluff.com, curtainbluff@candw.ag.
Sandals Grande Antigua, All Inclusive, nur Paare; Dickenson Bay, Tel. 484-0100, Fax 462-4135, www. sandals.com.
St. James' Club & Villas, privater Jachtclub, großer Pool, Strände, breites Wassersportangebot, Nachtklub/Disco, Spa, Kasino, All Inclusive-Verpflegung; Mamora Bay, Tel. 949-2133, www.stjamesclubantigua.com.
Halcyon Cove by Rex Resorts, Dickenson Bay, Tel. 462-0256, Fax 462-0271, www.rexresorts.com.
Hawksbill by Rex Resort, einziger FKK-Strand der Ostkaribik, Wassersport, Pool, Tennis; Fire Islands, Tel. 462-0301, Fax 462-1515, www.rexresorts.com.
Admiral's Inn, 200 Jahre alt, im Herzen von Nelson's Dockyard; Tel. 460-1027 u. 460-1153, Fax 460-1534, www.admiralsantigua.com, admirals@candw.ag.
Copper & Lumber Store Hotel, einmalige Umgebung in Nelson's Dockyard, Zimmer mit Kochnische und Möbeln aus dem 18. Jahrhundert, Transport zum Strand; Tel. 460-1160, Fax 460-1159, www.copperandlumberhotel.com, www.antiguanice.com, clhotel@candw.ag.
Blue Waters, luxuriöse 4-Sterne-Anlage nördlich von Dickenson Bay gelegen, Beauty Salon & Spa, spezielle Hochzeits- und Flitterwochenangebote; Sodier's Bay, Tel. 462-0290, Fax 462-0293, www.bluewaters.net, bluewaters@candw.ag.

$$ **Yepton Estate Cottages**, Selbstversorger-Cottages für zwei bis vier Personen inmitten einer großzügigen Gartenlandschaft, Swimmingpool;

P.O. Box 1448, St. John's, Tel. 727-3239 oder 463-8698, Fax 560-8698, www.yepton.com.

Barbuda

$$$ **Coco Point Lodge**, im Winterhalbjahr geöffnet, Preise inklusive Flugtransfer von Antigua, All-inclusive; Tel. 462-3816, Fax 462-5340, www.cocopoint.com.

8 GUADELOUPE / DOMINICA

GUADELOUPE (☎ 005 90)

$$ **Auberge de la Vieille Tour**, auf einer Klippe mit Blick auf den Ferienort, exklusive, um eine alte Zuckermühle erbaute Anlage, 105 Zimmer, Strand, Pool, Tennis, Wassersport; Montauban, Gosier, Tel. 842-323, Fax 843-343, http://auberge-vielle-tour.fr.

Bois-Joli, ruhiges Hotel auf einem Hügel mit Meerblick, Strandnähe; Anse à Cointe, Terre-de-Haut, Îles-des-Saintes, Tel. 995-038, Fax 995-505, www.hotelboisjoli.fr.

Salako Karibea Beach Resort, Luxus-Ferienkomplex, die Disco La Caribe zieht lebhafte Nachtschwärmer an, Sportmöglichkeiten; Gosier, Tel. 826-464, www.karibea.com.

La Toubana Hotel & Spa, an einen Küstenhang gebettet, mit weit reichender Aussicht und Infinity-Pool, um zum Strand zu gelangen, sollte man halbwegs gut zu Fuß sein, die Anlage besteht aus einzelnen Bungalows, Suiten und Villas und wird gerne für Heiraten und andere Familienfeiern gebucht; Sainte-Anne, Guadeloupe, Tel. 882-578; http://toubana.com/hotel-guadeloupe.

Club Med La Caravelle, bewährtes familienfreundliches Resort an goldbraunem Sandstrand, All inclusive, mehrere, teils ans Wasser gebaute Restaurants, breit gefächertes Angebot sportlicher Aktivitäten; Quartier Caravelle, Sainte-Anne, Guadeloupe, Tel. 0180 3 001904; www.clubmed.de.

Coco Beach Resort, vom Eigentümer geführtes Strandhotel mit geräumigen Zimmern und Pool; Lieu Dit les Basses, Grand Bourg 97112, im Süden der Insel Marie-Galante, Tel. 590 971-046, 690 533-631 und 690 496-686, Fax 590 845-939, www.cocobeachmariegalante.com.

DOMINICA (☎ 001 767)

$$ **Reigate Hall**, 16 Zimmer mit Klimaanlage, in die Jahre gekommenes Hotel, im Gebirge oberhalb der Hauptstadt Roseau gelegen; Roseau, Tel. 448-4031, Fax 448-4034.

Sutton Place, Stadthaus aus dem 19. Jh., WLAN gratis, 25 Old Street, Roseau, Tel. 449-8700, Fax 448-3045, www.suttonplacehoteldominica.com.

Zandoli Inn, fünf geräumige Zimmer mit Meeresblick, keine TV- oder Audio-Geräte, Kopfhörerpflicht bei Abspielgeräten, im Süden Dominicas. Roche Cassée, Stowe, Tel. 446-3161 u. 616-5999, Fax 446-3344, zandoli@cwdom.dm, www.zandoli.com.

$ **Anchorage Hotel & Dive Center**, zwangloses Hotel am Stadtrand, mit Blick auf die Küste, 32 Zimmer, Pool, Wassersport, Restaurant mit Meeresfrüchten und karibischer Küche; Roseau, Tel. 448-2638, Fax 440-2639, www.anchoragehotel.dm.

Domcan's Guest House & Restaurant, saubere, familiäre Unterkunft, W-LAN gratis, 5 Minuten zum Strand, 5 Minuten zum Carib Territorium. An der Ostküste Dominicas gelegen, am 5. Teilstück des Waitukubuli National Trails (WNT). Castle Bruce, Tel. 445-7794, harryvandendungen@yahoo.com, www.avirtualdominica.com/domcanguesthouse.

9 MARTINIQUE / BARBADOS / ST. LUCIA

MARTINIQUE (☎ 005 96)

$$$ **Hôtel Bakoua**, Anlage mit 132 Zimmern in einem tropischen Garten, Zimmer haben WLAN, tagsüber sportlich-lässige Atmosphäre, abends elegantes Flair; La Pointe du Bout, Tel. 660-202, Fax 660-041, www.hotel-bakoua.fr.

$$ **Carayou**, All-inclusive, Strandlage, Wassersport und 18-Loch-Golfanlage; Pointe du Bout, Trois-Ilets, Tel. 660-404, Fax 660-057, www.hotel-carayou.com.

Hôtel Frégate Bleue, herrlich in Tropengarten gelegen, zehn große Zimmer, Suiten und ein Loft, Pool, kein eigener Strand; Fregate Est 4, Le Francois, Martinique, Tel. 596 545-466, Fax 596 547-848, www.fregatebleue.com.

Villa Melissa, kleine, aber moderne Ferienwohnungen für Selbstversorger, mit Kühlschrank, Kochnische und Waschmaschine ausgestattet, Rezeption ist vorhanden, Panorama-Blick auf die Bucht vor Fort-de-France.,5 Minuten Fußweg zum Strand; Rue des Palmiers, Anse Milan, Pointe du Bout, Trois-Ilets, Martinique, Tel. 596 672-937, 696 274-327 (mobil), Fax 596 512-278, www.villamelissa.fr.

Résidence Fort Savane, nüchternes Businesshotel in Stadtlage, 4 einfache Zimmer, 8 8tudios mit voll ausgestatteter Küchenzeile, Flachbildschirm-TV, Schreibtisch und Balkon, 2 Suiten und ein Büroraum; 5 Rue de La Liberté, Fort-de-France, Martinique, Te. 596 807-575, www.fortsavane.fr.

$ **Auberge de la Montagne Pelée**, Gasthaus mit 12 Wohneinheiten, kein Strand; idealer Startpunkt für Wandertouren; Route de l'Aileron, Morne Rouge, Tel. 523-209, Fax 525-403, www.aubergedelamontagnepelee.com.

BARBADOS (☎ 001 246)

$$$ **The Crane Resort**, luxuriöses Haus am berühmten Crane Beach, einem der schönsten der Karibik, WLAN gratis; St. Philip, Tel. 423-6220, Fax 423-5343, www.thecrane.com.

Fairmont Royal Pavillon, elegantes Resort mit breitem Sportangebot, Paare bevorzugt; St. James, Tel. 422-5555, Fax 422-0118, www.fairmont.de/barbados.

Sandy Lane, Luxus-Resort auf ehemaliger Zuckerrohrplantage, drei Golfplätze, hohe Promi-Dichte; St. James, Tel. 444-2000, Fax 444-2222, mail@sandylane.com, www.sandylane.com.

$$ **Coconut Court**, gut ausgestattetes, familiengeführtes Strandhotel, 120 Zimmer; Hastings, Südküste, Tel. 427-1655, Fax 429-8198, www.coconut-court.com.

Bugainvillea Beach Resort, vielfach ausgezeichnet, Christ Church, Südküste, Tel. 628-0990, www.bougainvilleresort.com.

ST. LUCIA (☎ 001 758)

$$$ **Sandals Grande St. Lucia**, luxuriöses Hotel in einem Landschaftsgarten, 271 Zimmer und Suiten, All-inclusive, Meerblick, Freizeitangebote inklusive Tennis, Schwimmen und Golf; La Toc, Cap Estate, Tel. 455-2000, Fax 452-1012, www.sandals.com.

St. Lucian by Rex Resorts, elegante Anlage am Meer; Reduit Beach, Tel. 452-8351, Fax 452-8331, www.rexresorts.com/st-lucia.

Jade Mountain, Suiten mit bis zu 270°-Panoramaaussicht, die – ohne Außenwände und Fenster – nahtlos in den angrenzenden Tropenwald und zu den beiden Pitons blicken, exklusiv; Soufrière, Tel. 459-4000, Fax 459-4002, www.jademountainstlucia.de.

Anse Chastanet, unter deutscher Leitung, inmitten üppiger tropischer Vegetation, eine Oase für die Sinne, Zimmerausstattung bewusst *ohne* TV, Radio oder Telefon, die hoteleigene Tauchbasis „Scuba St. Lucia" zählt zu den besten Tauchschulen der Ostkaribik; Soufrière, Tel. 459-7000, Fax 459-7700, www.ansechastanet.com.

Ladera, vielfach ausgezeichnetes Luxus-Resort mit exzellentem Gourmet-Restaurant und mit spektakulärem Blick auf die an Haifischzähne erinnernden Pitons, Gratis-Shuttle-Bus zu den Stränden; Soufrière, Tel. 459-6600, Fax 459-5156, www.ladera.com.

$$ **Sandals Halcyon**, tropisches Ferienzentrum nur für Paare, alle Wassersportarten; Choc Beach, Tel. 453-0222, www.sandals.com.

Hummingbird Beach Resort, Familienbetrieb, nur 9 Zi., Direktzugang zur Soufrière Bay, vorzügliche Küche, toller Blick auf die Pitons; Anse Chastanet Road, Soufrière, Tel. 459-7232, 459-7985, Fax 459-7033, www.istlucia.co.uk.

Capella Marigot Bay Resort, am Kai der schönsten Marina St. Lucias gelegen, helle, hohe und moderne Gästezimmer mit Kingsize-Betten, Küchenzeile, TV mit Plasmabildschirm, Highspeed-Internetzugang, Spa; Marigot Bay, Tel. 458-5300, Fax 458-5299, www.capellahotels.com/saintlucia.

Le Sport, luxuriöses Strandresort mit exzellenten Restaurants und sehr gutem Spa; Cariblue Beach, Castries, Tel. 457-7800, Fax 450-0171, www.thebodyholiday.com.

Coconut Bay Beach Resort & Spa, familienfreundliches Strandhotel im Süden St. Lucias, verkehrsgünstige Lage nahe dem internat. Flughafen, mehrere Pools, Restaurants, Bars und ein breit gefächertes All-inclusive-Angebot von Tennis bis Wasser-Aerobic, Fitnessraum und Spa; P. O. Box 246, Vieux Fort, Tel. 459-6000, Fax 456-9900, http://cbayresort.com.

Ti Kaye, 33 Duplex-Cottages in herrlicher Hangla-

ge, oberhalb des feinsandigen Palmenstrands Anse Cochon, aufmerksamer Service, Restaurant, Bar und Strandbar mit Grill, W-LAN; Anse Cochon, Tel. 456-8101, Fax 456-8105, www.tikaye.com.
Balenbouche Estate Plantation Guesthouse & Villas, ein altehrwürdiges, ruhiges Anwesen unter deutscher Leitung; P.O. Box VF 707, Tel. 455-1244, www.balenbouche.com.

$ **Coco Palm**, überschaubares Boutique-Hotel mit freundlichen, hellen und farbenfrohen Zimmern, unweit der Partymeile von Rodney Bay gelegen; Rodney Bay Village, Tel. 456-2800, Fax 452-0713, www.coco-resorts.com.
La Panache Guesthouse & Apartments, kleines, familiäres Guesthouse vor den Toren von Castries, sechs ansprechende Zimmer mit Balkon oder Terrasse, kein Restaurant; Cas en Bas Road, Gros Islet, Tel. 715-6910, www.lapanachc.com.

10 ST. VINCENT / GRENADINEN / GRENADA

ST. VINCENT (☎ 001 784)

$$$ **Young Island Resort**, exklusive Anlage auf einer kleinen Privatinsel, Bungalows und Suiten, 2 Privatjachten für die Gäste, großes Sportangebot, Spa; Young Island, Tel. 440-4225, Fax 457-4567, www.youngisland.com.

$$ **Grand View Beach Hotel**, romantisches Plantagenhaus mit herrlicher Aussicht, Pool, Tennis, Squash, Restaurant und Fitnessraum; Villa Point, Tel. 458-4811, Fax 457-4174, www.grandviewhotel.com.
Mariner's Hotel, zwangloses westindisches Hotel an der Villa Beach, die *Boat Bar* wird gern von Seeleuten besucht, Unterhaltungsprogramm und Barbecue am Freitagabend sind bei Einheimischen und Touristen sehr beliebt; Villa Beach, St. Vincent, Tel. 457-4000, Fax 457-4333, www.marinershotel.com.

$ **Sunset Shores**, Strandhotel, 20 Zimmer mit eigener Terrasse, gutes Restaurant; Villa Beach, St. Vincent, Tel. 458-4411, Fax 457-4800, www.sunsetshores.com.
New Haddon Hotel, kleines Hotel mit 15 Zimmern und 8 Apartments und Tennisplätzen; McKies Hill, Kingstown, Tel. 456-1897, www.haddonhotel.com.

GRENADINEN (☎ 001 784)

$$$ **The Canouan Island Resort**, das Luxusresort umfasst u. a. eine der weltbesten 18-Loch-Golfanlagen, das Raffles Amrita Spa, mehrere Restaurants, Bars und einen Kids Club; Carenage Bay, Canouan Island, Tel. 458-8000, 458-8044, www.canouan.com.
Tamarind Beach Hotel & Yachtclub, Strandhotel mit 42 Zimmern (Bad/WC, Safe, Minibar, Balkon/Veranda und Ventilator), großartige Aussicht, mehrere Restaurants, zahlreiche Wassersportgeräte können geliehen werden; Canouan, Tel. 458-8044, Fax 458-8851, www.tamarindcanouan.com.
Cotton House, Luxushotel von Weltniveau, großzügig bemessene Zimmer in Villen um ein historisches Plantagengebäude, Sportmöglichkeiten, beliebter Ferienort für Berühmtheiten, eigener Flughafen; Mustique, Tel. 001 310 456-4777, www.cottonhouse.net.
Firefly Hotel, kleine Privatvillen mit schönem Blick auf die Britannia Bay, auf Pensionsbasis; Mustique, Tel. 456-8414, Fax 456-8514, www.fireflymustique.com.
Palm Island Resort, 20 Bungalows auf einer Privatinsel sorgen für Abgeschiedenheit, ausgezeichnete Sport- und Fitness-Möglichkeiten; Palm Island, St. Vincent, Tel. 001 954 949-2132, www.palmislandresortgrenadines.com.
Petit St. Vincent Resort, idyllisches Robinson-Versteck auf einer fantastischen Privatinsel mit Bungalows, ausgezeichneter Service, alle Wassersportarten; Petit St. Vincent, Tel. (954) 963-7401, Fax (954) 968-7402, www.petitstvincent.com.

$$ **Saltwhistle Bay Club**, in tropischer Vegetation verstecktes Strandresort mit 14 ruhigen Steinbungalows, Bar, Restaurant, Wassersport; Mayreau, Tel. 458-8444, Fax 458-8944.
Frangipani, klassisches Grenadinen-Hotel mit 6 schlichten Zimmern im Haupthaus und besser ausgestatteten Wohneinheiten in der Nähe; Bequia, Tel. 458-3255, Fax 458-3824, www.frangipanibequia.com.
Dennis' Hideaway, preiswertes Guesthouse auf dem Station Hill, vorzügliches Restaurant, auf Anfrage werden Tagesausflüge mit einer Segeljacht angeboten; Mayreau, Tel. 492-4417, 458-8594, www.dennis-hideaway.com.

$ **Bequia Beach Hotel**, familiäre Anlage unter deutscher Leitung direkt am Strand, an das Hotel angeschlossen ist eine gut ausgestattete Tauchbasis; Friendship Bay, Bequia, Tel. 458-1600, Fax 458-1700, www.bequiabeach.com.
Keegan's Beachside, 7 Zimmer an der Lower Bay, preiswerte örtliche Küche im Speiseraum; Lower Bay, Bequia, Tel. 458-3530, www.keegansbequia.org.

GRENADA (☎ 001 473)

$$$ **Calabash Hotel**, preisgekröntes Luxushotel mit 30 Suiten auf einem großen Strandareal an der Prickly Bay, ausgezeichnete Küche, Pool, schöne Terrasse; St. George's, Tel. 444-4334, Fax 444-5050, www.calabashhotel.com.
Mount Cinnamon, Luxusanlage mit Blick über Grand Anse Bay, große Apartments und Villen in farbenfrohem Design, mit eigenem Beachclub und Gourmetrestaurant; Morne Rouge, Grand Anse, St. Georges, Tel. 439-8800, Fax 439-8800, www.mountcinnamongrenada.com.
Spice Island Beach Resort, frisch renoviertes 5-Sterne-Hotel, die Strandsuiten verfügen über eigenen Swimming- oder Whirlpool; Spa und Gourmetrestaurant, legere Atmosphäre; Grand Anse, St. George's, Tel. 444-4258, Fax 444-4807, www.spiceislandbeachresort.com.

$$ **Blue Horizons**, zwanglos-elegant, Luxus-Suiten mit Kochnische, Pool, Bar, weitläufiges Areal am Grande Anse Beach; P.O. Box 41, St. George's, Tel. 444-4316, Fax 444-2815, www.grenadabluehorizons.com.
Grenada Radisson Beach Resort, Luxushotel am Grande Anse Beach (184 Zimmer mit Balkon), komplettes Service-Angebot, zwei Pools mit Wasserfall, elegantes Restaurant, große Cocktail-Bar, Kinder unter 18 Jahren können kostenlos im Elternschlafzimmer untergebracht werden; Grand Anse, St. George's, Tel. 444-4371, www.radisson.com/st-george-hotel-gd/grdgrgr.
Coyaba Beach Resort, direkt am Sandstrand Grand Anse gelegene, gepflegte, sehr schöne Hotelanlage mit großem Garten, Tauch-Shop, zwei Restaurants; St. Georges's, Tel. 444-4129, Fax 444-4808, www.coyaba.com.
The Flamboyant Hotel & Villas, am südlichen Ende der Grand Anse Bay gelegen, alle 67 Zimmer mit Meerblick, Tauchschule nebenan; St. George's, Tel. 444-4247, Fax 444-1234.
Hotel Grenadian by Rex Resorts, große Hotelanlage an zwei Sandstränden, 212 Zimmer, Kinderpool, zwei Restaurants und Tauchschule; Point Saline's, St. George's, Tel. 444-3333, Fax 444-1111, www.rexresorts.com.
Sandals La Source, All-Inclusive-Komfortanlage, eine Wellness-Anwendung pro Tag ist im Preis enthalten, Sportarten u. a. Golf, Yoga und Tauchen; St. George's, Pink Gin Beach, Tel. 437-8000, www.sandals.com.

$ **Roydon's Apartments**, von älterem Ehepaar familiär geführtes B&B; Grande Anse, St. George's, Tel./Fax 444-4476, www.roydons.com.

11 TRINIDAD / TOBAGO / ISLA MARGARITA

TRINIDAD UND TOBAGO (☎ 001 868)

Trinidad

$$$ **Radisson Hotel Trinidad**, die aktuelle Nummer 1, 243 Zimmer, Pool Fitnesszentrum, 2 Restaurants (im 14 Stock 360°-Restaurant, das sich langsam dreht, sonntags geöffnet); Wrightson Road und London Street, Port of Spain, Tel. 625-3361, www.radisson.com.
Hilton, Blick über den Queen's Park Savannah oder den Hafen; Lady Young Road, Port of Spain, Tel. 624-3211, Fax 624-4485, www.hiltoncaribbean.com.

$$ **Kapok**, verkehrsgünstig gelegen und frisch renoviert; Cotton Hill 16-18, St. Clair, Port of Spain, Tel. 622-5765, Fax 622-9677, www.kapokhotel.com.
Laguna Mar Lodge, strandnah, am Fuß des *Northern Range*-Gebirges; Paria Main Road, Blanchisseuse, Tel. 628-3731, Fax 628-3737. www.lagunamar.com/deutsch.htm.

$ **Alicia's Palace**, Pool, Restaurant und tropischer Garten; Lady Chancellor Road, Port of Spain, Tel. 624-8553, www.aliciaspalace.com.

Tobago

$$$ **Coco Reef Resort & Spa Tobago**, mehrfach mit Preisen ausgezeichnetes Resort mit 135 Zimmern; Coconut Bay, Milford Road, Bon Accord Village, Crown Point, Tel. 639-8571, www.cocoreef.com.

Blue Haven Hotel, Tradition und Moderne verbinden sich in dieser 55-Zimmer-Anlage perfekt; c/o Robinson Crusoe Beach Resort Ltd, Bacolet Bay, Scarborough, Tel. 660-7400, 660-7500 und 660-7600, Fax 660-7900, www.bluehavenhotel.com.

$$ **Turtle Beach by Rex Resorts**, alles geht: Windsurfen, Segeln, Schnorcheln, Tauchen und der 18-Loch Mount-Irvine-Golfplatz ist nur ca. 3 km entfernt, 2 barrierefreie Gästezimmer, Kinder (2-14 Jahre) ohne Aufpreis; Courland Bay, Scarborough, Tel. 639-2851, Fax 639-1495, www.rexresorts.com.

Tropikist Beach Hotel & Resort, 1977 eröffnetes Drei-Sterne-Hotel, 54 Zimmer, nur 5 Minuten zum Flughafen; Crown Point, Tel. 671-9243, www.tropikist.com.

Sandy Point Beach Club, mit Shuttle-Service zu div. Stränden und zum Golfplatz; Crown Point, Tel. 639-0877 und 639-0820, Fax 631-8231, www.sandypointbeachclub.com.

Mt. Irvine Bay, Strandhotel mit Pool, Golf- und Tennisplatz; Scarborough, Tel. 639-8871, Fax 639-8800.

Seahorse Inn, behaglich, nur 4 Zimmer; Old Grafton Road, Tel. 639-0686, Fax 639-0057, seahorse@trinidad.net.

Blue Waters Inn, bei Tauchern und Sportfischern beliebt, an der Ostküste, in Sichtweite der Insel Little Tobago; Batteaux Bay, Speyside, Tel. 660-4341, Fax 660-5195, www.bluewatersinn.com.

Man O'War Bay Cottages, an der Nordküste; ruhig und abgeschieden; Charlotteville, Estate, Tel. 660-4327, Fax 660-4328, www.man-o-warbaycottages.com.

ISLA MARGARITA (VENEZUELA; ☎ 0058 295)

$$ **Le Flamboyant**, überschaubare Anlage an Isla Margaritas berühmtestem Strand, mit Pool, Jacuzzis und Strandbar ausgestattet; Playa El Agua, Tel. 249-0320, Fax 249-1783, www.hotelleflamboyant.com.ve.

Casa Rita, von tropischem Garten umgeben, das Frühstück wird in einem Patio eingenommen, Langzeitaufenthalt für Familien möglich, ideal für Kite- und Windsurfer; Playa el Yaque, Avenida via Aeropuerto, Tel. 269-8852, 269-8865, 269-8862, www.casarita.com.

12 ABC-INSELN

ARUBA (☎ 002 97)

$$$ **Aruba Marriott Resort & Stellaris Casino**, riesiger Komplex mit Kasino, Strand-Grillrestaurant, Fitnesscenter, Golf; L. G. Smith Blvd. 101, Palm Beach, Tel. 586-9000, Fax 520-6277. www.marriott.com.

Hilton Aruba Resort & Casino, 378 Zimmer, Fitnesscenter, Larimar Spa, Tennis; Palm Beach, Tel. 586-6555, Fax 586-3260, www.hiltoncaribbean.com.

Bucuti & Tara Beach Resort, 63 Zimmer, 39 Suiten, eines der beliebtesten Hotels, zentral, am größten Strand, unter deutscher Leitung; Eagle Beach, Tel. 583-1100, Fax 582-5272, www.bucuti.com.

Riu Palace Antillas, nur für Erwachsene, Hotelhochhaus mit 18 Stockwerken, 481 Apartments und 70 Suiten, Spa, Casino, vier Restaurants, zwei Cafés, drei Bars. All-inclusive-Angebote. Sehr beliebt bei nordamerikanischen Gästen. Freizeit-, Hochzeits- und Flitterwochen-Angebote, auch Ausflüge zur privaten De Palm Insel. J.E. Irausquin Boulevard 77, Palm Beach, Tel. 586-4100, Fax 586-8217, www.hotelriupalaceantillas.com.

$$ **Barceló Aruba** (vorm. Occodental Grand Aruba), All-Inclusive, 417 Zimmer, Bar, Kasino, Pool, Tennisplätze, Einkaufsgalerie, Las-Vegas-Show; Palm Beach, Tel. 586-4500, www.barcelo.com/barcelo/aruba.

Divi Aruba and Tamarijn Aruba All-Inclusive, Tennis, viele Wassersportarten, 2 Pools, Kasino; Druif Beach, Tel. 525-5200, Fax 525-5203, www.diviaruba.com.

Holiday Inn Resort Aruba, 600 Zimmer, riesiger Pool, Fitness, Tennis, Restaurants, Kasino; Palm Beach, Tel. 594-7888, www.holidayarubaresort.com.

Manchebo Beach Resort & Spa, 71 Zimmer an Arubas größtem Sandstrand; Tel. 582-3444, www.manchebo.com.

Riu Palace Aruba, weiß getünchter All-Inclusive-

Komplex aus zwei zehnstöckigen und einem achtstöckigen Gebäude mit zusammen 450 Zimmern und Suiten, die zwei Süßwasserpools samt Jacuzzi und Kinderbecken umschließen. W-LAN ist in den Zimmern und in der Lobby kostenlos; Sonnenschirme und -liegen am direkt angrenzenden Strand werden den Hotelgästen gratis zur Verfügung gestellt. Mehrere Themenrestaurants mit internationaler, italienischer oder japanischer Küche; „Vita Novus Spa" und Fitnessraum. Vier Kilometer von Oranjestad entfernt. J.E. Irausquin Boulevard 79, Palm Beach, Tel. 586-3900, Fax 586-1941, www.riuaruba.com.

Divi Village Golf & Beach Resort, All inclusive, 9-Loch Golfanlage mit Clubhaus, zwei Restaurants und mehreren freistehenden Villen mit jeweils vier Suiten auf künstlich angelegter Insel. Das Resort samt Poollandschaft liegt inmitten eines tropischen Gartens, mit Blick auf den angrenzenden weiten feinsandigen Strand. J.E. Irausquin Boulevard 41, Druif Beach, Oranjestad, Tel. 525-5200, www.divivillage.com.

BONAIRE (☎ 005 99)

$$$ **Plaza Beach Resort**, 224 geräumige Zimmer, für Tauchen u. Wassersport ideal; Blvd. Julio A. Abraham 80, Kralendijk, Tel. 717-2500, Fax 717-7133, www.plazaresortbonaire.com.

Buddy Resort, PADI-Tauchbasis; Kaya Gobernador N. Debrot 85, Tel. 717-5080, Fax 717-8647, www.buddydive.com.

CURAÇAO (☎ 005 999)

$$$ **Sonesta Kura Hulanda Spa**, das im Altstadtviertel Otobanda gelegene Boutique-Hotel bilden acht Häuserblocks aus 65 restaurierten Einzelgebäuden im Kolonialstil, das 5-Sterne-Hotel bietet 80 luxuriöse Gästezimmer, Piazzas, baumbestandene Innenhöfe, Pflasterwege, zwei Pools, mehrere Restaurants, Bars und Shops, Casino, Spa und ein Völkerkundemuseum. Hafen und Zentrum von Willemstad sind wenige Gehminuten entfernt, der Flughafentransfer dauert 20 Minuten; Langestraat 8, Otrobanda, Willemstad, Tel. 434-7700, Fax 434-7701, www.kurahulanda.com

Lodge Kura Hulanda & Beach Club, Bungalows mit 32 Suiten und 42 Gästezimmern an der Westspitze Curaçaos, alle mit Balkon oder Terrasse und Meerblick. 3 Restaurants, Tauchbasis, Fitness-Zentrum, Tennisplätze. Playa Kalki 1, Westpunt, Tel. 839-3600, Fax 839 3601, www.kurahulanda.com

$$ **Plaza Hotel Curaçao & Casino**, Pool, Restaurant unter dem Dach des 15stöckigen Turms, Business-Center, Bars, Kasino; Plaza Piar, Willemstad, Tel. 461-2851, Fax 461-6543, www.curacaoplazahotelcasino.com.

Curaçao Marriott Beach Resort & Emerald Casino, 250 Zimmer, in holländischem Kolonialstil, breites Angebot an Sportmöglichkeiten und Kinderprogrammen; Piscadera Bay, Tel. 736-8800, Fax 462-7502, www.marriott.com.

Chogogo Resort, Bungalows im karibischen Stil; gute Tauchmöglichkeiten in der Nähe; Jan Thiel Beach, Tel. 747-2844, Fax 747-2424, www.chogogo.com.

Pietermaai Smal Apartments, kleines apartes Hotel nahe d. Busbahnhof, 5 Gehminuten von Pundas Zentrum. In den Zimmern optional W-LAN. Pietermaaiweg 51, Willemstad, Tel 465-0478, Fax 461-7647, www.pietermaaiapartments.com.

Lions Dive & Beach Resort Curaçao, Zimmer für 2 Erwachsene und 2 Kinder bis 18 Jahre, Kinder unter 12 Jahren gratis, Privatstrand, 50 m-Pool, Spa, PADI-Tauchshop, Bapor Kibra, Tel. 434-8888 u. 788-8888, Fax 434-8889, www.lionsdive.com.

$ **All West Apartments & Diving**, Apartments und Studios mit Küche, Privatstrand vor der Tür, angeschlossenes Tauchzentrum; Playa Pikado Westpunt, Tel. 461-2310, Fax 461-2315, www.allwestcuracao.com.

Chamba Apartments Curaçao, kleine familiäre Anlage mit 3 Studios, jeweils mit Küche und Terrasse. Am Weg zur Playa Kalki 4, Westpunt, Tel. 567-5852 oder 524-4359 (mobil), www.chambacuracao.nl.

LIEFERBARE TITEL

– EUROPE –
Madeira *1:60,000*

– ASIA –
Afghanistan *1:1,500,000*
Burma ⇨ **Myanmar**
Bangkok and Greater Bangkok *1:15,000 / 1:75,000*
Cambodia - Angkor *1:1,500,000*
Central Asia *1:1,750,000*
China:
North-East *1:1,750,000*
East-Central *1:1,750,000*
South *1:1,750,000*
Hong Kong *1:22,500*
Himalaya *1:1,500,000*
India:
Indian Subcontinent *1:4,500,000*
Ladakh - Zanskar *1:350,000*
North *1:1,500,000*
North-East — Bangladesh *1:1,500,000*
East *1:1,500,000*
West *1:1,500,000*
South *1:1,500,000*
Indonesia:
Indonesia *1:4,500,000*
Bali - Lombok *1:180,000*
Java - Jakarta *1:750,000 / 1:22,500*
Kalimantan — East Malaysia — Brunei *1:1,500,000*
Papua - Maluku *1:1,500,000*
Sulawesi - Nusa Tenggara — East Timor *1:1,500,000*
Sumatra *1:1,500,000*
Iran *1:1,750,000*
Japan *1:1,500,000*
Korea *1:1,500,000*
Malaysia *1:1,500,000*
Malaysia - West — Singapore *1:1,500,000 / 1:15,000*
Myanmar (Burma) *1:1,500,000*
Nepal *1:480,000 / 1:1,500,000*
Pakistan *1:1,500,000*
Philippines - Manila *1:1,500,000 / 1:17,500*
Southeast Asia *1:4,500,000*
Sri Lanka *1:500,000*
Taiwan *1:400,000*
Thailand *1:1,500,000*
Vietnam — Laos — Cambodia *1:1,500,000*

– AFRICA –
Egypt *1:2,500,000 / 1:750,000*
Kenya *1:1,100,000*
Namibia *1:1,500,000*
South Africa *1:2,500,000*
Tanzania — Rwanda — Burundi *1:1,500,000*
Tunisia *1:750,000*
Uganda *1:700,000*

– AMERICAS –
Argentina:
North — Uruguay *1:2,500,000*
South — Patagonia *1:2,500,000*
Bolivia — Paraguay *1:2,500,000*
Brazil:
Amazon *1:2,500,000*
Central and South *1:2,500,000*
Caribbean:
Lesser Antilles *1:2,500,000*
Central America *1:1,750,000* (Costa Rica *1:900,000*)
Chile - Patagonia *1:2,500,000*
Colombia — Ecuador *1:2,500,000*
Cuba *1:775,000*
Dominican Republic — Haiti *1:600,000*
Mexico *1:2,500,000*
Peru — Ecuador *1:2,500,000*
South America - The Andes *1:4,500,000*
Venezuela — Guyana — Suriname — French Guiana *1:2,500,000*

– AUSTRALIA / PACIFIC –
Australia *1:4,500,000*
Hawaiian Islands:
Hawaiian Islands *1:330,000 / 1:125,000*
Hawaii, The Big Island *1:330,000 / 1:125,000*
Honolulu - Oahu *1:35,000 / 1:150,000*
Kauai *1:150,000 / 1:35,000*
Maui - Molokai - Lanai *1:150,000 / 1:35,000*
New Zealand *1:1,250,000*
South Pacific Islands *1:13,000,000*

Nelles Maps in europäischer Spitzenqualität!
Reliefdarstellung, Kilometrierung, Sehenswürdigkeiten.
Immer aktuell!

- R2218 -